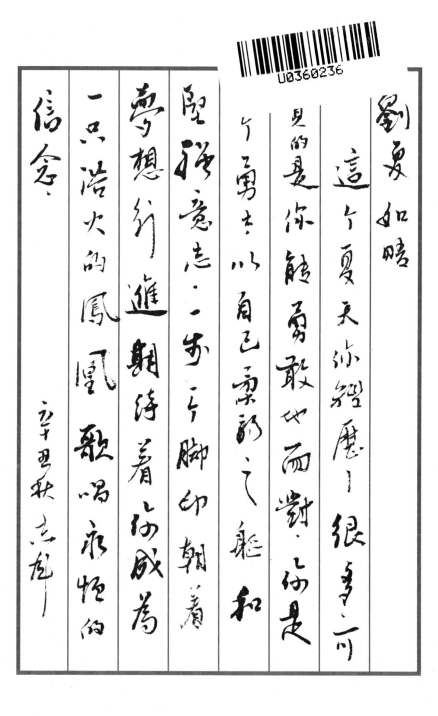

劉夏如晤

這个夏天你經歷了很多、可
見的是你能勇敢地而對、你是
个勇士,以自己堅韌之態和
堅強意志,一步一个腳印朝着
夢想行進.期待着你成為
一只浩火的鳳凰,歌唱永恒的
信念.

辛丑秋 志輝

龙雨如晴

轉眼已是深秋 為你的生日送上遲到

的祝福 大學時光僅剩半年有餘 其

間甘苦唯有自知 你既已定下考研

目標 自是要付出百倍的辛苦 相信

你一定能實現自己的夢想 到那時

再与你一同慶賀 順頌安祺

志龙 辛丑秋

彭澍如晓 三月十三日晚好聊天我进

接誉兴特财拾忙碌之间之间便无暇

致信与日有些许时间便提笔剧

候封校至今已十日有馀 其间之

苦唯有自知 我在校仪能惶绵薄

之力奔忙二顾及同学唯望你学自

我菅理配合学校疫情财拾师生勉

力同心不是将迎来 辉封之日自是

大快人心矣 值得高興之事是你

考研成績很好 不出意外當能繼續活

造希望認真準備復試 馬到成功為盼

值此人間大收萬事竹二 當慎獨自律

勤於學業推己及人 彰顯責任担

當方為完整之人 揚紙短話長餘

不一一矣

壬寅春日 七科

绍磊如晤

未曾想过你们的最后一个学期竟

然是在封闭的校园中度过了。四年

大学两载疫情也是刻骨铭心的

记忆了吧。这一个学期见你次数也挺

少，不能不说是一个憾事。你的生

日也是在惶恐不安息中度过一吧

老师祝你生日快乐，余世祝愿值

畢業順利，更要的是你平時考研
能夠心想事成，事業到那時再為你擺
酒慶賀豈不快哉。龍難圍苦，
毛澤攻成，只要你牢記自己的初
心去拼搏奮鬥，少將迎來屬於
自己的華彩樂章　身體順頌

　安祺

　　　　大哥　五月廿三日

小艳如晤

看到你每日忙碌在实验室的身

影 为你点赞 知道了自己努力

的方向 离梦想更近了一步 倍

此你生日之际 祝愿开心每天

做最好的自己

辛丑秋日 志光

涵宵如情 同學之時甚是忙碌 竟疏怨了

你的生日今遂祝福之餘 更希望學校早

日解封恢復往昔的生機 研究生復試在學

已面 祝賀你成功入圍 近日當仔細準備而試

爭取一鼓作氣 成為交大的研究生 期待著

那一天 我們早日能夠沐浴燦爛的陽光

順致平安

壬寅春日志輝

2013—2022

见字如面

一位大学老师与学生的十年书信往来

杨志彪 著

上海交通大学出版社
SHANGHAI JIAO TONG UNIVERSITY PRESS

图书在版编目（CIP）数据

见字如面：一位大学老师与学生的十年书信往来 /
杨志彪著. — 上海：上海交通大学出版社，2022.8
　　ISBN 978-7-313-26904-1

　　Ⅰ.①见… Ⅱ.①杨… Ⅲ.①高等学校–班主任工作
–文集 Ⅳ.①G645.1-53

中国版本图书馆CIP数据核字（2022）第092960号

见字如面：一位大学老师与学生的十年书信往来
JIANZIRUMIAN：YIWEI DAXUE LAOSHI YU XUESHENG DE SHINIAN SHUXIN WANGLAI

著　　者：杨志彪	
出版发行：上海交通大学出版社	地　　址：上海市番禺路951号
邮政编码：200030	电　　话：021-64071208
印　　制：上海盛通时代印刷有限公司	经　　销：全国新华书店
开　　本：880mm×1230mm 1/32	印　　张：12
字　　数：309千字	
版　　次：2022年8月第1版	印　　次：2022年8月第1次印刷
书　　号：ISBN 978-7-313-26904-1	
定　　价：68.00元	

序

    2021年9月，我收到杨志彪老师用毛笔给我写的一封古色古香的信，邀请我去和他班级的学生座谈。正是通过这封信，让我认识到了这位班主任。

    杨志彪老师从2013年开始担任本科生班主任，如今他的学生都已顺利毕业，奔赴祖国各地建功立业或到国内外知名学府继续深造。在杨志彪老师担任班主任的十年里，写信成为了他独特的沟通方式，他写给学生和家长的公开信、个人信件，累计320多封，约60多万字。这些书信笔酣墨饱，字字含情，流露的都是对学生的热爱、对教育的思考、对生活的理解、对人生的感悟。特别值得一提的是，杨志彪老师还给学生写了大量的毛笔书信，其中一笔一画书写的是情怀和文化，一字一句传递的是精神和气质，许多人生的困惑、选择的迷茫、生命的意义，都在这一来一往的书信中不断地被提升、感知、超越。杨志彪老师重视对学生的价值引导，努力推动学生思政教育与专业教育相融合，着力培养学术志趣，塑造科学精神，滋养人文情怀，取得突出成效，并获评学校首届教书育人奖、十佳班主任等荣誉称号。可以说，杨志彪老师就是上海交通大学优秀班主任的典型代表。

    上海交通大学始终坚持全员全过程全方位育人，着力建设一支政治坚定、专业过硬、德才兼备的高水平班主任队伍，把班主任作为专业教师参与大学生思想政治工作的重要载体，大牌教授、知名学者、青年教师积极响应，深入院系育人一线，他们在思想教育中以人生阅历启迪学生，在日常生活中以博大胸怀关爱学生，在学风建设中以学科魅力吸引学生，在就业引导中以行业情怀激励学生，为学校人才培养做出了重要贡献。

素笺留墨有情，春雨润物无声。随着时代的发展，书信正在被更为快捷的其它通讯手段替代，但这本班主任与学生的书信集，书写着一个教育工作者的初心和使命，见证了一位普通班主任和学生的深厚情谊，希望这本《见字如面》的出版能够给一线班主任、辅导员们一些启示和借鉴，也能给大学生们带来一些成长启迪和指引。

上海交通大学党委书记 杨振斌

2022年8月12日

目 录

公开信

　　从二〇一三年开始至今，我连续担任了两届本科生班主任。在工作中发现，单纯的谈话、班会、活动，并不能有效地解决所有的问题。因此，我产生了写公开信的想法。十年来，我在每学期都会给家长、同学至少写一封公开信。信件内容涉及理想信念、家国情怀、学习生活、情感交友、健康选择等，累计共二十封，约十万字。这些信倾注了我对同学的热爱、对教育的思考、对生活的理解、对人生的感悟……

思索大学意义，提高心灵修养

2013 年 9 月大学伊始致全班同学的公开信

我经常为自己从事的工作莫名地激动。我觉得我在做一件很有意义的事，或者说是一件伟大的事。无关名利，只在内心的安详和平静，只为引导你们走在正确的路上，追寻生命的意义，思考心灵的归宿……我希望在座的各位同学，都能有这样的生命体验：在交大，就是要把她当成象牙塔，从纷繁复杂的社会中抽离出来，汲取甘露，不光学习知识，更要提高自己心灵的修养。在很大程度上，后者比前者更重要。前者只关乎技能，后者则关乎是否是一个"人"——一个精神和体魄都健全的人。

各位同学：

你们好！秋风送爽，天朗气清。在这个美丽的季节我们迎来了新的学期，新的生活，我们即将——不，已经开始一段新的生命旅程。我不知道你们此时的心情如何。对于我来说，这个学期与以往的新学期有着很大的不同——我是怀着敬畏、喜悦、激动与平和的心情开始新学期工作的。为什么呢？因为有了你们！

我是第一次做班主任，可能存在经验上的欠缺。但是，我很愿意做这个工作，是从心底里愿意。从拿到你们名单的那一刻起，我一直在想，是什么让我们相遇？宇宙之大，浩淼无穷，人之渺小，沧海一粟。我们相遇，则是千世万世之缘。就在缘起缘灭的一刹那，我们从祖国各地来到交通大学，从此我们将有一个共同的名字：F1315002 班。

在你们来之前，大多数同学我都通过电话。只有小万同学和小陈同学没有联系上。因为小万同学的电话一直打不通，我大概打了不下 20 次，每天打几个。小陈同学没有留任何联系方式。其他同学都打过交道了。我自己上学的时候从来没有人关心过我这些事，所以我深知在异乡有个人帮忙该有多好，多方便啊。

咱们班一共有 25 名同学。有八位同学来自上海，其他的同学，有的来自山清水秀的浙江——美丽的西子湖畔，有的来自红色摇篮江西，有的来自天府之国四川，有的来自美丽的天山脚下和齐鲁大地，有的来自刘三姐的故乡，有的来自醉倒天下、盛产美酒的贵州。当然还有一名留学生。你们怀揣着梦想，带着家人和师长的嘱托，共同相聚在思源湖畔。我知道大部分同学都对自己目前的状态满意，但我知道肯定有些同学是不满意的，对于考上交大农学院还是耿耿于怀。今天我可以告诉你们，其实，咱们班应该有 27 名同学，贵州的小罗和山东的小夏同学没有来报到。我们在祝福他们的同时，也感到些许遗憾，因为我们与他们失之交臂了。还有，在交大每年都有学生因为不满专业，不能顺利毕业。我就亲身经历过两个学生，一个是山东的，一个是内蒙的。四年了，因为有太多的功课没有成绩，只能再读一年，都是父母请假陪读，一个个找任课老师。我每次看到这种事情，心如刀绞。怎么会发生这种事情呢？究竟是什么原因导致了这样严重的后果呢？如果这几个同学遇到我是班主任会是这样吗？咱们班会出现吗？这件事情，是促进我做班主任工作的初衷。

今天我看到这么多新同学报到，大部分同学都有亲人陪同。不由地想起我刚上大学时的情景。我生在内蒙古的一个农村，我的本科是地方的一所高校，专业是动物医学。我还清楚地记得是 1992 年 9 月 4 日我从老家自己坐二十几个小时火车，来到学校报到（那时你们可能都还没有出生吧）。虽然是一个地方的、很不知名的、专业看上去又不是那么华丽的学校，但我仍然很兴奋！怀着对新生活的憧憬报到了，怀着百倍的热情开始新生活了。新学期开始就是军训一个月，我还获得了军训标兵称号。随着与同学们的交流的深入，我才发现全班 30 名同学,只有我一个人填报了动物医学这个志愿,其他同学都是调剂。所以其他同学都是闷闷不乐,觉得没有考上一个好的学校,觉得专业不好,很丢人。而只有我,是阳光地、积极地、充满激情地生活和学习着。现实是无法改变的,喜欢也好,不喜欢也罢,都要在这里待上五年(动物医学专业是五年制)。五年十个学期,我得了 9 次一等专业奖学金。五年的洗礼,足以改变一个人的观念,随着时间的流逝,同学们也都能正视现实,并顺利毕业。现在我们班的同学都在从事本专业,几乎都是本单位的领导或业务骨干。所以,当毕业十年聚会时,大家回想起当初的青涩和幼稚都无限感慨。

其实,专业的好坏完全在于个人心态。我们来到交大,不为浮名不为利。我们为了什么?有的同学说,为了实现人生的价值,有的同学说为了实现梦想。那么我问你,人生的价值是什么?实现梦想又为了什么?或者说,人为什么而活着?我们来到交大,就是为了学好专业,找好工作,挣高工资,娶白富美,嫁高富帅的吗?答案显然是否定的。这些也值得追求,但不能是全部。那么我们干什么来了?我们更应该提高自己心灵的修养!微观上,要善于发现问题、解决问题;宏观上,要有宇宙观。掌握了这两个主线,所有的问题都会迎刃而解,比如感恩、责任,比如人际交往,比如爱情家庭,比如仁义礼智信……

一个人活在世上,既有空间的广度亦有时间的长度,但相比于浩瀚的宇宙,实在是微不足道。而人同样又是善于思考的动物,有七情六欲。我们既不能妄自尊大,也不可妄自菲薄。与自然万物一样,我们同样是宇宙中的一粒尘土。所以我们要对这个世界充满敬畏,包括对所有的动物、植物、微生物,对你周边的人,以及任何事物。现在我们遇到的环境、生态、人口、社会问题等等,其实都是缺乏对自然的敬畏而引起的。同样的,我对你们也是充满敬畏之情,因为你们是一个个鲜活的生命。这就是为什么我一开始说"我是怀着敬畏的心情"开始新学期的原因。

同大多数同学一样,新的学期我充满喜悦之情。因为有这么多新的面孔。

我很喜欢大学这种环境,这也是我最终在大学任教的原因。教师可以变老,楼房可以变旧,但只有学生永远年轻。大学的四年就像春夏秋冬四季的嬗替,春生、夏长、秋收、冬藏。你们刚一入学,恰似春苗,长势喜人,怎不令人喜悦?

喜悦之后就是激动,我经常会莫名地激动。当然不是发脾气,而是我为自己从事的工作莫名地激动。我觉得我在做一些很有意义的事,或者说是一件伟大的事。无关名利,只在内心的安详和平静,只为引导你们走在正确的路上,追寻生命的意义,思考心灵的归宿。

道生一、一生二、二生三、三生万物,而万物皆在本心。从简单到复杂,又从复杂归于平和,这是我最后一个心情。我希望在座的各位同学,都能有这样的生命体验:在交大,就是要把她当成象牙塔,从纷繁复杂的社会中抽离出来,汲取甘露,不光学习知识,更要提高自己心灵的修养。在很大程度上,后者比前者更重要。前者只关乎技能,后者则关乎是否是一个"人"——一个精神和体魄都健全的人。

开学伊始,我就有这四种心情:敬畏、喜悦、激动、平和。不知你的心情又如何呢?曾子曰:"吾日三省吾身——为人谋而不忠乎?与朋友交而不信乎?传不习乎?"我每晚临睡前都要思索一天的得失成败,并付诸笔端。你们也在做吗?每一个生命都有自己的生存方式,惠子对庄子说:"子非鱼安知鱼之乐乎?"具体的方法可以不同,只要你是在真正地享受生活、思索生命的意义,必当"自天佑之,吉无不利"。

在四年的学习生活里,每个同学都可能会经历痛苦与失败,也会经历快乐和成功,不论怎样我也同样会与你们一起看庭前花开花落,望天上云卷云舒,与你们共同分担霜刀和霹雳,分享雾霭与虹霓。当然,更希望你们自己不以物喜,不以己悲,不断提高心灵的修养,最终超越吉凶、超越命运、超越梦想!

杨志彪

2013 年 9 月 3 日于上海交通大学

和学生共同成长

2013—2014 学年第一学期期末致家长和同学的公开信

在这一个学期里，我也在和您的孩子共同成长。说共同成长，是一点都没有谦虚。美国物理学家惠勒说过："大学里为什么要有学生？那是因为老师有不懂的东西，需要学生来帮助解答。"这是教学相长的最高境界，我深表赞同，且感同身受。

尊敬的家长并各位同学：

你们好！又是一年春草绿，依旧十里杏花红！值此年终岁末，大家都满怀喜悦之情迎接马年春节之际，收到您孩子的成绩单，应该是别有意义吧。这份成绩单是您的孩子在交大交出的第一份成绩，也是离开父母的怀抱，真正独立自主生活的第一份成绩单，不知您是否满意？诚然，有成绩自然就有差别，取得好成绩者，胜不足喜，来日方长，当时时自勉，长风破浪，直挂云帆；成绩不甚理想者，则更当知耻后勇，亡羊补牢，发奋图强，后来居上。成绩虽然不能代表孩子的全部，但至少可以说明一些问题，或者说明一个人的态度。每个同学都可以扪心自问，是否真正对得起自己、对得起父母。

窃以为，对一个学生来讲成绩非常重要，甚至能决定将来的奖学金评定、保研资格申请、出国留学资格评定、工作面试机会的争取等各种需要用成绩说话的地方。所以，如果第一个学期因为各种原因成绩不佳者，确实需要认真的反思。是努力了跟不上节奏呢？还是过分放松了自己，还没回过神儿来就到了期末了呢？若为前者，尚可原谅；若为后者，是不可原谅的。在开学伊始的时候，以及在学期中间的各种班会、和同学的个别谈话等众多场合，我都强调过：时间是很快的，一旦让自己放松下来，很可能就再也追不上了，或者会错过很多机会。我一再勉励大家，在大学里就是要把大学当成一个象牙塔，心无旁骛，"细推物理须行乐，何用浮名绊此生"。但是仍然会有个别同学置若罔闻，没有重视，导致很严重的后果。我甚至在期末考试阶段到寝室走访时，很多同学不是在复习功课，而是在打游戏，老师去了都不搭理，自顾自地玩游戏，美其名曰放松一下，好准备后面的考试。放松有很多种，锻炼身体、发挥自己的爱好特长都是可以的，打游戏能起到放松的作用吗？我才疏学浅，不敢苟同。您可以问一下您的孩子，是否有这种情况？我希望每个孩子都是诚实的。

我把这些写给您，是因为您的孩子真的很优秀，我太想让您的孩子以及您、我们都能实现入学时的梦想，套用一句时髦的话："同心共筑中国梦"。我们班 29 名同学，24 名同学都有考研、出国的理想，这是非常难能可贵的。不用说在农学院，就是在整个交大，比例也差不多是最高的。能够有这么好的一个学习氛围，我作为班主任倍感欣慰，亦深感责任重大。我真的不想让这些理想仅仅停留在纸上。追梦是一个马拉松式的长跑，可不是一时的心血来潮。既然有这样的雄心壮志，就要为之努力、奋斗，从一点一滴做起。

面对这些优秀的学生，我唯恐自己略有懈怠误了孩子的前程。所以我亦时时勉励自己，千万不要辜负了孩子和家长的一片赤诚。在班会上，我曾经给大家撰写一副对联："千顷黉宫聚八方才俊志上青天揽明月，百年学府证一世情缘胸怀道义谱华章"。一方面我们的学生的确都很优秀，都是各省的佼佼者；另一方面，即便如此，仍然需要志存高远、虚怀若谷、砥砺品行，方可上九天揽月、下五洋捉鳖。

但成绩也不是全部，我更多关注的是孩子综合素质的提高。孩子在交通大学的第一个学期就这样匆匆结束了，刚入学时的新鲜、热闹、迷茫、彷徨仿佛都历历在目。我不敢确定，孩子在这一个学期里具体收获了什么，我能确定的是孩子在成长——飞速成长！

也许您会发现他比以前更有礼貌了，也许您会发现他开始谈恋爱了，也许您会发现他比以前更会待人接物了，也许您会发现您跟不上他的思维节奏了，也许您会发现他已经浸润了交通大学的精神气质，也许您会发现孩子开始具有独立的思想、自由的精神……

在这一个学期里，我也在和您的孩子共同成长。说共同成长，是一点都没有谦虚。我记得美国物理学家惠勒说过："大学里为什么要有学生？那是因为老师有不懂的东西，需要学生来帮助解答。"这是教学相长的最高境界，我深表赞同，且感同身受。从拿到学生名单的那一刻（8 月 26 日）开始，就注定我与您的孩子结下了不解之缘。是这些可爱、优秀、极富个性的孩子推动着我不断学习，教会了我与各种学生打交道，教会了我提炼自己的思想，促使我不断在这个岗位上真情付出。我真的把同学们当成了自己的孩子、朋友来对待。他们年轻、积极、乐观、高昂的精神面貌也在时刻影响我，正因为有这样的一个正向的影响，我回馈他们的自然也是满满的正能量。我们班级就是在这样一种良好的双向互动中不断凝聚、向前。

写到这里，我也想把本学期我们的班级工作向您做一个简单的汇报，请您多提宝贵意见！

我一直在思考，学生最缺什么？或者说我们国人最缺什么？中国存在的许多问题，比如各种伪科学、谣言、盲从盲信、急功近利、道德沦丧等为什么会有生存的土壤？我觉得原因可以归结为一点：就是缺乏"科学精神"。科学精神的实质是：探索、质疑、实证、理性。"钱学森之问"也好、"李约瑟难题"也罢，盖因缺乏科学精神。所以，我就要给同学们补这一课！只要塑造出了科学精神，其他的问题都会迎刃而解、水到渠成。所以，我所有的工作其实都是围绕着塑造科学精神来开展的。其他主要包括专业素质教育、集体精神培养、学习氛围的营造，关心生活等五个方面：

（一）科学精神塑造：组织开展了"科学精神进课堂"系列主题班会，并于11 月 16 日召开了第一次主题班会"认识中医药"，12 月 22 日召开第二次主题班会"生命科学·大学·大学生活"（日后将陆续召开其他主题，已经排好的有"认识转基因""科学与人生""认识果蝇——模式动物的翘楚""野生动物——人类和谐共存的守护神"等）。

（二）专业素质教育：通过和每一位新生及家长谈话，打电话，召开主题班会，以及在9月7日首次开班会时写了一封"致全班同学的公开信"。在信中勉励大家志存高远，胸怀天下，树立正确的专业思想。同时在9月23日带领新生到漕河泾开发区的柯惠公司进行参观学习，了解专业背景及就业前景，加深对专业的了解。

（三）学习氛围的营造：通过自费购书赠给同学、邀请嘉宾召开"大学生活怎么过"主题班会、专业介绍主题班会（人生若只如初见）、致全班同学的公开信、给个别同学写信交流、QQ上交流、单独谈话等多种方式，要求同学们一定要以学业为重，把大学当成一个真正的象牙塔，心无旁骛，细推物理须行乐，何用浮名绊此生。目前动科班29名同学有24名同学有考研、出国深造的理想。

（四）集体精神的培养：自己出资召开中秋晚会（题写对联一副）、"我们是一家人"主题班会（在班会上题写对联一副，作诗三首）、"此情可待成追忆"主题班会等形式促进同学之间的交流、合作、凝聚人心、形成良好的集体氛围。

（五）关心生活等方方面面：在新生尚未入学前，给每一位新生的家长打电话，询问家庭是否困难，是否需要帮助等。通过与每一位同学谈话、QQ交流、建立家长QQ群、与家长打电话沟通、参加同学辩论赛、诚信宣誓、平安夜送苹果（两箱苹果，一人分3—4个）、生日时发短信，送一件生日礼物（一般是一本书或一套书），与同学交心，成为知心朋友。在学生有困难时第一时间出现在面前，帮助解决。

本学期分别与57位同学谈过话；23次到学生宿舍走访；本学期参加了14次班级活动，主持召开了8次班会；所在班级有8位困难学生，本学期分别谈话

13 人次，均取得较好效果。本学期联系过的家长共有 45 人次，就新生入学（包括宾馆的预定、行李托运、专业的选择等等），学生来校后的表现以及将来的就业、深造、出国等诸多问题进行了卓有成效的沟通，解除了家长心头的顾虑，初步形成了学校、学生、家长三方联动的良好态势。现在我把自己的各种联系方式都告诉了家长，可以进行有效沟通。

以上这些工作有赖于同学们的全力支持与参与，均得以顺利开展，且取得了良好的效果。我本人也被评为学院"优秀班主任"和上海交通大学 2013 年新生季教育活动"金钥匙"奖（这个奖全校只有 10 个名额，我是唯一的新生班主任）。这些荣誉的获得，离不开您孩子的肯定和鼓励。但获得荣誉并不是我的目的，她只是我为了实现学生梦想过程中的一个副产品。有了这样一些副产品，我能更方便地开展工作，我的信心也更足了。也让我认识到即便是在整个交通大学，像我这样工作的人也是少数的。这也更促使我全心投入到班主任这个岗位上。我认为这是非常有意义的，是值得我付出的一个岗位。虽然每月仅有 300 元的班主任津贴，但我看重的不是钱、也不是名，我看重的学生的成长、收获、梦想。

您收到此信时，正值寒假时间。这是孩子的第一个大学寒假，与高中自然有很大的不同。没有了学业的压力，是否就要放松自己呢？适当的放松我也赞成，但绝不可过度。凡事预则立、不预则废。我觉得应该更加理性地利用好这个难得的假期。我在和部分同学谈话时发现，很多同学是很清醒的，比如有的同学要打工锻炼，有的同学要读几本书，有的同学要进行社会实践，有的同学还说要好好总结一下这一个学期的得失，前事不忘，后事之师。总之，形式可以多样，但一定要多读书、勤思考、常实践，切不可沉迷于网络和游戏。家长也要配合学校规划好孩子的寒假生活，督促学生改掉一些不好的习惯，逐渐养成能够"慎独"的好习惯，帮助孩子度过一个欢乐、理性、有意义的寒假。

说了很多，中心目的只有一个，那就是为了我们共同的梦想！我相信经过我们坚持不懈的努力，科学的规划，这个梦想必定会实现。长风破浪会有时，直挂云帆济沧海！

我期待着四年后的那一天，金色的阳光下我们灿烂的笑脸。

最后祝您春节愉快、阖府安康！

顺颂大安！

杨志彪

2014 年 1 月 14 日于上海交通大学

合理利用假期，坚持成就梦想

2013—2014 学年第二学期期末致家长和同学的公开信

学校放假的目的并不是为了休息，而是为了学问。

时间真的是良药，坚持若假以时日，必定能发挥出最强的威力。

尊敬的家长并各位同学：

你们好！"残云收夏暑，新雨带秋岚"。八月的上海依然酷暑难捱，但却已是立秋时节，大部分省区也已感丝丝凉意，想来真正的秋天也不远了吧。在这样的时刻，您收获了您孩子在交通大学的第二份成绩单———一定颇有感触吧。中国历来有在年终岁末总结的习惯，对于学生来说，一个学年的结束理当做一个总结。这份成绩单与第一份不同，或许有进步，或许有无奈，或许有惊喜，或许有懊恼，或许有窃喜。但无论怎样，我希望都要以一颗平常心面对这份成绩单。其实，我们面对的不仅仅是这份成绩单，而是一个个朝气蓬勃的青春生命。

我与您的孩子在交通大学度过了一年的光阴，在这一年里，我发现孩子们都有了明显的变化。有的孩子已经在科研的道路上昂首前行，有的孩子成长为学生会团总支的骨干，有的孩子为班级事务尽心尽力，有的孩子投笔从戎、报效祖国，有的孩子乐于助人、以爱心回报社会……当然也不全是好消息，有的孩子休学，有的孩子有很多挂科，也有的孩子吃了退学警告。虽然是坏消息，但这个学期所有吃了退学警告的同学都认识到了问题的严重性，卧薪尝胆、发愤图强，取得了长足的进步。这个退学警告是人生中的一个小小的挫折，遇到困难和挫折都不可怕，只要认识到问题的严重性，不犯相同的错误，就是最大的进步———退学警告的教育意义即在于此。

现在正是暑假期间，大部分同学都参加了社会实践，这很值得提倡，所谓读万卷书,行万里路。可是却有很多孩子不了解为什么学校要放寒暑假。学校为什么放假? 这本来不是问题,因为大家都相信这样的话:学校放假是为了让师生避开严寒酷暑,是因为教学活动的劳动强度太大,还有的学生说是为了与父母团聚。尽管这些解释有点勉强,但好像没有更好的答案。我最近在看一些教育方面的书,发现民国时期的潘光旦先生对此早有明确论述。潘光旦是上个世纪中国思想文化界的泰斗,他在社会思想史、民族历史、优生学、性心理学、教育思想等领域都有很深的造诣,曾先后兼任清华大学及西南联大教务长、社会系主任以及清华大学图书馆馆长等职。

在论及“学校为什么放假”的问题时,潘光旦的文章《假期与知识生活的解放》提供了一个让人茅塞顿开的答案。文章一开头就说:“学问没有止境,也就不宜有长时期的间断。学校的假期,少则一月,多则三月,难道办教育和创制假期的人的本意,真要教人在这一个月或三个月之内完全停止学问工作么? 我恐未必。”可见在潘先生看来,学校放假的目的并不是为了休息,而是为了学问。

接下来潘先生又毫不客气地指出,学校的最大缺点,就是过于重视教材。“一种课本,少则读半年,多则读一年”,使学生“无一刻不在字里行间寻生活”,失去了自动研究的机会。他认为这种“专读一书”的单调和痛苦,比八股文还要严重。他说,心理学家认为“钩心绊脚”的八股文还有一种磨炼智力的功用,而那种“专读一书”的教学模式却不会给学生带来任何乐趣。

正因为如此,潘先生认为,假期则是每一个学生“解除痛苦恢复自由的上好机会”。为了达到这个目的,他提出:首先要树立“在假期里,我便是我,而不是教员的学生”的信念,其次要选择一两个比较高明的求知方法,去过一种独立自主的学习生活。在自然知识方面,可以做一次有目的的远足,从事地质的观察和生物标本的采集;在社会知识方面,可以找一个小题目,利用图书馆的资料进行研究。

潘先生的话让我想起胡适在美国留学时的情况，据《胡适留学日记》记载，其到达美国后的第一个暑假是从 1911 年 6 月 11 日开始的，直到 9 月 28 日的日记，才有"今日为上课之第一日"的记录。可见，当时美国大学暑假有三个半月之久，在这漫长的假期中，胡适干了些什么？综观这三个多月的日记，他的暑假生活丰富多彩，令人羡慕。其中有旅游、开会、交友、阅读、写作、打球、玩牌、逛公园、学拉丁文、演讲辩论、上暑期学校（包括学化学、演习题、做实验）等。这与潘光旦的主张完全一致。可见在美国大学里，虽然未必有"专读一书"的单调和痛苦，但放假的目的，却是为了"知识生活的解放"，为了给学生多留一点自由自在地学习研究的机会。

这样又出现了一个问题：潘光旦先生为什么要把学校教育说得那么可怕呢？我想这与学校本身的缺陷有关。据说，近代教育制度是工业文明的产物，所以有人把学校比作工厂，把教室比作车间，把教师比作工人，把学生比作原料。这种"规模化生产"虽然有利于更多的人接受教育，却又出现了另外一个问题，其中主要是它不但不能照顾到每一个个体的身心发展、兴趣特长和特殊爱好，还可能把他们变成千人一面的工具。为了避免这种状况，创立现代教育制度的人们才在两个学期之间安排一个比较长的假期，目的是为了给学生更多的自由，让他们的个性和才华有一个成长发育的时间和天地。

明白了上述道理，是不是对学生在假期所需要从事的学习和实践生活有了更清楚的看法了呢，学生该怎样度过一个有意义的假期是不是一目了然了呢？

一年过去了，再开学时咱们班的学生就升级为学长了。大学四年已经过去了四分之一，大学生活在每个人心中都有不同的品味吧，所谓"如人饮水，冷暖自知"。但不论怎样，生活的车轮不会停止，会一如既往地前行。我们所能做的，就是再一次审视自己走过的这一年，认真地规划好自己的生活和学习，凡事预则立，不预则废。在这个学期里，我还与孩子们共同面对了一些其他问题,比如室友关系的协调,家庭矛盾的调解,情感问题的解答,安全问题的叮嘱等等,每一次我都诚心诚意与孩子们交流,或多或少能帮助孩子们正确的处理这些问题,特别是有些孩子在这一年里遇到了很大的困难,比如在关于选择专业、关于学习上,关于理想和现实的矛盾,关于坚持等,有同学给我来信,有的主动约我交流,每一次我都耐心细致及时地回应。在与孩子们的交流中,我深深感到自己所学、所知有限,虽然勉励为之,仍觉任重道远。在这里,我想与各位家长分享一下自身的经历,或许有助于解决此类问题,对孩子的成长有一点点借鉴作用。

我是1992年9月4日到内蒙古农牧学院(1998年更名为内蒙古农业大学)报到的,专业是动物医学,还是5年。限于资讯水平、经济条件、教育发达程度、学校管理、班主任等条件所限,我对专业的了解远不如我们班的学生这般全面和细致,有什么疑虑也没有可以倾诉的对象。当然我还是比较喜欢这个专业的,其实也不是喜欢这个专业,而是喜欢大学生活,至于专业好像无所谓,刚入学时也没有继续深造等过多的想法。就这样懵懵懂懂地开始了大学生活。由于是五年制,课程的安排似乎也不是很紧张,各门功课应付起来也不是很难。所以虽然我的入学成绩在全班是最低的,第一学期结束后,竟然得到全班第二名的成绩,这是我没有预料到的。在以后的学期里,每次都是第二名。但是,高数和有机化学现在想起来也仍然心有余悸(这是我要给各位家长分享的第一件事)。这是我在大学期间唯一几乎要挂科的课程。这两门功课无论如何都不开窍,即便是在考研时,我的"有机"也是得了很低的分数,勉强过关。我曾经百倍地努力,但就是掌握不了这两门功课,一度怀疑自己的能力。也曾极度苦闷。为什么投入和产出就不成正比呢?为什么别人看似没怎么学习,就拿了高分呢?我一直相信坚持的力量,为什么坚持这么长时间竟然没有成效呢?我的理想、我的目标是否就要打水漂了呢?

这些问题无时无刻地不在影响我。我那时非常内向,不善于和人交往,朋友也有限(和现在的我比较起来,真是变化很大呢)。即便有,也不会去说这些事情。所有的问题我都是一个人慢慢消化和解决……

在三年级的时候,我做出了考研的决定。考研的话,别的功课我都不愁,但意味着必须攻克外语和有机化学(大部分院校是不考数学的,所以数学课程结束后就不再考虑了)。这就引出了我要与您分享的第二件事,您可能不知道,我上大学之前,因为民族教育的缘故,在高中我们那个班是不学外语的,以母语——蒙语代替外语。所以上大学之后就要从零开始学习外语。因为听信了学长的建议,说日语和蒙语的发音和语法非常接近,对于蒙古族学生来说,日语比英语好学。也就避重就轻地学习了日语(至于后来由于研究和工作的需要,又自学英语,那是后话了)。大一大二有老师带着学习,还算跟得上。但两年时间也就刚刚入门吧。大三以后,就不开课了,完全靠自己自学。难度可想而知。除了完成必要的功课以外,在以后的两年里,我所有的课余时间几乎都交给了日语,包括节假日,寒暑假。长达两年半的努力没有白费,最后考研时日语顺利通过。有机化学则在考研之前参加了一个辅导班,算是开窍了,考研也就顺利通过了。

我天资没有别的同学聪明,所以学习每门功课都需要比别人花费更多的时间。这里我不得不提一下另外一件事,这也是我要与你分享的第三件事——我从高二开始患有严重的神经衰弱,一直到硕士毕业。在长达十年的时间里我无时无刻不在与之做着斗争。我不知道您是否了解这个病。症状大概有:只要稍微多用一点脑子,比如多学习一会儿,晚睡一会儿,就会头痛难忍,厉害的时候晚上睡不着觉,白天无精打采。后期需要依靠安眠药来入睡,即便这样也睡不着觉。最严重的一次,由于换了新药,不适应,心跳骤然增加到200多次,紧急送医院,幸好无大碍,停了药就好了。所以必须严格控制自己的作息时间,勉强应付学习生活。在高考紧张的复习阶段,得了这个病,无异于判了死刑。也许我生性愚钝,我从来不过多地考虑如果考不上会怎么样,而是把所有的精力放在了治疗和恢复以及如何合理安排学习生活上。把每天的时间安排得井井有条，不去管别人是否在挑灯夜读，是否在加班加点。就这样，在极其痛苦的状态中结束了高中三年的生活。高考三天，我是晚上吃安眠药，早晨吃脑清片，坚持了下来。我的平时成绩基本上是在班级的前3—5名，最后高考成绩出来了，那年我们班一共考上9名，我是最后一名。成绩虽有所退步，但总算也是涉险过关。到了大学，虽然压力没有高中大，但是这个病很是顽固，依然是不能多用脑子。依然是每次期末考试时还是需要晚上吃安眠药，早晨吃脑清片。这样度过了大学五年和研究生入学考试。因为头痛，在考研前大概有十几天的时间也是一点书都看不了的，那种有心无力的感觉，真的是在考验一个人的忍耐和毅力的极限。等到研究生三年，这个病逐渐好转，硕士毕业参加工作后，就基本上好了。

我现在的生活很平静，可是每每回想起我自己走过的那段求学岁月，我都心有余悸。上述三件事情，有一件事没有坚持下来，都会前功尽弃，也许其中的一次哪怕小小的退缩，也就不会有我今天的生活。坚持这件事情说起来很容易，但真正做起来，确实是很令人煎熬的。往往会在一个较短时期内由于某些原因未达到预期效果时，心理就会产生动摇。这种时候，不要过分着急，可以先搁置一下。

时间真的是良药，坚持若假以时日，必定能发挥出最强的威力。这也就引出了很多学生可能会面临的另一个问题。比如会经常感觉到与那些高手相比有很大的差距，这时千万不要着急，这本身就是一种进步，也是求学时必定要经历的阶段。我当初在哈尔滨兽医研究所做硕士论文的时候，也是遇到这样的局面。那时候，我是客座研究生，对动物分子病毒学还是门外汉，一无所知，到了哈尔滨兽医研究所，对学生和老师的谈论也好，作报告也好，真的是如同天书，一点都不懂。焦急也没有办法，办法也只有一个，那就是回去自己多看书，多看资料，勤做实验，慢慢就进入角色了，最终也顺利毕业了。知不足而能有所学,这似乎是我的学习常态了。也是在这种学习生活中,我的专业知识不断增长,目前也能满足科研和指导学生所需,跟得上国际发展趋势。能意识到自己的差距是一件好事,相反,如果认识不到差距,等待我们的就只会是被淘汰。

人是有天赋之差别的,但我们如果意识到了这种差别,有针对性地、主动地、积极地去弥补,再加上毅力、勇气和坚持,我们的理想一定能够实现。其实我不去说这段话,相信您一定能从我的经历中体会出来。这也是为什么我要长篇大论地与您分享我的人生经历的原因。

我知道家长的人生经历一定更加丰富多彩,知道家长能理解坚持是一件多么不容易的事情。每一个有梦想的人,离开了坚持绝对不会成功。在前进的路上必定会遇到各种挫折,我们不要过多地去想结局,而应该更多地关注当下的每一天、每一件小事,应不应该做,应该怎么做。所谓水滴石穿,绳锯木断。"我不去想是否能够成功,既然选择了远方,便只顾风雨兼程"。这是支持我一直以乐观、豁达的心态坚持下来的原因。我永远不会放弃我自己的梦想,即便是遇到挫折,即便是看到别人已把我甩在身后,但我仍然执着前行,不去关注别人,只关注自己,经过漫长的跋涉,我的未来就不是梦。

诚然,选择生物这条路,就意味着比别人多付出,很多同学要考研究生,这就又要做生物的科研,面临的困难是显而易见的。这种时候,更要耐得住寂寞、经得起考验、不被一时的挫折打倒,积极地、乐观地、科学地面对,孩子们会成功的。

一个人的成功,并不在于到达终点时的辉煌,而在追求过程的点滴,可以是快乐,也可以是痛苦,可以是挫折,也可以是顺利。总之,这都是生活,是有意义的生活。若干年后,当我们回想起往事,印象最深刻的不会是那些令我们高兴的事,而是令我们无助茫然无奈时的痛苦。但是如果把这些当作是对自己的磨炼,是不是更好些呢?没有一个人能够随随便便成功,我们同样不会例外!

相信我，相信坚持的力量！

我啰啰唆唆地说了很多，主要是与您分享我的个人经历，希望对孩子们今后的人生有所帮助。然而由于时间、地区、教育、性格等的差异，特别是时代的进步，我的那些经历，不可能完全复制了。但是孩子们所拥有的条件比我那时要好了许多，相信他们比我的天资好了许多，相信他们再也不用花十年的时间去克服某个疾病，相信他们再也不用担心无处倾诉，相信他们拥有更多的解决问题的办法，相信他们有一个爱他们的班主任。

有些同学虽然平时交流不多，但我是爱每一个同学的。所谓"静水流深"，我平静的表面之下，是汹涌澎湃的感情之河，我爱咱们这个大家庭的每一个成员，他们的痛苦和欢乐，成功和挫折，我都感同身受。我愿与孩子们分担风霜霹雳，分享雾霭虹霓。不论何时何地，我都会与您站在一起，做孩子们坚强的后盾，我们一定能够克服困难，共同迎接美好的未来！

最后，请告诉孩子们，勿忘初心！

顺颂时安！

杨志彪

2014 年 8 月 16 日于上海交通大学

(注：信中所涉及的潘光旦以及胡适教育思想的文字，均引自著名学者智效民的新浪博客，在此致谢)

科学精神进课堂

2014—2015 学年第一学期期末致家长和同学的公开信

教育的本质是培养学生具备识别真伪、区分善恶、分辨利害的能力,科学精神是实现这一最终目标的必经之路。

尊敬的家长并各位同学:

你们好!马踏祥云去,羊衔瑞草来。交大春来早,腊梅次第开。时光匆匆,又一个学期结束了,您的孩子已在交大度过了整整三个学期。不知您此时有何感想。写此信时,您的孩子早已回到家了吧,正在享受家庭的温馨和天伦之乐;或许也不全是这样,有的孩子还去北京学英语,参加托福考试;有的孩子还去旅行,无论是冰城的玉树琼花,还是江南的细柳微风,我相信都是在践行"行万里路、读万卷书"的箴言;还有的孩子在与专业相关的公司实习,早日感受职场的氛围;还有的孩子充分利用假期学习二专……这些都是令人鼓舞、令人欣慰的。

还有的学生,迷途知返,虽然在第一学年由于各方面的原因,不太适应学校的生活,导致学习困难,但经过一个学期的努力,相信都已经顺利度过了危险期。一个人不怕犯错,可怕的是知道了自己的错误而不去弥补和改正。万分有幸的是,我能亲身见证几个孩子的迷茫、奋进和努力!他们和那些学习成绩优秀的孩子一样具有金子般的意志品质。相信他们,一定会有一个美好而光明的未来!我爱他们!自己作为老师,真的为我的所有学生感到骄傲和自豪!相信您也感同身受吧。

本来在考试周结束后,想多去同学寝室看看同学们,没想到我女儿不争气,这些天生病了,身体一直不好,需要我陪伴、照顾。所以,只能是给学生们发短信、打电话叮嘱一下，愧疚之余也希望同学们见谅。好在，孩子们应该都平安地回到了家，我也就放心了。

按往年的规矩，我首先向各位家长汇报一下我们班级今年的一些活动情况（详见附于文后的"动科班新年致辞暨十大新闻"）。特别令我感动的是，2014年12月30日那天晚上的聚餐时同学们热烈的氛围。一般饭桌上我从来不劝酒，那天也如此。但很多同学为了表达感情，饮酒略多。也许，在他们年轻的心里，想用这微薄之酒，在这个除旧迎新的时刻表达一种感情。总之，那天的氛围非常融洽，非常令我感动。在此，也向各位家长表达我的谢意，感谢您的信任和理解、感谢您把孩子放在交大！

除了十大新闻里列举的一些事情之外，在近一年的时间里，还做了一些琐碎的工作：分别与同学谈话60余人次（午餐、光彪楼二楼茶座、校园咖啡、伊诺咖啡）；30余次到学生宿舍走访；参加了18次班级活动，主持召开了班会8次；接待家长来访6人次；每逢生日送同学一本书并题字；端午送粽子、中秋送月饼、平安夜送苹果。

我经常想，这些虽然都是小事，却关乎学生的成长，当然包括身体和心灵，更多的是人格的成长。从这个角度来讲，这些小事就具有了重要的意义。客观上也会起到这样一个作用：家长和学生都能时刻感受到交大的关心。我做这些不图名利，只求心安！若问究竟，责任使然。交大的校训就是"饮水思源、爱国荣校"，任何时候我们都应当怀感恩之情，存报国之志。我不才，能有今天，离不开亲人、朋友、师长、家长和学生的关心、帮助、支持。相信每个人都不会例外吧。

最近，脑海中还经常出现孩子们刚来时场景，稚嫩的脸庞、殷切的渴望，一转眼已经过去一年半了。何去何从？凡事预则立，不预则废。是该确定自己的方向了，是考研？出国？还是工作？是公司？机关？还是临床？这些都已经迫在眉睫了。您或许也该和孩子好好规划一下了。

但不论怎样，都勿忘初心，不要忘了自己的梦想和我们家庭的梦想。来交大是为了什么？在前面的两封信里，我跟大家谈了关于如何坚持、选择、理想、对待挫折等等。这一次我想谈谈"科学精神"。科学精神究竟是什么？可以用八个字来概括："探索、质疑、实证、理性"。其实这也与教育的目的一脉相承，自然就是我们在交大读书的根本任务。我们知道，教育的本质是培养我们明辨是非、区分利害、识别善恶。科学精神恰恰就是实现这一最终目标的必经之路。一旦具备了科学精神就能实现教育的根本目标。

最近一直在看关于任鸿隽的科学救国思想。很多家长肯定了解这个人，尤其是四川籍的家长。因为任鸿隽是四川人，民国期间曾做过四川大学的校长。任鸿隽是我国最早的科学杂志——《科学》月刊的发起人，也是我国最早的综合性学术团体——"中国科学社"的领导人。作为中国现代科学事业的倡导者和组织者，他发起的科学救国运动与胡适发动的白话文运动，被誉为五四以来两个重大的文化革新运动。综观其一生，他始终为科学救国奔走呼号，热情地介绍科学起源、科学精神和科学方法。如今大半个世纪过去了，了解一下他那鲜为人知的思想和经历，会给我们很多启示……

任鸿隽在于1926年由商务印书馆出版的《科学》月刊的序言中说：科学是根据自然现象，依照逻辑方法发现其关系法则的有系统的知识。用这个定义来衡量，那些片段的发明（比如我国火药和指南针）、偶然的发现（比如人类的用火）和空虚的思想（比如玄学、哲学、经学），都不能算作科学。

我们大概从小就知道四大发明，而且往往也以为这就是科学。其实，在任鸿隽看来，这只是片断的发明，而不是系统的科学。这不是很耐人寻味吗？很多家长或许也注意到了，最近我们国家有一个可喜的变化，就是一些真正的科学家开始主动参与到科学普及的活动中来，比如饶毅、鲁白、施一公、谢宇。其实这也不是新生事物，在一些科学普及程度比较高的国家已经是传统。同样的，在我国的民国初年至新中国成立初期，这一传统也已蔚然成风，比如潘光旦、蔡元培、梅贻琦、傅斯年等，都积极参与到科学普及的活动中。现在，越来越多的有识之士认识到科学的本质，认识到在普罗大众中普及科学精神的重要性，这正是大学的基本功能之一。然而，在过去的近半个世纪里，我们虽然明白科学的重要性，但在发展的过程中走了一些弯路，导致现在的许多问题。其实，任鸿隽早在1926年就指出，要了解科学，首先要明白科学的两个起源：一是实际的需要，二是人类的好奇。由于前者是外在的压力，后者是内在的冲动，所以就科学发现和科学创新而言，好奇心比实际需要更重要。基于这一认识，他告诉人们：科学家研究科学，不是为名利所驱使，而是为好奇心所引诱。为了这种天生的好奇以及由此而来的精神需求，许多人（比如阿基米德、伽利略、哥白尼等）甚至不顾自己的生命。因此他反复强调，人类物质文明的进步并不是科学家最初的动机，而是科学研究的必然结果。如果只想从物质文明方面来追赶发达国家，只想把科学当作一种富国强兵、改善生活的手段，却又不晓得科学的真谛，那就是一种得鱼忘筌、舍本逐末的做法，不仅不会成功，差距还可能越来越大。

我们现在读到这样的文字，真是令人深思，如果一个人，仅仅为了养家糊口，而丧失了最初的好奇心和梦想，我们的科学精神就无从谈起了。

在《科学概论》中，任鸿隽还对科学与常识作了辨析。他借用赫胥黎的话告诉人们，科学并没有什么神秘，"科学是有组织的常识，科学家也不过是有常识训练的普通人"。因此他认为："科学精神就是常识训练……这种精神不但是一切科学所应有，即是平常处事……也应该如是。"也就是说，不仅是科学研究，即便是个人思想行为、社会团体组织，也应该受科学精神支配。

这段话使我们明白，科学精神不仅体现在科学的发展，科技的进步；不仅仅是庙堂之高的庄严，而是实实在在地影响社会的方方面面，我们所享受的便利、所讨厌的弊端，大抵都与科学精神相关。

关于科学精神，任鸿隽总结了五个特征：一是崇实，二是贵确，三是察微，四是慎断，五是存疑。他还说，如果再加上不怕困难、不为利诱等品德，就更完备了。相比之下，当时的中国学界却有四大弊病：一是材料偏而不全，二是研究虚而不实，三是方法疏而不精，四是结论"乱而不秩"。这还是就学问而言，"至于那些趋时应世的文字，于学问无关而于人心有害的，（就）更不消说了"。面对如此巨大的反差，他不是悲观失望，而是告诫大家：西方在中世纪时比中国更黑暗。只是在文艺复兴以后，科学家才把发现真理当作自己的天职，"他们与宗教战，与天然界的困难战，牺牲社会上的荣乐，牺牲性命，去钻研讲求，才有现在的结果。我们若不从根本上着眼，只是枝枝节节而为之，恐怕还是脱不了从前那种'西学'的见解罢"。

这样看来，我们其实也不必过分妄自菲薄，从建国到现在还不到70年，能有如此成就已是难能可贵，我们如果能及时认清自己的不足，找到科学发展的正确方向，便是科学精神的本质。

任鸿隽认为，一个人获得博士硕士学位，并不算真有学问；只有经过十年二十年艰苦努力，才能跻身于学者行列。他强调，人不能单靠面包而生活，大学教师的职责不是贩卖知识，而是要培养学生的研究兴趣，让他们明白科学研究的目的不在于物质享受，而在于精神满足。这是一种高尚的刺激和知识的愉快。他还说，真正的科学是独立的，不依附于任何主义的，把科学和物质文明等同起来，或者"骂科学是帝国主义的"，都是不明白科学的真谛。

我不知道您看到这段话的感受是什么？我的第一个反应就是，我们的科学精神，如果要做到任先生所说的那种境界，还是任重而道远啊。这恰恰也为咱们当代的大学生提供了契机。科学兴亡，匹夫有责，我们如果能够自我觉醒、从我做起，终将会迎来科学的春天。一缕微风吹过，虽然了无痕迹，经久不息，却能成就石林山海，造化奇观。

这也是我自费在我们班举办"科学精神进课堂"系列主题班会的初衷。目前已举办四期，日后必将坚持下去。

　　谈了一些粗浅的见识，目的只有一个，就是希望家长、学校和我共同努力，培养孩子的科学精神。当我们具备科学精神之日，便是自我人格升华之时。我泱泱中国的希望便在于此！

　　这封信刚放假时写了一半，因为女儿生病，耽搁到今日，迟奉为歉。

　　余言再叙，谨致新春快乐，阖府安康！

杨志彪

2015 年 1 月 31 日夜于上海交通大学

（注：信中涉及的任鸿隽的科学思想的文字，均引自著名学者智效民所著《大学之魂：民国老校长》，北京：中国华侨出版社，2012 年 5 月第 1 版）

附：动科班 2014 年新年致辞暨十大新闻

　　窗外数九寒天，屋内暖意融融！咱们动科班第一次坐在这里辞旧迎新，这么多青春的面孔，这么多激动的脸庞，真心令人陶醉，真心令人激动。

　　每逢年终岁末都有总结一年的习惯，我也试着列出了咱们班的十大新闻，同学们听好了：

　　（一）2014 年 12 月，动科班所向披靡，一路过关斩将，成功斩获上海交通大学"先进集体"荣誉称号。这个荣誉离不开全体同学的付出和努力，凝结着大家的智慧和汗水。在座的各位同学，你们真的很优秀，完全有理由为自己自豪、为自己骄傲！为自己鼓个掌！

　　（二）你给我一片红叶，我将回报你整个森林。我们动科人从来不缺乏爱心，懂得尽己所能，回报社会。在这个温暖的夜晚，我们一起来回顾一下我们动科班 2014 年爱心之旅：第一，我们于 2014 年 4 月份，向山区儿童捐赠了衣物和学习用品；第二，兰兰、硕硕、帆帆、健健、明明、龙龙等同学分别参加了上海交通大学爱心家教志愿者、TECC志愿者服务活动、图书馆志愿者活动、上海市马拉松志愿者、上海市科技馆志愿者、红旗敬老院志愿者、上海动物园志愿者、校运会开幕式志愿者、活力社区志愿者等等。目不暇接啊！特别是为交大附小以及闵行周边的小朋友解决学习方面的困难，小朋友很喜欢的，以后多去去，因为我女儿也在那个学校；第三，蒙蒙、小野同学积极献血，热血无声，人间大爱。第四，小柳同学加入上海科技馆志愿者、公益社团爱心屋、中华骨髓库。特别是加入骨髓库，太难能可贵了，现在我们国家的白血病等许多血液病人都亟待骨髓，也许小柳就能挽救一个或者几个病人的生命。以柔软之躯担人间道义，我们必须给你点25个赞！你们的爱心志愿等活动，深深感染着我，也感动着我。在这里，我谨向你们致以崇高的敬意！谢谢你们！有爱心，就是任性！

（三）曙光初照演兵场，飒爽英姿五尺枪，动科儿女多奇志，不爱红装爱武装。我们在今年的暑期成功地完成了军训，同学们在整个军训期间表现优秀，出色地完成了各项任务，特别是女同学护肤防晒工作非常到位，一个都没有晒黑。当然，这期军训也留下了我带你们班以来最大的遗憾，我因为需要照顾女儿，很少来同学们军训的现场，就让这件事遗憾终生吧！

（四）军训结束，新学期开始，就迎来了一个莫大的光荣和一点点伤感。那就是小韧同学投笔从戎、报效祖国！光荣和自豪的是，小韧同学作为上海人，能有此志向，实属难能可贵，也为农学院超额完成了任务。伤感的是，咱们班又少了一名文艺骨干，真心想念！期待着小韧早日退伍回来，鞭敲金蹬响，高奏凯歌还！同样光荣和伤感的还有，那就是小力和小野转专业。在十月份，得知这个消息以后，为他俩举办了一个小型的饯行。希望她们不要忘了动科班，常回家来看看。并寄语他们：琢玉培香堪大器，敦品力学济人生；星垂平野天地阔，月照浦江伴君行。

（五）读万卷书、行万里路，我们在 2014 年的社会实践活动中大放异彩。寒假期间，小力、帆帆、小宜、小韧、小姵在苏州和西山岛上，进行学习实践，完成了《转基因技术安全性的社会民众认识和科学原理调研》，学习、了解转基因技术原理方法和民众的认识情况，增进专业知识同时也向民众展示转基因农业产品本质及安全性调研成果。暑假期间，以咱们班同学为主体，完成了《现代高效农业发展模式——新型生态农业调研》（小力）、《宠物商店的发展状况和前景调研》（硕硕）和《乡村教师培训计划》（蒙蒙、小豪等）等社会实践活动。而我本人也荣获"优秀社会实践活动指导老师"的荣誉称号。荣誉不重要，重要的是，同学们通过这些实践活动，真正实现了多读书、常思考、勤实践的为学之道，对于养成自己完整的人格至关重要。

（六）脑中有科学、心中有道义，"科学精神进课堂"系列主题班会已经成为我们 2013 级动科班的特色活动。本年度又开办两期：2014 年 4 月 27 日，我们迎来了第三期"科学精神进课堂"系列主题班会："SCIENCE 漫谈——从遗传学到分子生物学"；第四期"认识转基因"推广到了整个学院。恰逢学院 55 周年的纪念日之际，在学院领导、团委等相关部门的支持下，这次讲座也被认定为院庆活动之一。本次班会经学院主页报道后，又被交大新闻网、中华网等国内多家网站转载（总浏览量达到 4 000 多次），纷纷给予了正面积极的评价，赞扬我们学习科学、追求科学的精神和行为。由于同学反响强烈、效果显著，特别是对同学"探索、质疑、实证、理性"的科学精神的塑造起到了非常重要的作用，该活动得到了学院领导多次表扬，也坚定了我们将"科学精神进课堂"系列主题班会长期办下去的信念。

（七）2014 年 11 月 6 日，参观学习光明乳业金山种奶牛场。这次活动大家最准时、去的人最齐全，也给了我很大的信心。你们积极的参与是对我的莫大的鼓励，日后我会联系更多的企业进行参观学习！

（八）在学生会、团总支、社团等领域服务集体、大展才华：他们是体育部部长、F-square舞蹈社副社长静静;生活部部长健健、副部长然然;学习部部长蒙蒙、副部长小豪;实践部副部长兰兰;女生部副部长阿竹、帆帆;青志队副队长硕硕。他们才华横溢、乐于奉献、服务集体,先天下之忧而忧,后天下之乐而乐,我希望咱们班的所有同学永远都是这样,长风破浪会有时,直挂云帆济沧海!

(九)学风优良,荣誉多多。大一学年,班级里有小野同学荣获国家奖学金,小力等三名同学获得上海交通大学B类奖学金,静静等多名同学获得上海交通大学C类奖学金。兰兰和硕硕获得校级三好生!硕硕还获得了校优秀团员;阿竹获学院学生会优秀干事。我们都应该学习他们的这种智耕农源、争创一流的精神!我提议,大家一起向这些同学祝贺!

(十)爱情进行时:第一对,大一刚来,别的小伙伴还情窦未开,她已经找到了心目中的男神,话说此男神才华横溢、玉树临风、仙风道骨,那真是:高高的个子一米八,脸上的笑容像晚霞。浓浓的眉毛大大的眼,红红的嘴唇白白的牙!如今两人正在为实现人生的梦想,花前月下,比翼齐飞!你们说是谁啊?第二对,君是电院神,我是农院人,日日思君不见君,共饮思源水。人都说老乡见老乡,两眼泪汪汪。现在得改了,叫老乡见老乡,情义绵又长。咱们班就有这样一对,两人卿卿我我,我我卿卿。明明没选我的课,还要坐在女朋友的身边陪读。有一次,还把钱包落在教室里,好在是我捡到了。你们知道我是怎么知道是她的男朋友吗?因为钱包里有一张她的照片。这是谁呢?第三对:妹绕青梅走,郎骑竹马来!爱情就像陈年的老酒,越久越醇、历久弥香!从初中到高中,从高中到大学,一路行走,一路相伴,虽然空间的距离远了,但内心距离更近了,正所谓远与不远,爱就在那里!你们说这是谁呢?让我们共同祝愿天下有情人终成眷属!

十大新闻盘点完了,此正是:

共庆新年笑语哗，青春动科好年华。

举杯互敬屠苏酒，列席分尝胜利茶。

惟有勤勉能慰己，更携捷报可还家。

而今喜迎佳节日，思源湖畔幻彩霞。

让我们共同举杯，干杯！

慎独、坚毅、乐观

2014—2015 学年第二学期期末致家长和同学的公开信

如果说我也有人生导师的话，这个导师就是书。我现在所有的一切很大程度上要拜读书所赐，教我成长、催我自新、令我自省。我希望我的学生最终都能超越世俗的成功、超越名利、超越梦想、最终获得终极的快乐和自由。热爱自己的祖国，热爱自己做的事，热爱生活，热爱生命。一个比较通俗的理解，就是诗意地生活！

尊敬的家长并各位同学：

你们好！"灼灼荷花瑞，亭亭出水中。一茎孤引绿，双影共分红"。交大涵泽湖的荷花盛开了，上海正在度过一年中最难熬的季节，闷热而潮湿的天气，很多人都不喜欢。所以，暑假能够回老家避暑的同学真是令人羡慕，可以享受"荷风送香气，竹露滴清响"的生活了。这个假期我也不能休息，平时熙熙攘攘的校园，如今安静了许多，正好利用这段时间，静静地做些事情。

按着惯例，首先向各位家长汇报一下期末成绩。总的来讲，比以往三个学期的成绩都要好。主要是同学们已经完全适应了交大的学习生活，学习自然不成问题了。所以家长可以安心了，也可以静下心来认真考虑将来的方向了。当然也有个别同学仍然面临退学警告的压力，需要这几名同学再加把劲儿，争取能平稳度过，我和他们一起加油！

再入学就是三年级了，将来的选择已经迫在眉睫。为了方便各位家长早做准备，我特意了解了今年 15 届毕业生的就业情况，共 19 名同学，其中 9 名同学深造（5 名出国，4 名国内），10 名同学直接就业。应该说我们深造的比例是很高的（近 50%），与学校的平均水平持平，甚至略高。5 名出国深造的具体情况是：新加坡国立大学、新加坡管理大学、丹麦哥本哈根大学、英国伦敦大学学院、美国乔治城大学。4 名国内读研的具体学校：上海交通大学 3 人、华东师范大学 1 人。直接就业的同学，大都在上海工作，有的在农委、有的在生物公司。这期毕业生的就业情况还是不错的，基本都是一次就业。其中有一位同学还是我推荐的公司。无论是就业率还是就业满意度，在学院都是很好的。所以，希望各位家长早日和孩子们沟通交流，确定目标，届时都能实现梦想。

这样一个悠长的假期，很多事情值得我们去做，咱们班同学的假期可谓丰富多彩：有的同学到韩国游学；有的同学考驾照，学习生活技能；有的同学参加学校组织的社会实践，尽己所能，扶贫济困；有的同学回到当地给中学生辅导功课；有的当英语老师、有的当舞蹈老师……有的同学不时去外地旅游，乐山乐水；还有七八位同学选修了夏季学期的课，炎炎夏日，也是蛮拼的；特别值得一提的是，有的同学利用假期到与专业相关的公司实习锻炼，既弥补了理论知识的不足，也锻炼了动手能力，还能赚取一点儿生活费，可谓一举多得，值得提倡和鼓励（这个实习岗位也是我推荐的）。

假期确实是个难得的休整时期，不光是休息身体，更重要的是强悍精神、塑造人格。看到同学们如此丰富多彩而有意义的假期生活，我不由地也想起了我当年上学时曾经做过的若干"工作"：工地小工；街头摆地摊；洗车；多次到偏远贫穷地区参加暑期社会实践，并荣获自治区先进志愿者和团队的荣誉称号；利用寒暑假给老师做实验……时光飞逝，二十多年过去了，抚今追昔，往事历历，百感交集。今夜，灯下独处一隅，给各位家长写信，一下子打开了我记忆的心扉，那不妨采撷几朵已逝岁月中曾经绽放的花朵，虽不雍容华贵，但毕竟也是一个普通耕耘者用汗水换来的一点聊以慰藉的收获……

那是 1998 年春节，由于李培锋老师（讲授动物药理学，我的本科毕业论文指导者）课题赶进度的需要，我寒假没回家，帮李老师做课题。实验室的工作是很累人的，早上六点起床，边做饭边做实验，一天的工作就这样开始了，中午不休息，干了一整天，晚上还要忙到十一点，就住在实验室。因为吃住都在实验室，有时好几天都不出屋，也就见不到太阳了。我曾开玩笑地对李老师说，我现在过着"暗无天日"的生活（要知道我已经一年多没回家了，这次春节又不能回家）。如果总这样忙也就好了，顾不上想家。最要命的是春节那几天，李老师给大伙放了六天假，他们都是老师，回家过年去了。只剩下我自己了，一下子闲起来，平日想家的情绪都涌了上来，令我招架不住。我就想着法的"不想家"，买了红纸，写了春联，营造出一些欢乐的气氛。我至今记得那两副对联。一副是："与清风同饮美酒，对明月共论风流"，横批："乐在其中"。这一副贴在微生物楼，够浪漫吧。另一副是："一人吃饱全家不饿，五尺男儿笑对人生"，横批："我爱我家"。这一副贴在实验室门口，形象而贴切，且颇有自嘲风格——我身高 1.60 米，也就五尺吧。这样一来，似乎少了一些想家的念头，也能自得其乐了。但好景不长，愈临近年三十，看见这红红的对联，不由地想：家里也贴了春联吗？反而更激起了我想家之情。

大年三十，这个万家团圆的日子终于到来了。晚上在李老师家吃了饺子，看了春节晚会，十二点起身回实验室，继续看电视。想起父母，想起姐姐、弟弟、妹妹，他们或许正围坐在炕上，可我却孤身一人，独在异乡，想家的情绪浓浓地裹住了我，我还是摘录两篇当时写的日记吧。

大年三十，元月廿七日

　　不，准确地说，已经是正月初一凌晨三点了。

　　我没有睡意，电视机开着，可我不知在演些什么。

　　不知不觉中，我走到外面，万家灯火，人们都沉浸在节日的欢乐之中。

　　举目苍穹，星星伴我同行。远处还能听到零星的爆竹声，新的一年到来了。

地上仍有厚厚的积雪,我走进了楼前的松林,不自觉地面向东北方向——我家乡的方向,慢慢地跪下了:爸、妈,儿子不能回家与你们团聚,原谅儿子的不孝吧!儿子在远方给你们磕头了……我的双眼模糊了,分不清是泪水还是雪水……

正月初二

真的好激动,收到了妹妹的来信(那时尚无电话和手机):"哥,爸妈都很好,叫你不要惦记。知道你忙,要你多注意身体。只是你没回家过年,爸总要听呼和浩特的天气预报,整天听你1995年在内蒙古电台录制的那期'塞外田野'的磁带,我说:爸,你老惦记着哥吗?爸说:不惦记,你哥这孩子,让人放心。"我只感到眼前的一切变得越来越模糊,多少天想家的情绪竟一发而不可收——

爆竹声声瑞雪春,独居异地思亲人。空迎岁末到凌晨。

塞外家书传万意,青城学子泪千痕。无言大爱是情亲。

第二年暑假因去了哈尔滨做实验又没回家,直至春节。此时我已两年没见到父母了,母亲明显苍老了许多。这次妹妹跟我说:那年春节你没回家,急得妈妈想儿子想得耳朵听不清了,眼睛也看不清了,幸亏治得及时,吃了一个月的药后痊愈了。

我无言,是我的过错,是我的不孝啊!

我之所以清楚地记着这次特殊的经历,是因为这次经历,让我更深刻地理解了何为人间大爱!更深刻地理解了慎独、坚毅、乐观。这些经历恐怕现在的学生再也不会经历了,在这个瞬息万变的时代,也许更需要孩子们能够静下心来,踏踏实实地做些事情。

为什么我要与各位家长分享我的这段经历呢?在同学们度过了两年的大

学生活以后，表面上看，已经基本适应了大学生活，但实际上还是有很多暗流涌动，需要我们认真去解决。比如，在今年六月份的时候，我收到一名同学的来信，他在来信中说："到现在为止，进入大学已经两年了。自问自己在学习上是非常努力的，每天晚上如果没有特别的事，我一般都会待在图书馆，或是看书或是写作业。我本人比较喜欢独处，虽然有时候会感觉有些孤独，但我很享受'安静'的世界。正因为这样，我很不情愿参加什么活动（自己不是很感兴趣的活动），也不想和不熟悉的人待在一起。热闹的人和事往往会让我的内心不知所措。有时候我一个人在路上走，看到路旁的小草、天上的白云，自己会忍不住微笑。这种'独'让我痴迷而满足。有时候，我真的想过隐居，甚至遁入空门：和自己的爱人在一个环境优美的乡下平静地生活；毕竟世界有很多无奈，我只想随性地生活。当然，我也会反思自己的想法。人毕竟是社会性动物，是无法脱离这个社会的；自己的想法未免有些消极。可是，我又觉得我不是消极只是喜欢安静而已；虽然我还是有着对'繁华'向往。很长时间以来，我处在矛盾中，对自己的未来感到迷茫。"

这样的来信，让我陷入了沉思。我在与很多同学交流的过程中也发现，这名同学遇到的问题，应该说相当普遍，甚至在社会上也是相当普遍。同学本身的学习成绩也非常好，综合素质也很优秀，但就是不能快乐而自由地生活。这种问题并没有什么大是大非，但如果处理不好，会影响一辈子。问题出在哪里呢？

这名同学的来信，让我想起了我研究生毕业后刚刚参加工作那段时间。大家知道，我是北方人，初来南方，气候不适应，再加之在这个陌生的城市，举目无亲，也没有朋友，那个寒冷和漫长的冬天，真的是很难熬。我也一度有过和他类似的想法——遁入空门。但是想想父母、亲人、责任，还是罢了。那段时间也许是我人生最灰暗的时期（大约有半年的时间）。后来，还是逐渐走出了泥潭，是因为有一个契机，就是考博士。定下了目标，并为之努力，生活变得充实,并在第二年的春天梦想成真。

也许你们会说我幸运,但机会从来都是留给有准备的人。如果不是立志考博,自然就不会读博士,自然就不会有现在的一切。这些事情看似不相干,但却有其内在的必然联系。

为什么我要花这么多篇幅介绍我自己的经历呢? 那是想告诉学生目前所经历的"出"和"入"的烦恼,恰好我也曾经历过,而且也成功地走出来了。其实这名同学的性格真的很像我——也许正因为这一点,他才跟我诉说他的烦恼吧。他喜欢独处,我也是。我记得,我在课上说过,我上大学的时候几乎很少和别人说话,性格很内向,朋友也很少。可以说,我也是活在自己的世界里。但是,独处会带来一个副作用,那就是有些时候会略显得不那么合群,或者与周围的大多数人的生活有些不一样。这个时候,如果内心不是足够坚强,就会感到些许的失落和孤独。这些我都真真切切体会过。咱们班很多同学有可能见过我写的这首诗:

月朗星稀不见云,小屋独坐诵书人。

一朝三享粗茶饭,学子凭窗聚气神。

心恋歌声飘故土,路随玉兔转乾坤。

天公若可通吾意,来岁春风报好音。

这是写于1996年考研复习最苦、最累的时候,为了方便复习,借用班主任李富强老师的办公室,每天自己做小米饭、买些咸菜吃。把枯燥的学习生活,变得富有生气,这是我们应该具备的素质。

独处还让我们学会思考。我的大学同学,目前来说,大部分都比我的收入高。可是,我只会祝福他们,绝不羡慕他们。我非常怀念自己走过的大学岁月。我的生活虽然没有他们丰富多彩,朋友也不多。但我把大把的时间用在自己认为正确的事情上，学会了读书、学会了思考，这就是我最大的收获。我为什么能够站在交大的讲台上与大家分享自己的人生经验？正是这种长达二十年坚持的结果。所以，我们不能小看坚持的力量。只要我们认为正确的事情，一定要坚持下去。

这名同学喜欢读书，我也是。但我读的书，可能没有他多，也没有他快。我与他的不同在于，我除了那段灰暗的时期之外，我是非常乐观的。我通过读书，与古今中外的人对话，与好朋友书信往来，用最乐观的心态对待最糟糕的事情。如果说，我也有人生导师的话，这个导师就是书。我现在所有的一切很大程度上要拜读书所赐，教我成长、催我自新、令我自省。我从一个性格内向的人，变成现在的特别喜欢和学生打交道，能够面对几百个学生侃侃而谈，不读书如何能做到？即便他说，书虽然读了，但不如人家会写，理解得不够深刻。这是横向的比较，比较的本身就是自我意识的觉醒，这恰恰是多读书才能做到的。一个人不怕有缺点，怕的是认识不到这些缺陷。也许是你对自己要求比较高，这是好事，但不要苛责。只要认识到自己的不足，去有意识地弥补，假以时日，迟早有一天我们会达到目标。所谓：海到无边天作岸，山登绝顶我为峰。

如果不能把所谓的优秀转化成快乐的生活，那我们尚不能驾驭自己，也是教育的失败。我曾经给很多学生写过赠言，但其实我最想写的是："我不会祝你成功和快乐！"为什么，就是因为现在所谓的一些成功，是以金钱和利益为目的，以牺牲人性、道德甚至法律为代价的；现在所谓的一些快乐，是以别人的痛苦为代价的。我希望我的学生最终都能超越世俗的成功、超越名利、超越梦想，最终获得终极的快乐和自由。热爱自己的祖国，热爱自己做的事，热爱生活，热爱生命。一个比较通俗的理解，就是诗意地生活！诗意，并不是让每个人都去写诗，而在意境、作画、做饭、读书、跳舞、唱歌、工作、家务、教书、经商、居庙堂之高、处江湖之远、苦中作乐、豁达乐观，总之担水砍柴，无非妙道，把复杂的生活简单化,最简单的生活,也是最快乐的生活,最自由的生活,最诗意的生活!

不知不觉又写了很多,请多指教,余言再叙,此致暑安!

杨志彪

2015 年 7 月 22 日于思源湖畔

珍惜当下，憧憬未来

2015—2016 学年第一学期期末致家长和同学的公开信

日升日落、缘起缘灭，在这个浩渺的宇宙中，我们不经意间相识、相知，日后还会有相别，不是每件事情都如人所愿，却又不得不面对，这是生活的洪流，恁谁也无法阻挡。但过去的已经不能改变，我们能做的只有珍惜当下，憧憬未来。我一直希望，我们班所有的同学，不仅仅是学习成绩优秀。你们更应该具备完整的人格，能够珍惜当下的一切，这正是你们能够长风破浪的不竭力量之源！衷心地希望各位家长和孩子们，在忙碌的生活中，能够体会思想的深度，生活的高度，情感的温度。其实，比速度可贵的还有平静，比物质高贵的还有灵魂，比逝去更值得尊敬的还有当下！

尊敬的家长并各位同学：

你们好！"岁暮阴阳催短景，天涯霜雪霁寒霄"。又到了年终岁末，一直惦记着给大家写封信，忙忙碌碌，今天终于能静下来了……

首先汇报一下本学期我们班级的一些基本情况（详见附后的动科班新年致辞）。总的来说，学生的成绩普遍较好，特别是班级的精神面貌和学风受到学院领导、老师的广泛认同和表扬。在不同的场合我都听见很多老师说，"这个班的学习风气很好""多年不见这么好的学习风气了"……听到这些，我心里是满满的欣慰。我的付出没有白费，孩子们的努力和坚持没有白费。能得到这么高的评价，如果要感谢谁，每个孩子都应该感谢一下自己。是的，这样一个团结向上，充满正念的班集体，离不开每位同学的付出、包容、理解、坚持和努力！当然，仍然会有个别同学的学习成绩不是很理想，甚至会有退学之虞。

对于这几个同学,希望家长能够密切配合学校,多关注孩子的思想和生活,共同做好孩子的鼓励工作,希望他们更多地努力,更多地付出。

今年的冬天,正值几十年不遇的寒潮席卷大江南北,显得分外寒冷。时间真的很快,孩子们已经在交大度过了两年半时光,迎来了第三个寒假。再有一个寒假,很多同学将不再有寒假了,很多同学的学生生活就会结束了。一想起这些,内心会有一种莫名的惆怅和感伤。人往往都是这样,失去了或者快要失去了,就越发想念过去的美好。日升日落、缘起缘灭,在这个浩渺的宇宙中,我们不经意间相识、相知,日后还会有相别,不是每件事情都如人所愿,却又不得不面对,这是生活的洪流,怎谁也无法阻挡。但过去的已经不能改变,我们能做的只有珍惜当下,憧憬未来。

是的,珍惜——这也是我这封信的主题。值得我们珍惜的东西很多,譬如身体和健康、兴趣和爱好、时间、友情、爱情、亲情……这个名单还可以继续列下去。然而,又有多人能真正懂得"珍惜"呢?

我们班的每个同学大抵都有一个健康的身体。可是,很多人却并不很清楚如何去巩固自己良好的身体状态,仗着年轻,熬夜、久坐、电脑、网游等均成为家常便饭。这些可以说都与健康背道而驰。在交大,可以说拥有一流的体育设施和完善的社团组织。只要你是一个有心人,一定能够找到适合自己的"朋友圈"。让你的生活不仅丰富多彩、也会充满生机活力。良好的身体当然是精力充沛的保证,也是支撑学业和事业的基础。这一点虽是老生常谈,但很多人不一定能很好地践行。交通大学的学生工作在全国的高校中,是做得比较好的。学校层面深知体育锻炼和学生社团的重要作用,我们有一流的运动场地和社团组织。然而,很多同学却并不以为意,不能充分利用这些优质的资源。其实,关于学生社团和体育锻炼的重要作用,在高等教育中努力倡导和实行,并首先融入教育思想的,当属南开大学的创始人——张伯苓。大家都知道,张伯苓(1876—1951)是中国著名教育家、西方戏剧以及奥运会在东方的最早倡导者,被誉为"中国奥运第一人"。他把教育救国作为毕生信念,创办南开中学、南开大学、南开女中、南开小学和重庆南开中学(这些学校在当时都是私立,时世维艰,公立的多少学校都是风雨飘摇,创办这些私立学校需要多大的勇气、智慧和坚持啊),接办四川自贡蜀光中学,形成了著名的南开教育体系,为国家培养了大批英才,被尊为"中国现代教育的一位创造者"。"强国先强种,强种先强身"的著名论断就是他率先提出来的。这样一位中国现代教育的开创者,其教育思想中,体育和课外活动占有非常重要的地位。在他的大力倡导下,当时的南开校园中,有很多学生社团,一如现在的交大校园。属于研究学问的有文学会、教育研究会、政治学会、哲学会、科学会、经济学会、商学会、星会、寻光会、英文学会、国语演说会等;属于服务类的有毕业同学会、校役夜校、平民学校、各省同乡会等;属于文化娱乐型的有音乐会、唱歌会、新剧团、旧剧研究会和各种临时性游艺会。此外还有各种类型的运动会、考察团和旅行团等临时性组织。

成立这么多学生社团有什么作用呢? 第一,它可以培养学生的兴趣。兴趣是最好的老师,学校里有那么多社团,可以让学生在团体活动中找到各自的兴趣所在。曹禺小时候本来想学医,后来考入南开大学后读的是政治学。但由于他在南开中学时就受到话剧的熏陶,最终还是在话剧创作上取得了巨大成就。第二,它可以抵制功利主义的影响,改变读死书、死读书的学风。1921年,科学会成立时,大学部主任凌冰到会祝贺。他说:"本大学自开学以来,学生均忙于功课,是以课外组织颇少,今日诸君自动地组织之科学研究会,实胜庆幸。研究学问要自动地研究。研究科学,要为科学而研究科学。不可杂以实用的思想,研究科学要问'怎样'——How,不可问'为什么'——Why。因为研究科学若问'为什么',一定引到不可思议的地步,而为科学进步的阻碍。"凌先生的意思,是说研究科学是没有理由的。如果事先设定一个堂而皇之的目的,比如说为了国家富强,人民幸福之类,就会把科学引上歧途。这与现在很多人眼里的科学研究的意义和目的又是多么的不同。很不幸,我孤陋寡闻,在很多学校众多的社团里面,唯独没有类似的科学研究会。科学精神的欠缺、科学素养的普遍不高已成为我们国家持续发展的巨大障碍。这也是我举办"科学精神进课堂"系列主题班会的初衷。第三,它有利于学生之间的相互交流,取长补短,增进友谊,从而培养一种合作向上、不断进取的团体精神。在丰富多彩的校园生活中,张伯苓的表现给同学们留下深刻印象。早在辛亥革命之前,张伯苓就把话剧当作练习演说、改良社会的一种好形式。为此,他自编自导自演了南开公演的第一个话剧《用非所学》。该剧写了一个从欧美留学归来的贾有志,他本来抱着"工程救国"的理想,却在名利诱惑下混迹于官场,成为学非所用、用非所学的典型。多少年后,人们还是对它的现实意义给予高度评价,并说张伯苓可谓"我国话剧第一人"。从此以后,每逢校庆南开都要上演话剧。

张伯苓对体育极为重视。他曾经促成第一届远东运动会的召开,并担任在上海举办的第二届远东运动会总裁判。他还担任过华北体育运动会会长,中华全国体育协进会名誉会长,国民政府教育部体育委员会委员以及许多大型运动会总裁判。至于学校运动会的总裁判,更是非他莫属。了解这些情况的人都说,张伯苓先生对中国现代体育运动具有不可磨灭的影响,他的领导才能与精神感召力给人留下很深的印象。南开的体育,在抗日战争前是很有名的。从校史资料看,在球类方面,它有"执全国牛耳"并号称"五虎"的篮球队,有"雄视华北"而且是"球输精神不输"的足球队,还有至今在许多公立大学都很少拥有的垒球队、棒球队、网球队。在田径方面,南开曾多次参加远东运动会、华北运动会等国际国内比赛,并获得许多锦标。这一切与张伯苓对普及体育活动、弘扬体育精神的深刻理解有关。他说:"我提倡运动目的,不仅在学校,而在社会;不仅在少数选手,而在全体学生。学生在校,固应有良好运动习惯;学生出校,亦应能促进社会运动风气。少数学生之运动技术,固应提高,全体学生之身体锻炼,尤应注意。最要者学校体育不仅在技术之专长,尤重在体德之兼进,体与育并重,庶不致发生流弊"。

为了让同学们在运动中获得身体和心灵的愉悦,张伯苓提倡"仁侠"的运动精神。"仁侠"精神的含义很丰富,简单说就是在运动中要有诚实公平的态度、光明磊落的行为、胜不骄败不馁的作风。他认为,在比赛中获胜固然重要,但千万不要使用不道德的手段。因此他反复告诫学生:"正当的失败比不正当的胜利更有价值。"这正是体育精神的真谛所在。

　　对比张伯苓的教育思想,结合交通大学的实践,孩子们是不是可以找到日后自己努力的方向了呢? 其实,我们珍惜的是自己的身体、健康、兴趣、爱好,获得的则是完整的人格、有意义的人生。

　　我们既然拥有健康的身体,可以寄托精神的业余活动,接下来就可以合理安排时间,追寻自己的梦想。而时间,似乎很多,又似乎很少,全在乎个人的感觉。刚入学的时候以为时间很漫长,然而现在已过了大半。人生路漫漫,我已至不惑。有多少事是你想做而没有做的? 有多少事是你做了一点,没有坚持下来的? 又有多少事经过你长期的坚持而收获幸福的? 所以,珍惜时间,似乎也是永恒的话题。珍惜也罢,不珍惜也罢,时间都很公平,滴答前行。我很喜欢汪国真的那首关于时间的诗,珍惜你的拥有,珍惜你的青春,乘着船儿和时间一同出发吧——

　　　　人似乎不能太忙碌,太忙碌了,便会觉得时光短暂得可怕。

　　　　人似乎也不能太悠闲,太悠闲了,便会觉得光阴漫长得无聊。

　　　　对于生命来说,时间是最无情的;对于历史来说,时间是最有情的。

　　　　对于个人的悲哀来说,时间恰似高明的医生;对于民族的创伤而言,时间倒像个庸医。

　　　　青春,是生命中最美好的时光;爱情,是青春中最美好的时光;初恋,是爱情中最美好的时光。不论做什么事情,在时间的选择上都有一个最佳点。把本应昨天做的事情放到今天来做,叫作失时;把应该明天做的事情放到今天来做,叫作失察。失时的结果往往是坐失良机,失察的结果常常是欲速则不达。

有句名言：时间就是金钱。

然而，长寿者未必富有，短命者未必贫穷。这是有关时间的悖论。

即使你一无所有，只要拥有时间就够了，时间能够创造一切。

因此，只要拥有时间，无论身陷怎样的逆境，你都没有理由太过悲观。

如果说，人间总是不那么公正，那么，时间总是相当公正的。

我们能够挽留朋友，却不能够挽留时间。既然时间如滚滚东流的江水不可挽留，那么最好的选择，就是乘上船儿和时间一起走。

友情、爱情、亲情，构成了我们的基本情感，在人的生命长河中，三者缺一不可，都应该倍加珍惜，我们该如何珍惜之呢？关于朋友，孔子有一句话：有朋自远方来，不亦乐乎？朋友为什么会从远方来呢？是因为想和你交流，交流思想、感情、生活等等。这种体验一定是一种非常愉悦的感觉。每个人都会期待这种美好的人生经验。可是，这种情况又不会天天发生，如果经常发生，就不显得可贵了。再进一步想，朋友为什么会想和你交流这些呢？大概是因为你有健康的思想，有自由的精神，你们之间很谈得来，所谓"倚天照海花无数，流水高山心自知"。这正是驱使朋友愿意和你交往的原动力，也是友情的真谛。问题就来了，我们自身是否已经具备了这种原动力？能够让朋友不远千里、万里来和你相会。如果具备了，善莫大焉，你的人生一定是有意义的、充实的。若无，该如何去创造这种原动力呢？孔子还有一句话：吾十五而有志于学，三十而立……十五和三十都是虚数，可以认为一个是青年阶段、一个是成年阶段。他的意思很明确，就是要在青年时明白要从何处培养自己，使自己成为一个完整的人，而不是一种特殊的人。不仅学习一定的技能（专业知识），还要不断提高心灵的修养。这种内心的修炼也不是一蹴而就，经过多年的努力，待到成年时，具备了自己的精神品格、内心的原则，此时自然会"有朋自远方来"。说到这里，同学们或许会明白了吧，真正的知己的确很少，一般的朋友则可以很多。所以，一旦拥有友情，要格外地珍惜；一旦拥有一个知己，那是上天赐给你的最好的礼物。随着年龄的增大，应该明白，真正的知己或许只有一个，或许一个也没有，因为只有你自己了解自己。无论怎样，有还是没有，都不应该影响你的生活。因为，有特点、有原则是一方面，内心的坚持和外部的显露可以理性地分开，这样与别人的相处同样融洽。但自己一定要清楚内心的原则！所谓"内方而外圆"是也。

爱情是人世间最美丽的花朵。每个人都心向往之，年轻时期待自己的爱情浪漫和甜蜜。然而，我现在更希望是——温暖。我们班级里也有很多同学正处在一个被爱情燃烧的阶段。难能可贵的是，大部分同学并没有因此而影响学业，恋人之间共同进步、比翼齐飞，令人备感欣慰。其实，爱情的美好和神圣更多地体现在灵魂的神圣，你又会通过对方精神的高度和身体的温暖感受爱情的美好和神圣。尤其是当你老了的时候——有的同学笑了，我们还年轻啊。是啊，你们还年轻，可是你们也会老。就像你的父辈，他们都曾经拥有青春。然而岁月就在不经意间溜走，我们不是还在经常慨叹刚入学时的青葱时光吗？珍惜当下的情缘，用心灵感知对方的灵魂和温暖，理解、包容、交流、进步，岁月不会亏待你，爱情也不会亏待你。你的爱情也会像叶芝的诗，平静而伟大，神圣而温暖——

当你老了，

头白了，

睡思昏沉，

炉火旁打盹，

请取下这部诗歌，

慢慢读，

回想你过去眼神的柔和，

回想它们昔日浓重的阴影；

多少人爱你青春欢畅的时辰，

爱慕你的美丽，

假意或者真心，

只有一个人爱你那朝圣者的灵魂，

爱你衰老了的脸上痛苦的皱纹；

垂下头来，

在红光闪耀的炉子旁，

凄然地轻轻诉说那爱情的消逝，

在头顶的山上它缓缓踱着步子，

在一群星星中间隐藏着脸庞。

如果说没有友情和爱情，人尚能存活于世，没有亲情我们既无法存在，亦不能延续生命。所以，亲情成为寄托我们生命的基础。人到中年，养儿方知父母恩，会更多地念及父母。想念那个出生的村庄，怀念儿时的岁月，惦念父母的身体。父母都老了，可儿却在天涯。古语说，父母在不远游，游必有方。为了求学，像很多同学一样，我从上高中的那一年起，就半年回一次家，有时是一年回一次，工作了以后甚至是两三年回一次。虽然说现在交通便利，然而，生活的琐事会远远超出人的想象。各种因素的叠加，每见一次双亲都会很不容易。如何珍惜父母，及时行孝，便成为永恒的话题。同学们寒假回到家都是怎么做的呢？有多少时间会同学朋友，有多少时间陪父母？有多少时间花在帮父母做事上面？也许你们的父母都还年轻，不需要你们的帮忙。如果你算一算，从现在开始，到父母80岁，我们能待在父母身边的日子，其实是少得可怜的。我们是不是要更多地主动，更多地关心他们？珍惜你们现有的亲情吧，没有遗憾或许不现实,让遗憾尽量少些,让孝心体现出来,别让思念成为永恒——

从春秋,到冬夏,
为爱走天涯。
何处是我温暖的家?

从南北,到西东,
为爱走天涯。
哪里是我最深的牵挂?

是小路,是野花,
故乡是我温暖的家。

是麦田,是谷地,
是门前的白杨和屋后的青纱。

滚铁圈,掏野鸟,
还有夏天捉不住的蚂蚱。

是弟弟,是妹妹,
是操心的姐姐让我牵挂。
更有严厉的父亲和慈祥的妈妈,
整日盼儿回家。

可儿在天涯,
对清风,临明月,

思念的雨只在心里洒。

从春秋,到冬夏。
常梦见爸爸的白发,
和妈妈的泪花。

写下这段话的时候,已然是腊月十五,中国人都在盼望的团聚时刻正在一天天临近。可是我仍然不能回家和父母一起过年……我坐在电脑前,想着远方的你们,和你们一起分享自己对于生活的理解。我一直希望,我们班所有的同学,不仅仅是学习成绩优秀。你们更应该具备完整的人格,能够珍惜当下的一切,这正是你们能够长风破浪的不竭力量之源!

最后,衷心地希望各位家长和孩子们,在忙碌的生活中,能够体会思想的深度,生活的高度,情感的温度。其实,比速度可贵的还有平静,比物质高贵的还有灵魂,比逝去更值得尊敬的还有当下!

此致冬安

杨志彪

2016 年 1 月 26 日于上海交通大学

(注:信中涉及的张伯苓的教育思想的文字,均引自著名学者智效民所著《大学之魂:民国老校长》,北京:中国华侨出版社,2012 年 5 月第 1 版)

附: 在 2016 年动科班新年致辞

各位同学:

大家好!"通宵灯火人如织,一派歌声喜欲狂。正是今年风景美,千红万紫报春光"。2015 年马上就要过去了，又到了辞旧迎新的时刻。今天，我们动科班在此欢聚一堂，共同回顾难忘的 2015，迎接崭新的 2016。我们班级在过去的一年里取得了许多令人鼓舞的成绩，在此，我们共同回顾一下：

（一）继 2014 年我们获得上海交通大学"先进集体"之后，今年我们班级再创佳绩，获得了上海交通大学"五四红旗团支部"荣誉称号。这些成绩的取得，离不开在座每位同学的努力和付出，特别是我们有一个团结的、任劳任怨的团支部，感谢他们的认真、努力和执着。让我们一起为自己鼓掌加油！

（二）硕硕、兰兰同学，即将于一月份分别赴台湾大学和香港大学交流学习一学期。她们俩还同时成了中共党员。短暂的离别是为了更久的团聚，我们在这里预祝她们好好学习这两个学校的先进理念，开拓视野、再攀高峰，期待她们鞭敲金镫响，高奏凯歌还！

（三）咱们班 24 名同学，有 19 名同学有继续深造的打算，其中有 5 名同学欲出国深造。在过去的一年里，我们班有多名同学获得各类奖励，其中蒙蒙、静静被评为三好学生，帆帆同学获得上海市奖学金（8 000 元），静静获得高等农业奖学金（2 000 元），兰兰、硕硕获得 B 类奖学金（1 000 元），明明、然然、蒙蒙获得 C 类奖学金（500 元），特别值得一提的是，阿晋和小豪获得学习进步奖（500 元），而且这两位同学还要继续深造，期待他们和其他同学一样，不负年华，百尺竿头，更上一层。咱们如此优异的表现，赢得了所有任课老师的一致好评，我们应该为自己点个赞！

（四）脑中有科学、心中有道义，"科学精神进课堂"系列主题班会本年度又开办一期。2015 年 3 月 22 日，我们迎来了第五期"科学精神进课堂"系列主题班会："旷野的呼唤——动物生态学与学科交叉"。这次主题班会由团支部以团日活动的形式举办。借着团日活动的召开，支部决定将团日活动和"科学精神进课堂"系列主题班会融合在一起，办一场既有名师讲座又有同学们交流互动的活动。这样创新丰富的形式一下子吸引了无论是班内还是班外的大批同学,3月22日这天,我们照原计划进行,顺利完成了团日活动所有流程。当天活动主要分为了三大部分,来自华东师范大学的王正寰教授为我们作报告:"旷野的呼唤——动物生态学与学科交叉",同学们针对王老师的报告内容积极交流并提问,最后是给未来的自己写一封信(此处未来指大四毕业)。同学们的自我参与和组织,让这期班会顺利开展,充分发挥了同学的主观能动性,为日后系列主题班会的开展开启了一种新的模式。

(五)有赖于全班同学的大力支持,我本人继去年获得校优秀班主任之后,今年又被评为校优秀班主任,同时还以第一名的身份获评"十佳班主任";在今年的年度考核中也再度被评为优秀。这些荣誉的获得,与各位同学的理解和支持密不可分,感谢同学们!

(六)借这个机会,我还要真心地感谢同学们对我的厚爱。在今年父亲节时收到了你们的礼物,在接过礼物的那一刻,我的眼睛是湿润的。我是一个容易被感动的人,我不仅拥有一个具有血缘关系的孩子,我还拥有24个没有血缘关系的孩子,不是亲人,胜似亲人。感谢你们,爱你们。

(七)2015年就要过去了,这是一个令人难忘的一年,许多刻骨铭心的事情都发生在今年。希望同学们都能珍惜自己的拥有,张开双臂迎接每一个日出,欢呼每一次日落,因为有爱,远方和诗……

梦想，成就最美的人生

2015—2016 学年第二学期期末致家长和同学的公开信

人之所以身处逆境而不屈，面对困难而坚强，不是因为期盼眼前的利益，而是因为人们心中拥有梦想。正如马丁·路德·金所说，"如果你的梦想仍然站立，那就没有谁能让你倒下"。前进的路上从来就没有坦途，我只有祝福我亲爱的同学们，不论你从事什么，不论你追求什么，你要有足够的耐力，足够的坚持，才会最终实现梦想。梦想不是一个终点，而是一个过程，她存在于每个人的生活里，并会融入你的生命。不论何时何地，都不要忘记自己的梦想，勇敢、执着、快乐地追求并享受！

各位家长及同学如晤：

细丝织锦入莲园，人声扰昼眠。羞羞怯怯展芳颜，悄悄静静看。

香淡淡，叶田田，琼珠落翠盘。滴滴点点扣心弦，婷婷袅袅烟。

这一阕《阮郎归》，是我为交大张玉梅老师的雨中睡莲图而题。张老师是交大"致远文艺协会"的会长，她在雨中赏荷，并将图发在朋友圈，精致美丽，境界极高，非热爱生活之人不能拍出。其实，上海正在经历高温酷暑，这样清凉的日子并不多见，能有如此心境，源于内心的宁静。

欣赏着美丽生动的莲花，忙碌的一个学期马上结束了，我也终于可以静下心来给家长和同学们写信了。大三夏季学期的结束，也意味着同学们在交大已经度过三年了，更意味着同学们马上要进入毕业班，要面对更新的挑战和生活了。从同学们的各自的假期生活即可窥见一斑：有的同学在实验室边实习边准备考研；有的同学积极准备夏令营（我们班参加夏令营的同学有10名，有在本学院的，有在其他学院的，还有在外校的），参加夏令营其实也是参加各个单位的研究生自主招生选拔；有的同学则寻找相应的企业公司进行实习，为将来的就业做着准备（大概有5名同学）；有的同学则是考GRE、托福，关心国外的学校，为申请出国做着准备（大概有3—4名同学）。还有5名同学，没有参加夏令营，但是也在积极备考研究生。这就是我们班级全部24名同学的目前的大致动态，令人欣喜，令人鼓舞，令人期待。

无论是打算深造还是工作，每个人都在追求自己的梦想。还记得刚入学时的梦想吗？当时光走过三年的时候，最初的梦想是否依然？我曾经在不同的场合说过，我们动科系在大一分专业的时候，在学院并不受欢迎，很多同学都转去了别的专业。然而，等到毕业时，我们的专业又是就业率、考研率、出国深造的比例都能排在前列。这个现象给我造成了很大的困惑。究竟是什么原因造成了这样的选择误区？想来想去，我似乎已经找到了答案。那就是每个人关于梦想的认识不同。

有的人认为，目前的热门专业就是我的梦想，可以有较高的收入，有较好的工作；有的人认为，适合我性格特点的就是我的梦想，是的，一个人非常难得做一份自己喜欢的工作；有的人认为既然命运帮我选择了目前的专业，不如我热爱之、坚持之，最后也会成功，并收获快乐和幸福。国家有梦想，单位有梦想，家庭有梦想，所有的梦想都会具体到个人的梦想。有了梦想，生活才有目标，才有远方和诗……然而，究竟该如何去追求自己的梦想呢？是选择人云亦云的短期满足，还是坚持内心的召唤，不为流行的思潮所动。我想，如果能明白了这一点，就是明白了教育的本质，也能获得持久的、终生的快乐、幸福和成功。

任何梦想都不是随随便便能够成功的，必然伴随着坚持和努力。张杰校长在今年的毕业典礼上的致辞赢得了普遍赞誉，致辞中一群工人坚持梦想的故事让我久久不能忘怀。张校长给大家推荐了一部电影,名字叫《我的诗篇》,去年荣获上海国际电影节金爵奖最佳纪录片,片子的导演是交大媒设学院2003届毕业生吴飞跃。影片讲述了这样一群工人,他们是叉车工、充绒工、爆破工、洗衣工、制衣工,同时他们还是一群特殊的诗人。他们在地心幽暗处工作,终日难见阳光;他们与炸药打交道,时时面对生死考验;他们日夜奔走,只为一份养家糊口的生计。然而无论生活为他们套上多么沉重的枷锁,无论前途有多少荆棘,看似"无用"的诗歌,却始终是他们内心朴实的梦想。于是,在空旷寂寥的荒山、在潮湿闷热的厂房,诗歌与每一个怀揣梦想的心灵相遇,让他们在艰苦磨难中变得坚强。1984年出生的制衣女工邬霞,到深圳打工已经整整19年。在这19年里,贫穷和艰辛一直跟随着她,却从来没有将她打倒。上班时,她在车间一干就是10个小时,裁剪、缝纫、熨烫、折叠……车间里总是弥漫着湿漉漉的蒸汽和劳作的汗味。少女时代洁白光润的双手早已在日复一日的辛勤劳作中变得粗糙难看。下了班,回到不足十平米的小屋,她还要照顾年幼的女儿,精打细算为重病的父亲治病。然而,即使是挣扎着生活,邬霞也从来没有忘记她的梦想,她读诗写诗,在10多年的时间里,创作了300多首诗歌,字字浸润着对美好生活的向往和热爱。终于有一天,她穿着地摊上买来的70元钱的吊带裙,从容优雅地走上了上海电影节的红地毯,向整个世界诉说着她诗歌中蕴藏的美好理想。她在电影中的一句话让我深感震撼:"就算是有块石头压着我,我也一定要倔强地推开那块石头,昂起脑袋,向着阳光生长。"人之所以身处逆境而不屈,面对困难而坚强,不是因为期盼眼前的利益,而是因为心中拥有梦想。正如马丁·路德·金所说,"如果你的梦想仍然站立,那就没有谁能让你倒下"。

在我们班级里,有一些类似的情形。比如有的同学虽然成绩很优秀,但并不想在本专业继续深造,他们骨子里热爱的是经济、法律或者计算机等。因此,他们在学好本专业的同时,需要花很多的精力投入到第二专业的学习中,可想而知他们要付出比别人双倍的努力才能最终实现自己的梦想。有的同学,压根儿就不喜欢自己的专业,毕业后准备攻读文学类的研究生,并在积极做着准备。有的同学本来准备考研,权衡再三之后,决定还是先工作。生活不是儿戏,既然选择了,就勇敢地面对。前进的路上从来就没有坦途,我只有祝福我亲爱的同学们,不论你从事什么,不论你追求什么,你要有足够的耐力,足够的坚持,才会最终实现梦想。

在交大的教职工里,我也认识一些怀揣梦想的老师。2016 年 6 月 23 日,上海交通大学教职工"致远文艺协会"在闵行校区成立了。我有幸成为其中一员,并见证了协会的成立。协会的所有成员都是交大各个专业、各个部门的老师,他们都有自己繁重的教学、科研或者管理任务,有的身患重病,有的家庭坎坷,但大家无一例外都有一个积极乐观的心态。在这样一个盛夏季节,他们走出各自的办公室、实验室,共同见证这样一个历史性的时刻。场面热烈、温馨,大家都自发地、不计辛苦和酬劳地投入到这样一个看似与自己的专业以及工资收入毫无关系的"事业"中。我看着这样的场面,也在长久地思索,究竟是什么力量能有如此的魔力,能把这么多人聚集在一起,想来想去,还是梦想。

无论你来自何处,无论你去向何方;无论你在经历痛苦,还是在享受温情;无论你是意气风发,还是坎坷多艰;无论你正在经历一个艰苦的创业,还是辛勤耕耘在三尺讲台;无论你正在经历一次耐人寻味的重逢,还是在感受一场刻骨铭心的爱恋;无论你有一个可以依恋终生的伴侣,还是一个活泼可爱的孩子……当时间的长河把我们打磨成中年的时候,那些高兴的、悲伤的、失败的、成功的,都已成为过去,"细推物理须行乐,何用浮名绊此生"。我们现在需要的是什么呢?是名利吗?是物质吗?是精神吗?饮其流者怀其源,宁其静者致其远——"致远文艺协会"的成立,不失时机地给我们提供了这样一个精神港湾……

从此，我的心里有了蔚蓝的歌唱

我的梦里有了自由的鸟翔

我还想要点儿什么呢

你就是纯净

你就是古典和萧然

我真的不需要任何财富了

正是因为有了你

我才来到这个世界上

希望从这一天诞生

我的心不再流浪

也正是因为如此，才有那么多同仁在协会成立这件事上热心服务、默默付出、不计劳酬。因为我们知道，这是在寻找梦想的世界，心灵的港湾。

"不离日用常行内，直到先天未画前"，梦想不是一个终点，而是一个过程，她存在于每个人的生活里，并会融入你的生命。不论何时何地，都不要忘记自己的梦想，勇敢、执着、快乐地追求并享受！

此致暑安！

杨志彪

2016 年 7 月 19 日于思源湖畔

（注：文中关于《我的诗篇》的文字，引自张杰校长在上海交通大学 2016 年本科毕业典礼上的致辞）

我们改变着自己，改变着命运

2016—2017 学年第一学期期末致家长和同学的公开信

> 生活不会是一片坦途，必定会有各种曲折艰险，胜不骄，败不馁，便是我们生活的法则。不论你们有任何喜悦，任何困难，我永远都会与你们站在一起，做你们坚强的后盾，不但愿意与你们分享雾霭和虹霓，更愿意与你们分担霜刀和霹雳。

同学们：

你们好！寒来暑往，冬去春来，又到了一学期的结束，刚刚送走了 2016 年，迎来了 2017 年。这或许是咱们班最后在一起过元旦、迎新聚餐了吧。有些不舍，然而时间的洪流却不会作片刻停留。回望过去的一年，有太多的事情值得回忆和总结，如果用一个词概括的话，"改变"这个词或许比较恰当。我们改变着自己，改变着命运，改变着生活……

（一）2016 年初，兰兰、硕硕相继赴港大、台大做短期交流。在一学期的交流期间，收获满满，体会多多。相信他们在短暂的一学期里，一定有不少收获，并将受益终身。

（二）脑中有科学，心头存道义，科学精神进课堂系列主题班会又举办了 2 期，使总数达到了 9 期。我们相继参观学习了全球最大的临床实训中心——柯惠医疗和全国最大的寄生虫标本室——中国农业科学院上海兽医研究所寄生虫标本室。道义是远处星光，科学是指路灯火，让我们点起科学的灯火，追寻那远处星光，携手同行，矢志不渝。

（三）学风优良，立志科研。在推免生方面，咱们班又创造了一项纪录，那就是保送本系的研究生达到了 4 名，原来最多只有 2 名。可见咱们班同学对本专业的热爱。另外,也有 3 名同学外推成功;3 名同学正在申请出国。其中静静同学已经拿到了两个大学的 offer,明明和帆帆正在积极申请中。在这里我们向蒙蒙、小豪、健健、然然、兰兰、硕硕、阿文、静静同学表示衷心的祝贺,祝愿他们早日投入研究生生活,不忘初心,砥砺前行。

今年参加考研的也有 6 名同学,分别是阿畅、阿竹、阿晋、煜煜、小明、阿龙、妮妮,在此也一并祝愿他们取得好成绩,心想事成,金榜题名。

(四)对于要参加工作的几位同学,小伟、小柳、小宜、小仪、琳琳、小提等同学,也希望你们都能找到自己称心如意的工作。

(五)支持学院,成就自己。我特别要感谢的是在上周选几门英文课的时候,同学们所表现出的团结及对我的信任和支持,三门课一共有 47 人次选课,咱们班就有 17 人次,绝对的中流砥柱,为学院的发展立下了汗马功劳。感谢你们对彪哥一贯的支持和厚爱。

(六)需要感谢你们的还很多,我在年初以第一名身份荣获学校十佳班主任,同时获优秀班主任荣誉称号,在 7 月份获得学校三育人先进个人,在 11 月份获学院首届最受欢迎青年教师二等奖,硕硕同学还为我站台演讲。这些荣誉的获得,都离不开咱们班同学不遗余力的支持,谢谢你们,让我感受到你们年轻的力量!

(七)咱们班不仅学风优良,同学之间的互助友爱也备受赞扬。6 月份期末考试前,小伟同学不幸小腿粉碎性骨折。需要住院治疗,咱们班所有的男生轮流值班看护(因为小伟当时生活不能自理,女生不方便),直到他父母赶到。期间,也有许多女同学前去看望。这个事情很让我感动,只有如此同学友情,才能奏响最美的青春舞曲。为所有参与这场接力活动的同学点赞!

(八)同学们,你们生活在一个变革的时代,2017 年的钟声早已敲响。我们已经在新的一年阔步前行。凡事预则立,不预则废。毕业季注定是忙乱的一个学期。希望大家都能处理好各方面的关系,把握机会,不忘主旨,珍惜大学期间最后时光,珍惜友情、爱情,珍惜与所有老师的缘分,这一切都是你们踏上更险征途的原动力。

"莫言下岭便无难,赚得行人错喜欢。正入万山圈子里,一山放出一山拦。"我想对你们说,生活不会是一片坦途,必定会有各种曲折艰险,胜不骄,败不馁,便是我们生活的法则。不论你们有任何喜悦,任何困难,彪哥永远都会与你们站在一起,做你们坚强的后盾,不但愿意与你们分享雾霭和虹霓,更愿意与你们分担霜刀和霹雳。

让我们举起酒杯,干杯!

杨志彪

2017 年 1 月于上海交通大学

我只会祝你们幸福

2016—2017 学年第二学期期末致同学的公开信

> 无论在市井，在路上，还是山中，心在花在，花由心生。那花便是尔心，尔心便是世界。不论前方是平坦还是泥泞，希望每位同学心中永远都有一朵盛开的花！

同学们：

你们好！星移斗转，日月轮回，当同德湖的荷花再次绽放的时候，我们该说再见了。从没有想过四年会如此匆匆，仿佛是一次聚会，或者是一次远足。脑海里不断浮现你们这四年的点点滴滴。

参加开学典礼时的兴奋，中秋晚会的热闹，分专业时的纠结，举办"科学精神进课堂"系列主题班会，到知名企事业参观实践，与你们多次单独谈话，为培力、肖野送行，送亚兰和硕硕去港大、台大短期交流，送别王晨涛，为于韧参军送行，龙伟骨折时的痛苦，拿到名校 offer 时的喜悦，同学挂科时的烦恼，获得奖学金时的自豪，实验室忙碌的身影，社团里挥洒汗水，话剧社倾情演出，舞蹈队神采飞扬，光彪楼、二餐、图书馆……

这些场景时而清晰，时而模糊，让我想起了席慕蓉的诗：

> 所有的结局都已写好，
>
> 所有的泪水也都已启程，
>
> 却忽然忘了是怎么样的一个开始。
>
> 在那个古老的不再回来的夏日，
>
> 无论我如何地去追索，

年轻的你只如云影掠过，

而你微笑的面容极浅极淡，

逐渐隐没在日落后的群岚。

遂翻开那发黄的扉页，

命运将它装订得极为拙劣，

含着泪我一读再读。

却不得不承认，

青春是一本太仓促的书。

四年的时间不算长，却足以改变一个人的生活轨迹。还记得你们当初的梦想吗？出国、工作、读研？无论你曾经多么纠结，现在都已尘埃落定。在此向所有实现自己梦想的同学表示祝贺！当然，人生是一个漫长的过程，最令人着迷之处就在于只要还活在这个世上，就永远不会停止对梦想的追逐。

不论现在是顺境还是逆境，都应该有一个平常心，走好人生的每一步，让这个过程变得有意义。特别是对于暂时遇到挫折的同学，更不要气馁。人就像一颗种子，有的种子早一点发芽，有的种子晚一点发芽，有的种子适合旱地，有的种子适合水田，只要努力和坚持，总有一片土壤会适合你，迟早有一天会发芽、开花、结果。

全班二十几名同学，性格迥异，各有千秋，我始终默默地注视着你们。我努力了解你们的特点，为你们提供帮助，然而毕竟能力所限，常常不能令自己满意，也会有一些挫败感，甚至怀疑自己是否适合担任班主任。但是，我的心是真诚的，试图从与你们不一样的角度去看这个世界。再加上大多数同学的理解和支持，让我坚持下来了。

我曾经对你们引用过舒婷的诗句："我必须是你们近旁的一株木棉，作为树的形象和你们站在一起。根，紧握在地下，叶，相触在云里。每一阵风过，我们都互相致意,我们分担寒潮、风雷、霹雳;我们共享雾霭、流岚、虹霓。"

在千顷校园,我们朝夕相伴,闲望天上云舒云卷,感处低吟唐诗宋篇;不在案前论道义,便是灯下话人生;虽无香车宝马锦玉簪,却有科学道义谱新篇。我努力让你们的大学生活成为真正的大学生活,而不是仅仅为了分数、工作和名利。

当今大学普遍注重技能教育,而忽视精神品格的培育,特别是科学精神严重匮乏。因此,我从没有一次带你们去哪个地方游玩,但是我带你们去了许多地方参观实践,举办了多次"科学精神进课堂"主题班会。这些,可能不会马上带来显著的改变,就像"每一次流水的冲刷,虽微不足道,经久不息,终成沃野千里、鱼米之乡;每一缕微风的吹拂,虽了无痕迹,经久不息,铸就石林山海,造化奇观。沧海桑田,起源于微小的力量。不是每一次磨砺都足以改变,不是每一点改变都可以感知",只要我们始终坚持,若干年后,你们必将感知这些微小带给你们的力量。

毕业临别之际,你们一定会收到许多寄语,出现频率最高的一个词必然是"成功"。但我不会祝你们成功——我只会祝你们幸福。"成功"的功利色彩比较浓厚,特别是许多所谓的成功人士,仅剩下物质的富有,而精神的缺失,道德的沦丧,令人不齿,自己也会挣扎在物欲的泥潭。我不希望你们成为这样的成功人士。其实,在这四年的时间里,我努力想让你们感受到的还是关于幸福的认知。

每个人都会穷其一生追求属于自己的幸福。有的以国家为幸福,有的以事业为幸福,有的以家庭为幸福,有的以个人为幸福,有的以金钱为幸福。实际上,物质或者金钱的多少,地位的高低与一个人的幸福指数基本没有关系。一个人的幸福取决于精神的自由、胸怀的宽广。如电影《百鸟朝凤》里唢呐王焦三爷对徒弟说:"唢呐不是吹给别人听的,而是吹给自己听的。"是的,即便是一个微不足道的小人物,精神世界同样应该富有、丰满、自由。很多同学看过《平凡的世界》,那些普普通通的人物,无论时代的大潮如何汹涌,他们都有自己独立的思想，自由的精神，从而达到更高的人生境界。

在与你们相处的这四年，也是我极为艰难的人生阶段。从 2013 年开始与你们相识相知，你们的激情、梦想、活力、青春，都在不断地影响着我，催我自新，给我力量和温暖。大家都知道，我们班级获得过很多的校级荣誉，这些荣誉也激励着我，在这个岗位上倾情付出，在这四年里我本人也收获了很多的荣誉和信心，所有成绩的取得都与大家的理解和支持密不可分，感谢大家，感谢命运让我们相识。

我们经常羡慕那些寄情于山水之间的人。他们不问世事，固然有些消极，但他们的心与这山川世界融为一体，也是一种境界。这个其实也不难做到，生活是复杂的，也是简单的，保留一颗纯真的心，即便是在闹市，也能"心远地自偏"。中国人非常注重责任，包括国家的、社会的、集体的、家庭的；也非常注重提高个人的心灵修养。前者是现实主义，后者则是理想主义。前者做着入世的事业，后者具备出世的精神。古今欲成大境界者，必定是以出世的精神，做入世的事业。你们的人生即将开启一段新的航程，除却努力、坚持和创新，一定要有独立的思想、自由的精神，同时也要给自己的心灵一个休憩的港湾。不要拘泥于眼前的苟且，追求属于自己的远方和诗吧。

我曾经给一位同学写过一首小诗：

路·花

如果我有时间，
我一定会看遍繁花，
阅尽人间春色。

如果我有时间，

我一定会看你梨花带雨，

读你顾盼生辉。

如果我有时间，

我一定会抚摸你柔嫩的脸庞，

感知你生命的温度。

如果我有时间，

我一定会嗅你空谷幽香，

沉浸于你自由的灵魂。

如果……如果我没有时间，

我也要停下生命的脚步，

恋静室兰花，

看遍野繁花，

念路旁野花，

读山中小花。

她们因我而开，

因我而谢。

无论我在市井，

在路上，

还是山中，

心在花在，

花由心生。

那花便是尔心,尔心便是世界。不论前方是平坦还是泥泞,希望每位同学心中永远都有一朵盛开的花!

四载悠悠,人生漫漫,所有的悲伤和喜悦,成功和挫折,伴随着交大的风,化作云烟,奏响离歌。"挥挥手我不愿你走,可是不见你回头。此情不知等何时休,我望着天边的月,也望着天边的星,期望着再相见,彼此的情意牵",莫忘了交大的月,莫忘了交大的人。此正是:

当年壮志赴南洋,问道在鸿庠。悠悠四载飞逝,橡木已成梁。

分别事,路茫茫,梦前方。何时再聚,欲诉衷肠,漏短情长。

同学们,再见!

杨志彪

2017 年 6 月 20 日于上海交通大学

认清教育本质，养成完整人格

致 2018 级新生的一封信

> 既然学生受教育的目的是"学做人"，那教育的本质就应该是"教做人"：一是教人认识自己，认识自己能力上的不足；二是要敢于质疑、敢于破除已有的成见。通俗一点说，就是培养人识别真伪、区分善恶、分辨利害的能力，并且具备科学精神。

同学们：

秋风送爽，秋雨潇潇。你们告别炎热的酷暑，告别了自己的家乡，告别了自己的父母，告别了自己的少年时代，成为一名新时代的交大人，即将在这个具有 122 年历史的名校里开启崭新的人生。我和你们一样，在为你们由衷地感到高兴的同时，也感到些许的兴奋，更有无限的期待。

咱们班共有 25 名同学，来自祖国各地。其中，4 位同学来自孔孟之乡的山东，4 位同学来自红色摇篮，赣都大地的江西；2 位同学来自中原腹地河南，1 位同学来自塞上江南宁夏，8 位同学来自八桂大地，岭南百越广西；3 位同学来自旅游胜地，醉倒天下的贵州，2 位同学来自雪域高原西藏，1 位同学来自彩云之南云南。刚一入学，千头万绪，都需要你们去努力适应。如何认识大学，如何度过这最为宝贵的青春年华，如何才能成为时代的弄潮儿，如何成长为具有家国情怀的学人，等等，这些问题都会一股脑儿地摆在你的面前。我们该怎么做呢？

我们都知道原清华校长梅贻琦的名言："所谓大学者，非谓有大楼之谓也，有大师之谓也。"这实际上也是目前所有有志之士的共识。然而，大师不是一蹴而就的。在交大的历史上曾经有过许多大师级的人物，有科学家、政治家、企业家等等。他们所从事的行业不同，经历不同，然而有一个共同点，就是都能够耐得住寂寞，具有家国情怀。来到交大，绝不能将目光仅仅局限在个体的得失上，我们的胸怀要足够宽广，我们的视野要足够开阔，我们的思想要足够独立，我们的精神要足够自由。这是国家的需求，更是时代的呼唤。也许经过二三十年后，你们就是那个时代的大师。

然而，怎样有可能成为彪炳史册的人物呢？

我想有几点是必须要高度重视的：首先，要认清教育的本质。你们到学校是干什么来了？关于这一点，梁启超先生曾经作过一段精彩的演讲。他说："问诸君：'为什么进学校？'我想人人都会众口一辞的答道：'为的是求学问。'再问：'你为什么要求学问？''你想学些什么？'恐怕各人答案就很不相同，或者竟自答不出来了。诸君啊！我替你们总答一句吧：'为的是学做人。'你在学校里头学的数学、几何、物理、化学、生理、心理、历史、地理、国文、英语、乃至什么哲学、文学、科学、政治、法律、经济、教育、农业、工业、商业等等，不过是做人所需要的一种手段，不能说专靠这些便达到做人的目的。任凭你那些件件学得精通，你能够成个人不能成个人，还是另一个问题。"

梁启超被公认为是清朝最优秀的学者，中国历史上一位百科全书式人物，而且是一位能在退出政治舞台后仍在学术研究上取得巨大成就的少有人物。上面这段话出自 1922 年 12 月 27 日梁启超先生应苏州学生联合会之邀所作的一场演讲，虽然已经过去 96 年，社会发生巨大变迁，但对当下的教育仍有借鉴意义。既然学生受教育的目的是"学做人"，那教育的本质就应该是"教做人"：一是教人认识自己，认识自己能力上的不足；二是要敢于质疑、敢于破除已有的成见。通俗一点说，就是培养人识别真伪、区分善恶、分辨利害的能力，并且具备科学精神。这里没有提到任何与名利和技能相关的内容，也就是说，教育的本质并不是叫人具备某些技能，而是要培养人成为一个完整的人，精神和体魄都健全的人。学生虽然来自五湖四海，天赋秉性各异，一旦到了学校，我们就要针对每个个体实施教育，针对每个人的教育方式或许不同，但终极目标都是一样的,那就是让他们具备完整的人格。《孟子·尽心上》曰:"君子之所以教者五,有如时雨化之者,有成德者,有达财者,有答问者,有私淑艾者。此五者,君子之所以教也。"说的就是这个道理。

近年来,上海交通大学的立德树人、教书育人工作在全国高校中起到了引领作用,比如"教书育人奖"的隆重颁发、职称评审对于教书育人工作的体现、对思政工作的重视以及对学生的价值引领。我们也欣喜地看到,每年也有很多优秀的毕业生,志存高远,胸怀天下,到西部去,到军营去,到祖国最需要的地方去,"为天地立心、为生民立命、为往圣继绝学、为万世开太平"。他们就是交大立德树人、教书育人的代表和缩影。但是,仍然有很多学生考虑的不是党和国家的需要、人民的需要,而是名利和待遇,是这个工作年薪二十万,那个三十万。比来比去,最终沦为金钱的奴隶。为什么会有这样的差距呢?这是我们需要努力解决的问题,更是你们要认真思考的问题。我不希望你们最终成为不会思考的奴隶和会说话的机器。孟子见梁惠王,梁惠王问:"叟!不远千里而来,亦将有以利吾国乎?"孟子曰:"何必曰利,亦有仁义而已矣。"孟子说的很清楚,就是说我们不能只考虑眼前的利益,而应更多地考虑道义。我觉得这就是你们努力的方向,假以时日,你们一定会成为理想信念坚定、专业素质过硬、具备科学精神、以天下苍生为己任的新时代交大人。

其次,需继承和发扬中国优秀的传统文化。习近平总书记在十九大报告里特意提到了要继承和发扬我们优秀的传统文化。我们的优秀传统文化是什么? 该怎样去继承和发扬? 这是摆在所有教育工作者面前的现实问题。

现在有一个奇怪的现象,就是目前学生的英文水平普遍不错,但是中文水平却参差不齐。很多学生提笔忘字,即便是写出来,病句、错别字连篇,整个文章惨不忍睹,每到毕业季,修改论文成了老师最大的心病。追根溯源,就是对传统文化的忽视,而对西方文化的过分关注。西方文化固然有值得我们学习借鉴之处,但我们传统文化里也有太多值得我们传承和发扬的东西,有太多具有恒久价值的东西,比如仁义礼智信。这也是为什么习近平总书记指出道路自信、理论自信、制度自信、文化自信的原因。总书记还特别强调,"文化自信,是更基础、更广泛、更深厚的自信"。人们大都知晓交大历史上以理工著称,殊不知交大的文脉亦源远流长,工文兼教、文理兼通的传统历来有之。

20世纪初,唐文治校长执掌校务期间,深感在西学东渐过程中,必须延续和保持本国文化传统,故致函主管部门,疾呼传统国学的重要性,并于1909年设"国文科",可谓首开工文并重之先河。唐先生既为国学大师,也亲自为学生讲授国文课,诵读诗文典籍,又开创了一年一度的国文大会(即作文比赛),学生全体参与,盛况空前,蔚然成风。交大因此博得"科学好、中学好、体育好"的"三好学校"之美誉。其中,"中学好"即为国学好、作文好。当是时,交大师生的国学素养和文化氛围可见一斑,对今后的交大乃至中国高等教育的影响亦是深远的。目前,学校也一直很支持这方面的工作,比如去年刚刚出版的《诗文交大》,姜斯宪书记就亲自作序。这本书的出版,既反映出学校对传统文化的重视,也反映出广大师生对传统文化的渴望。

中国的传统文化其实就是在培养每个公民的廉耻感和君子之道,孔子曰:"知者不惑,仁者不忧,勇者不惧。"这与前面提到的教育本质是一脉相承的。教育的本质既然是要培养人识别真伪、区分善恶、分辨利害的能力,首先就要使人具备廉耻感和君子之道。这是我们中国士子学人,或者说作为一个完整的人具备的最起码的道德品质,也是我们优秀传统文化的核心内容。但是在交大的校园里仍然存在一些有违君子之道的现象。比如,每年的毕业季,我们就看到很多同学在南大门那里合影。合影本来无可厚非,但是很多同学都坐在或者站在南大门的校名碑上。我每每看到这个现象都痛心不已。这些同学摆出各种造型,对于他们来说这是一个值得炫耀的事情。可是他们不知道,这是典型的不以为耻,反以为荣。为什么? 因为交通大学是我们的母校,你能想象把自己的母亲的名字坐在屁股底下,踩在脚下的感受吗? 为什么会出现这些现象呢？是谁的责任呢？这正是我们要思考的问题。

世界一流大学一定要有一流学生，一流的学生一定要具备优秀传统文化底蕴，否则就是无源之水，无本之木。每一位同学都应该有意识地去传承和发展那些优秀的传统文化，比如仁义礼智信等等。就像重视四、六级英语考试一样重视中文教育，重视传统文化。待到你们对传统文化如数家珍之时，你们的人格也便养成了。

最后，要塑造科学精神。是否具备科学精神关乎一个民族的未来，而高校又是许多创新思想的发源地，实在有必要谈一下科学精神。科学精神的实质可以用八个字来概括："探索、质疑、实证、理性"，这也与教育的目的一脉相承，自然就是学校的根本任务，或者说科学精神就是实现教育目标的必经之路。

最近一直在看近代著名教育家、科学家任鸿隽的科学救国思想，有许多真知灼见，值得我们借鉴。我们大概从小就知道四大发明，而且往往也以为这就是科学。其实，在任鸿隽看来，这只是片断的发明，而不是系统的科学。这不是很耐人寻味吗？任鸿隽指出，要了解科学，首先要明白科学的两个起源：一是实际的需要，二是人类的好奇。由于前者是外在的压力，后者是内在的冲动，所以就科学发现和科学创新而言，好奇心比实际需要更重要。基于这一认识，他告诉人们：科学家研究科学，不是为名利所驱使，而是为好奇心所引诱。为了这种天生的好奇以及由此而来的精神需求，许多人（比如阿基米德、伽利略、哥白尼等）甚至不顾自己的生命。因此他反复强调，人类物质文明的进步并不是科学家最初的动机，而是科学研究的必然结果。如果只想从物质文明方面来追赶发达国家，只想把科学当作一种富国强兵、改善生活的手段，却忽视了科学的真谛，那就是一种得鱼忘筌、舍本逐末的做法。

如果一个人，仅仅为了养家糊口，而丧失了最初的好奇心和梦想，我们的科学精神就无从谈起了。科学精神不仅体现在科学的发展，科技的进步，不仅仅是庙堂之高的庄严,而是实实在在地影响社会的方方面面(比如对中医药、转基因的认识),我们所享受的尊严和便利(航天、高铁、医疗、大数据、移动网络、生物技术)、所讨厌的弊端(比如各种谣言、民科、环境问题、社会问题),大抵都与是否具备科学精神相关。

在交通大学,有大量的本科生和研究生在从事科学研究,学校的科研成果、科技创新能力日新月异,不断取得令世界瞩目的成就。学校为了培养本科生的科研兴趣、创新精神,也出台了许多系统的措施,比如 IPP、PRP、毕业设计、专业实习实践、社会实践、挑战杯、创青春等等。然而,我也了解到,少数的学生做这些科研的目的不是为了兴趣和爱好,而是为了给自己考研增加砝码,或者为自己的简历添彩,在他们眼里,科学研究的目的是为了名利,这与科学精神恰恰背道而驰,不能不令人深思。我们的科学精神,如果要达到任鸿隽先生所说的那种境界,还是任重而道远。科学兴亡,匹夫有责,我们每个人理应自觉自愿地在科学精神的塑造和传播中起到巨大的推动作用,比如我们可以成立专门的科学社(与目前学校已经存在的以做项目为主的科技创新社团不同),用以传播科学精神;我们可以建立本科生导师制,用以训练学生的科学思维;我们可以少参与一些与娱乐相关的活动,多参与一些与科学精神相关的活动……当今世界,和平与发展是主题。我们如果能够认识到科学精神的重要性、自我觉醒、从我做起,终将会迎来科学的春天和民族的复兴。

"细推物理须行乐,何用浮名绊此身"。这是诗圣杜甫的名句,也是诺贝尔奖获得者李政道先生的座右铭。这句话将教育的本质、传统文化、科学精神三者融合得天衣无缝。李政道先生不仅是科学巨匠,更是一位艺术大家,尤擅绘画,是真正具有家国情怀、科艺双馨的科学家。2010 年 6 月,李政道先生表达了愿意将其毕生积累和收藏的各类科学文献、研究手稿、通讯信件、"科-艺"结合作品、诺贝尔奖章、爱因斯坦奖章和其他各类获奖证书等珍贵资料捐赠给上海交通大学,以期惠益后人。2011 年 9 月,教育部批复同意在上海交大闵行校区选址新建李政道图书馆。我曾多次参观李政道图书馆,每一次都为那些珍贵的藏品和李先生的精神所震撼,还曾填了一首小词《朝中措·李政道图书馆》,表达我的敬佩和憧憬——

巍峨高阁立黉宫,红瓦映长空。多少皇皇巨著,静观宙宇苍穹。

倚天问道,细推物理,赤子情衷。试问何人可继,请看今日交通。

那座巍峨耸立的宏伟建筑,或许就是交大人的精神地标,永远激励着我们在科学、艺术的道路上砥砺奋进。

谈论完了这三点,我想每个同学的心里或多或少都会有一些思考,那就是我来学校干什么来了,怎么做? 如果你能充分理解了上述三点,对专业的选择就不会太纠结了。很多家长和同学都问我,哪个专业好? 我说,专业没有好坏之分,你的努力程度决定了专业的好坏程度。你有足够的努力和坚持,必然会取得优异的成绩,获得相应的回报。你对专业有情绪,不努力学习,自然就会被淘汰。交大每年都有一些学生被退学,我不希望咱们这里的任何一个人掉队。

为了你们能顺利地完成学业,我还有三点具体的事情叮嘱一下:

第一,要高度重视体育锻炼。我们班的每个同学大抵都有一个健康的身体。可是,很多人却并不很清楚如何去巩固自己良好的身体状态,仗着年轻,熬夜、久坐、电脑、网游等均成为家常便饭。这些可以说都与健康背道而驰。交大拥有一流的体育设施和完善的社团组织,只要你是一个有心人,一定能够找到适合自己的"朋友圈",让你的生活不仅丰富多彩,也会充满生机活力。良好的身体当然是精力充沛的保证,也是支撑学业和事业的基础。这一点虽是老生常谈,但很多人不一定能很好地践行。交通大学的学生工作在全国的高校中,是做得比较好的。学校层面深知体育锻炼和学生社团的重要作用,因此建设了一流的运动场地和社团组织。希望每一位同学都能充分利用这些良好的资源,把体育当成自己的必修课,每天至少锻炼1个小时,充分保证每天都能有良好的精神面貌。其实,锻炼身体不仅仅会增强身体素质,也能锻炼意志品质,缓解紧张情绪。把体育运动说得再重要都不为过。

第二,要重视美育。大家都知道蔡元培是北大校长,是我国近现代史上最杰出的教育家之一,他提出的民主、自由、进步的思想广为人知。但是你们不知道的是,他曾经在交大做过半年的班主任,后来才去了北大当校长。而且,在中国美学史上,蔡元培大力倡导的人格美育产生过重要影响。他与王国维都深受西方美学尤其是康德、叔本华美学思想的影响,不过,西方美学对王国维的影响主要表现在美学理论的学科建设方面,而对蔡元培的影响则是紧紧围绕人格美育这个核心。就美学理论的学科建设而言,王国维的成就要高于蔡元培,其美学思想亦较蔡元培深刻。但单就美育思想体系和美育社会实践而言,蔡元培的贡献要远远大于王国维。可以说,在中国美学的逻辑发展史上蔡元培的美学思想承上启下,有着重要的学术史意义。

蔡元培的美学理想是人格的审美教育。这是蔡元培美学思想的逻辑起点和核心内容。在多年的美育实践中,蔡元培先后发表了《对于新教育之意见》《以美育代替宗教说》《文化运动不要忘了美育》《美育实施的方法》等一系列演说和文章。蔡元培的美育思想包括很多,这里呢,主要谈谈他如何积极倡导和推行美育。1912年1月,中华民国临时政府成立,蔡元培出任教育总长,着手制定教育方针,进行教育改革。2月,蔡元培发表《对于新教育之意见》,全面阐述了新教育的基本宗旨,提出了人格美育的思想。蔡元培认为"从前将美育包在德育里""太把美育忽略了""为要特别警醒社会起见,所以把美育特提出来,与体智德并为四育"。这是我国第一次把美育列入政府的教育方针之中,于美学于教育都是一件很有意义的事情。关于美育的特征及目的,蔡元培是这样解释的:人人都有感情,而并非都有伟大而高尚的行为,这是由于感情推动力的薄弱。要转弱而为强,转薄而为厚,有待于陶养。陶养的工具,为美的对象,陶养的作用，叫作美育。美育者，应用美学之理论于教育，以陶养感情为目的者也……与智育相辅而行，以图德育之完成者也。这里指出了美育的基本特征，即形象性、情感性、愉悦性。美育以美的对象为前提条件，为"陶养的工具"，以审美主体的感情为内在动力，美育将理性蕴含在感性之中，以情感来维系主体与客体的关系，而不是像智育和德育那样以理性来维系主体与客体的关系。审美是有功利目的的，即审美是为了造就健全和谐的人格，但这种功利目的又不同于以直接利害关系为目的的狭隘功利主义。美育通过具体可感的生动形象来感染人、启发人，起到"陶养的作用。美育既与智育的抽象概括和德育的理性说教有区别，又"与智育相辅而行，以图德育之完成"。

蔡元培关于"美育"的解释，明显地体现了其人格美育的理想，美育为近代教育之骨干，美育之实施，直以艺术为教育，培养美的创造及鉴赏的知识；而普及于社会"，"美育之目的，在陶冶活泼敏锐之性灵，养成纯洁之人格"。蔡元培一贯反对把审美和艺术鉴赏当作无聊的消遣和奢侈的娱乐，从而忘了救国大业。在他看来，审美和艺术鉴赏固然有个人消遣、娱乐和享受的一面，但这些必须服从于教育作用，即提高人的道德情操，培养创造能力和献身精神，为国家出力。正是从"救国"的基本宗旨出发，蔡元培才如此重视美育，并把美育与反帝反封建和反对宗教迷信紧密联系在一起。

所以，希望在座的同学务必重视自己的美育教育。比如说，书法、绘画、音乐、电影、相声、朗诵、诗词歌赋等等，甚至美食都可以是美育的内容。这是能够在日后的学习、生活、工作中能够长久保持不竭动力的力量源泉。

第三，智育，通俗一点说就是学习成绩。前面的两部分体育和美育做好，智育就应该是水到渠成的事情了。大家可能都知道这其中的利害关系。别的我不啰唆，我就单单提一个，就是千万不要挂科，因为一旦挂科，哪怕是一次，就会失去保研资格，就会失去所有奖学金评定资格，后果还是很严重的。所以，从现在开始就要规划好自己的大学四年，不要有丝毫的懈怠和轻松。英语、物理、化学，每门功课的都不能放松。

最后，希望每个同学都能在交通大学实现自己的梦想，学会认识世界、认识自我的方法，养成完整的人格，找到自己的人生价值！

杨志彪

2018 年 9 月 9 日于上海交通大学

（文中关于蔡元培的美学思想，引自聂振斌著《蔡元培美学思想研究》，商务印书馆，2012 年）

学习、陪伴、成长

——开学初致 F1815002 班家长的一封公开信

> 孩子在上学期间，需要的或许不是每天的嘘寒问暖，他们有更高的精神追求，有更深层次的思想需求，有更强烈的成长渴望，有更丰富的情感需要……这些，都是家长需要及时调整和理解的。如果你哪天发现孩子不喜欢和你说话了，不耐烦你的絮叨了，父母首先要做的，或许不应该是简单地埋怨，而应该反思自己的所作所为，是否真正走进了孩子的精神世界，是否考虑到了孩子真正的需求。

尊敬的家长：

您好！一转眼，孩子在交大已一月有余。送别时的兴奋、热闹、新鲜、不舍都在渐渐地回归日常的生活秩序。家长有自己的生活和工作，孩子有自己的学习、生活、情感。两个不同的朋友圈有交集，也各自独立。每个活在世上的人，都离不开亲人的关怀、理解和支持，作为刚刚入学的孩子更是如此。他们认识世界、认识自我的方法尚在养成阶段，自觉自律的能力尚显稚嫩，对专业的选择、对前途的迷惘、对世界的新奇并存。然而，学校、时代、国家和社会对他们的要求却不会因为这些有丝毫的减少，反而随着时代的发展和社会的进步，再加之国家处在改革的关键时期，对他们提出了更高的要求！在这样关键的阶段，我们每个家长该怎么做呢？这是一个很好回答的问题，也是一个很难回答的问题。

在回答这个问题之前，我先说一下昨天我们班级召开的中秋晚会，或许有利于家长在这方面进行思考。这是孩子们在交大度过的第一个中秋晚会，有赖于以罗渝宵等同学的群策群力,晚会举行得很完美。主持、做游戏、才艺表演,同学们都是有模有样,堪登大雅。本人不才,送给每位同学一本书——《第三种黑猩猩》,扉页均题了含有其名字的词句。题词或许写得不够好,但却是我认真准备的,饱含了我对孩子的殷切希望和祝福,希望同学们在学好专业知识的同时,具备家国情怀、科学精神、思辨能力、人文素养。这本书本身也是公认的科普名著,有助于了解我们人类的过去、现在和将来。境界、视野、情怀、科学素养都浓缩在这薄薄的一本书和两行题词里面。这就是我选择这本书送给同学们的原因。

我是孩子们在学校的"家长",26个学生对我而言都很重要。做好这个班主任工作,责任重大,使命光荣。我也每天都在思考究竟如何才能带领好这个班级的同学,不仅仅是学习好,掌握一定的专业知识,我更关注的是,孩子们是否具备家国情怀、科学精神、体育精神、人文素养,能否认清教育的本质(这一点,在开学初的那封信里曾有详细谈及,有兴趣的家长可以再去看看)。为此,我可能会有针对性地开展一系列工作。比如,找孩子们个别谈话,迄今为止我已经和11位同学谈过话了。此外,我也组织召开了中秋晚会(虽为晚会,但同样是寓教于乐,或者二者兼得吧),以及国庆节后将要举办的"科学精神进课堂"系列主题班会、"人文精神进课堂"系列主题班会等等。所有这些与学生的交流和互动,都有赖于我自己在不断地学习——向社会、书本,甚至向孩子们学习。正是在这种教学相长的过程中,我不但提高了自己,也同时将自身的进步反作用于孩子们身上,这样我们才能够共同进步。

每个家长都希望自己的孩子优秀,希望他们能出人头地。在中学阶段,有很多优秀的管理孩子的经验值得我借鉴。然而,大学阶段更是孩子成长的黄金阶段。家长或许更应该加强学习,学习如何和孩子相处,学习如何正确引导孩子,学习如何让自己的孩子具备独立的思想、自由的精神,学习怎样让自己的孩子成长为对国家和社会有用的人才。我们绝不希望孩子最终成为不会思考的奴隶和只会说话的机器。我们经常说，要树立终身学习的理念，在学习中进步和成长！

孩子离开曾经生活了将近二十年的小家，离开了父母的怀抱，来到了交大。从理论上讲，父母再也无法长期陪伴在孩子的身边了。但是，精神上的陪伴却可以跨越时空，成为永恒的食粮。孩子在上学期间，需要的或许不是每天的嘘寒问暖，他们有更高的精神追求，有更深层次的思想需求，有更强烈的成长渴望，有更丰富的情感需要……这些，都是家长需要及时调整和理解的。如果你哪天发现孩子不喜欢和你说话了，不耐烦你的絮叨了，父母首先要做的，或许不应该是简单地埋怨，而应该反思自己的所作所为，是否真正走进了孩子的精神世界，是否考虑到了孩子真正的需求。

啰唆了很多，写的不对的地方，请各位家长多多批评指正。您的批评就是对我最大的鼓励和爱护，会促使我不断改进工作方法，催我自新，给我奋进。

"饮水思源浦江边，位卑未忘耕杏坛。桃李无言成下径，书生有志笑云天"。这既是我对自己的勉励，也是我的追求。我的目标和你们是一样的，都希望这些可爱的孩子能在交大学有所成，成长为精神和体魄都健全的人，也许，四年以后，二十年以后，他们就是那个站在交大最高领奖台上的人！

杨志彪

2018 年 9 月 21 日于上海交通大学

幸福是奋斗出来的

2018—2019 第一学期期末致家长和学生的公开信

习近平总书记说"幸福是奋斗出来的",我认为这句话有三层含义:一者,个人的幸福是自己奋斗的结果,没有人能够随随便便成功;二者,全社会的幸福,是每一个普通劳动者在自己工作、生活中奋斗的结果,涓涓细流,汇成江河;三者,个人的幸福也一定会蕴含在国家的强盛,民族的复兴之中。

各位家长及同学:

你们好!"梅俏枝头盼立春,幽香阵阵入黉门。思源湖水师生影,致远桥云赤子心"。忙忙碌碌的一个学期结束了,您的孩子都陆续回到了家里,想来该是准备度过一个欢乐祥和的春节了。这是孩子们在交大的第一个学期,也是第一个寒假,该是别有一番意义吧。很多孩子都是第一次这么长时间地离开您,一朝团聚,激动何如。

假期开始了,我却不能闲着,上周拿到了孩子们的成绩单,有人欢喜有人愁。大部分同学的成绩都不错,但也有少部分同学成绩很不理想。有几个同学我已经找过并谈话了。考试成绩只是对前一段学习成绩的总结,并不代表孩子的未来。取得好成绩,不可自喜,须知学问是一个长久的功夫,成绩好并不代表你的能力就一定强,它仅仅是众多素质的一方面。成绩不理想的,也大可不必悲观焦虑,但适度的紧张是需要的,要认真思考和总结自己这半学期的成败得失,在日后的学习生活里,合理安排学习生活,知耻而后勇,"卷土重来未可知"。

在这一学期里,我与您的孩子相识相知,共同走过了在交大的第一个学期。我很幸运，能够遇见这么多个性鲜明，素质优秀的学生。他们的一举一动、苦恼和欢乐都牵动着我的心。能够亲身见证他们的成长，对我而言，责任重大，使命光荣。我经常思考，对于现阶段的他们而言，究竟什么是最重要的呢？孩子们生活在物质生活相对丰富的和平年代，对于苦难和挫折的认识相对欠缺，对于国家和民族的问题考虑得不多，这大概也是不争的事实。所以，在这封信里，我主要想谈谈对奋斗的理解。

奋斗这个词大家都不陌生，然而有多少孩子认真思考过"奋斗"呢？我非常喜欢冰心的那首短诗：

> 成功的花儿，
> 人们只惊羡她现时的明艳！
> 然而当初她的芽儿，
> 浸透了奋斗的泪泉，
> 洒遍了牺牲的血雨。

奋斗是为一个目标去战胜各种困难的过程，这个过程会充满压力、痛苦、挫折。在我们交通大学，就有很多这样的例子。这个学期，我有幸听到了环境学院孔海南教授的报告，在报告过程中他的声音不高，但是他的奋斗成长经历几次令我泪目，我相信对孩子们也会有巨大的借鉴意义。

孔海南教授是著名的水污染治理专家(有兴趣的家长可以上网搜一下，有很多关于孔教授的报道)，是国家水体污染控制与治理科技重大专项洱海项目负责人，上海交通大学环境科学与工程学院教授、博士生导师，上海交通大学河湖环境技术中心主任。他1983年获同济医科大学环境医学学士学位，1988—2000年在日本国立环境研究所水环境部担任研究员，其间攻读了环境工程博士学位并开展博士后研究工作。2001年入职上海交通大学。2011年获上海交通大学校长奖，2018 年其所在团队获评黄大年式教学团队。孔海南和他的团队用 10 年积累、5 年实践、3 年攻坚在洱海获得了丰硕的治理成果。曾被过度开发不堪重负的洱海，正逐步重现昔日大理"母亲湖"的风采。由于在洱海治理方面的突出成就，他得到了习近平总书记的接见和表扬。

对于孔海南教授，我有两件印象深刻的事，一个是他在日本作访问学者期间，利用业余时间攻读博士学位的艰难。他当时利用一个月时间自修硕士基础及专业课程，两个月时间自修博士入学科目。为了求学他省吃俭用，每月四次往返于相隔一千多公里的住处与学校，单程 22 小时换乘 7 次的火车，使孔教授每周只有五个夜晚可以正常睡觉；为了不让自己打瞌睡而误了火车，他在火车上翻译字典。两年时间里，他翻译出版了两本英德日中水处理专业词典。另一件是，他刚到交大工作的时候，由于各种原因，科研经费暂时没有到位，年终拿不到奖金不说，还被降级使用。但是这些都没有影响他执着科研，报效祖国的决心。在孔海南教授淡然的讲述中，我感受到了一位科学家坚韧不拔、求真务实的学习态度和严谨细致、踏实认真的科学精神。他为了治理水环境，不在意名利得失，不在意生活简朴，不在意荣辱去留，他的内心只有奋斗和爱国。他寄语青年学子："将自己的人生设计与祖国的明天、民族的发展、社会的需求联系在一起。一辈子不后悔！"

无论过去还是现在，在交通大学，还可以举出很多这样的例子，比如刘西拉、黄旭华、潘建生、王振义、钱学森等等。还有很多更加平凡的教师，他们为了交大的未来，为了孩子们的未来，都在自己的岗位上默默奋斗和奉献。他们共同的特点，就是把自己的命运和祖国的命运紧紧地联系在一起，并为之奋斗一生。

我们生活在这样一个美好的时代，物质生活已经足够优越。我们的精神境界也需要更加崇高，否则就是一个不完整的人，不健全的人。我了解到孔教授的事迹后就会经常想起同学们是如何利用零碎时间的，很多同学都管不住自己，在学习的时候随时翻阅手机，注意力不集中，效率不高。但我们也有自律性特别强的同学，比如单长衡、张恒楠、刘紫琳、杨慧珊等，他们都值得我们去学习。

习近平总书记说"幸福是奋斗出来的"，我认为这句话有三层含义：一者，个人的幸福是自己奋斗的结果，没有人能够随随便便成功；二者，全社会的幸福，是每一个普通劳动者在自己工作、生活中奋斗的结果，涓涓细流，汇成江河；三者，个人的幸福也一定会蕴含在国家的强盛，民族的复兴之中。

交通大学的育人的方针是"价值引领、知识探究、能力建设、人格养成"。最后的落脚点是人格养成，这也是教育的终极目标，让每个孩子都能成长为精神和体魄都健全的人。我想，这一定也是每个家长的终极目标。

拉拉杂杂，说了许多，说得不对的地方，请您多多批评指正。后面也附上了我们班级今年主要工作，请您惠存。也欢迎您随时联系我，交流学生、学校的各项事情。

最后祝您春节愉快，工作顺利，阖府安康！

杨志彪

2019 年 1 月 20 日于上海交通大学

附： 2019 年元旦献辞

各位农生二班的小伙伴儿们：

"孜孜恳恳夜连晨，又是经年草木春。致远桥头飘瑞雪，思源湖畔喜迎新"。2018 年对于在座的所有同学注定是极其难忘的一年。你们从四面八方来到交通大学，完成了从高中生到大学生的人生蜕变，也在不断努力适应着新的学习、生活环境。虽然在前行的路上不全是掌声和鲜花，但那些泪水和挫折或许会让你的人生更加丰富和精彩。值此年终岁末之际，我总结了我们班级的几

件大事,与在座的同学们共勉:

(一)九月八日,你们完成了新生报到,正式成为交大的一员,从此你们有了一个响亮的名字"交大人",从此 2018 农生二班的名字,将永远与你们同行。

(二)九月十日下午,我们召开"人生若只如初见"班会,这是我们班级的第一次班会,同学们都介绍了自己,通过一些小游戏,拉近了距离,我在班会上也宣读了写给同学们的一封公开信,勉励同学们认清教育的本质,继承优秀的传统文化,滋养人文情怀,塑造科学精神。

(三)月照黉门师生影,星辉书户笔墨心。九月二十一日晚上,我们召开了中秋晚会。这是同学们在交大度过的第一个中秋节。晚会上同学们准备了精彩的节目,分享了家长带给我们的月饼,每位同学也收到了我题有你们名字的一本书。同学们还准备了丰富多彩的娱乐节目,度过了一个难忘、快乐的夜晚。

(四)培养人文精神,滋养人文情怀。十月十七日下午,我们召开第一期"人文精神进课堂"系列主题班会。我们邀请人文学院的汪云霞老师给我们作了一次精彩的讲座"中国现代诗歌中的爱情想象"。希望通过这个活动对提高同学们的人文素养起到推动作用。

(五)以我们班级同学为主要成员的男女篮球队,作风顽强,努力拼搏,在新生杯篮球赛中取得了非常好的成绩,虽然女篮由于客观原因没能完成最后的决赛,但是,我们仍然看到了同学们昂扬的斗志和良好的精神风貌。这是支撑我们在未来走得更远的力量源泉,让我们记住他们的名字:曾豪丹、杨慧珊、吴昕阳、王子泓、罗怡平、才旦朗杰、程晨,让我们以热烈的掌声感谢他们带给我们的精彩瞬间!

(六)筑梦新时代,唱响强国音。十二月九日晚上,以新生为主力的农生合唱团,在霍英东体育中心深情献唱《多情的土地》,表达对祖国的深深热爱。虽然最后遗憾获得银奖,但是排练的过程比结果更加有意义。同学们克服时间紧,学习任务繁重的困难,出色完成了任务,在我的眼里,你们都是最棒的孩子！更有我们学院的形象代言人帅哥王子泓同学，身着比赛服，妥妥滴颜值担当！可爱的单长衡同学，还赋诗一首：

腊月天冬雪一更，多情土地爱农生。

赤橙黄绿盈眸色，角羽宫商悦耳声。

轻重高低音与乐，迷离远近影和灯。

不求朱紫流金奖，只愿同舟雨和风。

（七）脑中有科学，心中有道义。十二月十二日，我们召开了第六期"科学精神进课堂"系列主题班会。本期班会，我们邀请到了克隆猴之父孙强作为主讲嘉宾，在图书馆九楼报告厅，与图书馆共同举办讲座。在筹备讲座的过程中，得到了图书馆、学院领导及相关老师的大力支持和帮助，在同去网报名的程序发布后的半天时间里，100个名额就一抢而空了。据图书馆的老师讲，这是他们举办活动报名最快的一次。特别要感谢在座的所有同学，我们26名同学全部参加，没有一个请假的，让我感动。在会场上，同学们也积极提问，让我感觉到了同学们学习科学、塑造科学精神的原动力。

这是我第二次做班主任。我喜欢这份耗费大量精力和时间的工作，我喜欢和你们在一起相处的时光。你们的欢喜悲忧、得失成败都会牵动我的心。在这一年里，很多同学都给我留下了深刻的印象——热情服务班级的罗渝宵、马显忠，诗人气质、哲学家情怀的单长衡，学习成绩优秀的杨慧珊、刘紫琳等，整理新闻稿、维护班级公众号的彭佳璇，纯真可爱的旺姆，具有朗诵专长的罗怡平等等。诗人感木瓜，乃欲答琼瑶。在这一学期的时间里，我去宿舍大概有将近20次，单独找同学谈话18人次，送给同学们苹果100多个，同学生日赠书8人，写私信8封，写公开信3封。

也许，我们的班级下学期就要重新组合了，你们当中的有些人去了别的班级,有些人会留下来,但不论怎样,我们有着半年的不解之缘,我会与你们一同走过在交大的每一天,甚至更长更远。祝愿你们期末考试顺利、圆满!祝愿你们在新的一年里,思想更加成熟,在更广阔的思想世界里遨游!

谢谢大家!

2018 年 12 月 31 日于上海交通大学

做一个有情怀的人

2018—2019 第二学期期末致家长及同学的一封公开信

> 置身于时代的洪流,我们每个人都不得不去作一些思考,在这样的时代,孩子们究竟应该怎么做? 怎样才不辜负自己的青春年华? 我想是否应该首先做一个有情怀的人。

各位家长及同学:

你们好! 夏日悠悠过,天高树影长。草青逢暮碧,风淡对斜阳。闲望鹏云幻,常思鹿梦藏。不知秋将至,但惜好时光。一首《夏日感怀》写罢,是对自己的勉励,也是对孩子们的希望。因为学期末的时候我出了一次长差,直到今天才回到学校给各位家长写这封信,寄成绩单,深表歉意!

转眼之间,孩子们在交大已经度过了整整一年的时间。这份成绩单是孩子交出的一个答卷,有的同学非常优秀,有的同学仍然有很大的上升空间(特别是一些挂科的同学)。对于学习的重视,无论怎样都不过分。但是,这也仅仅是一张答卷,并不是生活的全部。可以供您参考,但绝不可以以此判定孩子的一切和未来! 因此希望家长能够正确对待这份成绩单,及时帮助孩子们找到努力的方向。比成绩单更重要的,是孩子人格的养成。

构成孩子综合素质的因素有很多,学习、成绩、生活……这一年来,想必孩子们变化都很大吧。刚入学时的兴奋、迷茫,专业分流时的纠结,学习问题、生活问题、情感问题、与父母的交流等问题,都在每个孩子的身上发生着。所有微笑的、流泪的、痛苦的、激动的经历,都随着岁月的风,成为过往。生活的洪流不会等待我们,而是依然按照自己的节奏,滚滚向前。

我很有幸,在这一年的时间里见证了部分同学的成长历程(因为涉及专业分流,大部分时间实际上接触的是原来二班的同学,专业分流后的这个班级接触了不到一个月就放假了),与孩子们共同成长,共同进步,共同走过在交大的最初的一年。我爱每一个孩子,因而我尽了最大努力去接触和认识每个孩子,也通过一些活动去影响和塑造孩子们的人格。这里不妨列一下在这一年里我们班级的一些活动(不完全统计的数字,因为有些数字当时没有准确记录,只能是一个大约的数字):举办科学精神进课堂主题班会:1次;举办人文精神进课堂主题班会:1次;参观实践:1次;中秋联欢晚会:1次;普通班会:4次;家访:5人次;走访宿舍:18次;个别谈话:23次;送苹果:50多个;送粽子:52个;送书:40多本;公开信:3封,13 000字;私信:22封,26 000字;毛笔书信:19封;无偿资助班费:8 000多元(用于聚餐、中秋晚会、参观实践等)。通过这些数字,家长们可以一窥我们班级的活动。您孩子的思想,基本上我都能清楚地了解。特别是一些困难学生。这里的困难不是指经济困难,而是指学习、精神、交友、感情等方面有问题的同学。我单独谈话、微信、电子邮件交流的次数就很多,通过反复交流、沟通解决了很多令当事学生苦恼的事情。目前这些孩子精神面貌都很好,令我感到无比欣慰。

当然,这封信不仅仅是汇报我们班级的工作。我还是想和家长及孩子们说点儿什么。

近几年,这个星球上发生了很多事情。比如英国要脱欧,美国的民族主义、隔离主义、单边贸易保护,中东地区的战争,非洲的饥饿,全球环境的恶化,都让人对这个世界的忧虑与日俱增。对于我们国家来说,也是极不平凡的一年,新中国成立七十周年,改革进入深水区,中美贸易摩擦,香港局势出现不稳定因素,大学回归教书育人的本质……置身于时代的洪流,我们每个人都不得不去作一些思考,在这样的时代,孩子们究竟应该怎么做?怎样才不辜负自己的青春年华?我想是否应该首先做一个有情怀的人。

情怀,这个词孩子们一定不会陌生,从小到大家长、老师、媒体都可能会提及。然而,有多少孩子真正能理解呢? 情怀究竟是什么? 很多孩子不一定清楚。因此,今天的信就有了现实的必要性。

首先,情怀意味着有独立的思想,自由的精神。这是教育的本质,也是现代教育的终极目标。任何一个国家,都不希望自己培养出来的学生是会说话的机器,是不会思考的奴隶,我们国家也因此不断鼓励创新和创业。孩子们一定知道,我们国家的总体经济水平在全世界排名第二,然而我们却很缺乏大量的原创性的思想。技术和思想是两个截然不同的概念。比如我们的高铁、航母、大飞机等的确取得了举世公认的成就,在很多领域都有创新。但它们最本质的原理或者思想早已存在了,在其他国家也有成功的实践。作为新时代的大学生,应该能明白其中的辩证关系。不人云亦云,不偏执己见,在自己现有的知识体系里,要敢于去想前人没有想的东西,敢于去思考前人没有思考成熟的东西。对于很多世界上已经司空见惯的现象,要敢于说不,敢于破除已有的成见。比如伪科学的大行其道、对转基因的妖魔化、有些人对中草药的优点过度渲染而对其缺点视而不见,这都不是认识世界的正确方法。在今年暑期,有一篇上海交通大学的研究论文引起了我的注意。7 月 22 日,上海交大的官网报道了一则新闻《上海交大系统生物医学研究院韩泽广科研团队在马兜铃酸导致肝癌研究中取得新进展》。报道的主要内容是说,众多中药成分含有马兜铃酸,其与癌症发生的关系存在争议。20 世纪 90 年代,研究者发现马兜铃酸能够引起马兜铃酸肾病,继而可能引起尿路上皮癌,因此其被国际癌症研究机构列为 I 类人类致癌物。近年来,马兜铃酸与肝癌的关系引起更大争议,尤其我国肝癌发病率很高,这是否与服用含有马兜铃酸的中药有关没有定论。前人的研究认为从基因组突变指纹和统计学分析方面,支持马兜铃酸导致肝癌的观点,但缺乏直接的证据。而韩泽广团队最新研究成果揭示了马兜铃酸暴露可以导致肝癌的发生,是人类肝癌的主要危险因素之一(https://news. sjtu. edu. cn/jdzh/20190725/107959. html)。这是具有情怀的科学家所做的一份日常研究工作。但对于认识马兜铃酸与肝癌的关系却至关重要,对于正确认识中草药也具有重要的参考价值,对于天下苍生的健康福祉就更有意义了。为什么要举这个例子呢? 因为这是不盲从经典,不盲从已有成见的典型案例。如果没有独立的思想和自由的精神,科研工作者是无法做出高水平成果的。独立的思想和自由的精神正是情怀的重要组成部分。

也许,这些事情跟孩子们没有直接关系。然而,在雪崩面前,没有一片雪花是无辜的。如果我们都事不关己高高挂起,都只顾自己的事情,而不去想这些问题,我们的民族复兴大业就遥遥无期。

其次,情怀需要我们有无私的品格。在这个夏天,有很多事情令我感动。第一个令我感动的是,从 2016 年开始在我实验室做 PRP、农耀计划直至做毕业设计的马世文同学,选择了西部计划,去新疆开始了自己崭新的人生。他在走之前,曾跟我长谈了一次。他谈话的核心内容我记得特别清楚。他说: 现在我也可以考研,但我还是放弃了。我想先到西部去,重新认识这个国家、社会,为这个社会做一点事情,同时能够重新认识自己,寻找自己的人生坐标,精神家园。然后有可能再回来考研。但那时的考研和现在的考研,一定不是一个层次的,用一句俗话说,就是不再迷茫了。马世文同学是动科班的一个很普通的学生。但他的身上有一种情怀,也有一种胸怀。很多同学迷茫,是因为考虑自己太多,考虑别人、集体、国家、社会太少,因此感到很痛苦。因为一个人如果陷入了自私自利的漩涡,如何能够幸福呢? 第二个令我感动的事情就是我们班级的很多同学都在投入一些很有意义的社会实践工作。比如彭佳璇同学去沙漠绿化,吴昕阳、罗渝宵、郭辰阳同学去贵州支教,曾小艳等多名同学参与助飞计划,龙雨、凯比努尔等同学参与乡村教师志愿者活动。当然还有很多同学,因为我没有专门统计,更多同学的名字无法列出。这些品格都像金子一般宝贵,点滴的不计回报的付出,是最能给我们带来幸福感的,也是这个国家倡导和最需要的。现在的一件小事,未来可能会产生深远的影响,最起码能在自己的心里存留一份美好的回忆。

我至今记得我从大二开始，每年的暑假都去内蒙古的一个偏远山区进行社会实践，每次都用差不多一个月的时间。一共持续了三年，直到大学毕业。那里是黄土高原，当时那里没有电（点蜡烛和煤油灯）、没有水（农民饮水都是挖的旱井，下雨的时候水会流入旱井，供日常生活用水）。我们一个志愿者队伍大约10人，就住进了这个村子，与老乡们同吃同住同劳动，在小学里给孩子们上课，给农民开夜校等等，几年下来与当地的老乡结下了深厚的感情。后来我们回到学校以后，就写了一封信，直接找到当时的内蒙古农业厅厅长，详细说明了当地的困难程度，请政府尽快帮助这个村解决水电问题。结果第二年就打出了深井水，第三年通了电。我们这支社会实践队伍，连续三年荣获内蒙古自治区优秀志愿者服务集体，我本人也荣获先进个人。当时一起参加实践的很多不同年级不同专业的同学，大家都成了好朋友，一直到现在仍然经常联系。当时我虽然不太懂"情怀"，但现在回想起来，我们的实际行动，就是对情怀的最好诠释。

今年的毕业季，中国农业大学人文与发展学院叶敬忠院长的毕业致辞引起了广泛关注（人民日报报道）。致辞的题目是：像弱者一样感受世界。有兴趣的家长可以推荐给孩子们阅读。我整体认同叶院长的观点，因为这篇致辞里充满了情怀。我们经常说家国情怀，对国家的情怀体现在哪里呢？是对最普通劳苦大众的悲悯之心，特别是对其中的弱者的关怀。"衙斋卧听萧萧竹，疑是民间疾苦声。些小吾曹州县吏，一枝一叶总关情。"郑板桥在那个时代就有如此情怀，我辈何如？与达官贵人相比，我们也许是弱者。但与那么多衣不蔽体、食不果腹的贫困人口比起来，我们大多数同学的家庭条件都还可以。与那些遭受命运的挫折、遭受不白之冤、遭受天灾人祸的人比起来，我们还可以去关心他们，关心他们的疾苦，关心他们的未来。

即便这个世界上有那么多不尽如人意之处，有那么多令人忧虑之处，但我仍然希望每个孩子，都能做一个有情怀的人。也许我们今天一次点滴的努力，一次微不足道的捐助，就能够改变一个人的命运，就能改变自己的人生，就能改变一个时代的轨迹。

最后，奉上最近写给一位老师的小诗，与各位家长和孩子们共勉——

生活（兼赠田国华老师）

在生活的每一个角落

我的梦都有一个传说

传说是今生的圣火

圣火是明天的赎过

我想让今日许下承诺

阳光下的风雨不再冷漠

前方的荆棘刺穿了邪恶

我的梦从此开始了收获

那一个个过错

那一曲曲离歌

那一桩桩迷惑

那一段段苦乐

沉淀了千年的琥珀

透明了所有的颜色

世间所有的清澈

在时空里闪烁

为了忘却明天的苦厄

我拓下昨日的碑刻

弹起今生的锦瑟

卸去来生的枷锁

坚强生命的懦弱

在轮回里穿梭

匆匆不另，顺颂大安！

杨志彪

2019 年 8 月 16 日于上海交通大学

不为浮名和末利

2019—2020 第一学期期末致家长及同学的一封公开信

> 人生在世，有许多烦恼，生老病死，爱别离，怨长久，求不得，放不下。在这样的日常生活中，如果再在名利的漩涡里打转，必将更加苦恼。如果只追求自己的本心，不在乎名利，势必能获得心灵的宁静。

各位家长、同学：

你们好！尘世一年逢岁暮，何人万古诵清风。不知不觉之间，我们送走了 2019 年，送走了孩子们在交大的第三个学期。进入新的一年，也进入了一个新的时代。很多人都在思考该如何去迎接这个崭新的时代，孩子们也应该不会例外。这两天跟好几个家长、班主任以及有关任课老师沟通交流了孩子的期末成绩。咱们班级的情况总体很好，尤其与上学期比起来，就显得十分可贵。也许是孩子们知耻而后勇，也许是逐渐适应了交大的学习环境，也许是找到了适合自己的学习方法，总之都在磨砺中不断进步。当然，也有些令人意外的挂科，令人意外的没有选课。我宁愿相信这些都是偶然。然而，在日常生活和学习中是否还有改进的空间？显然会有。荀子《劝学篇》云："学不可以已"；"积土成山，风雨兴焉；积水成渊，蛟龙兴焉"。任何宏伟的目标都离不开一点一滴的积累和进步，反之，一个小小的失误，或许会葬送了一个大目标。当然，事情已经发生了，比成绩更重要的是从成绩中总结经验，看到未来。比总结成绩更重要的是，要审视自己的人格：是否在逐渐完善，是否还有明显的缺陷？因为，教育的本质是培养完善的人格，知识的积累和技巧的成熟都只是手段。写到这里，我想起了我曾经写过的一首诗《教书育人感赋》：

饮水思源赤子拳，爱国荣校育人先。

无言桃李成蹊径，有志书生笑碧天。

不为浮名和末利，偏求至理与高贤。

昌明盛世修齐治，伟业丰功大道前。

此诗写于 2017 年。当时我开始逐渐理解教育的本质，因而写下这样一首诗自勉。在过去的三年里，我也一直没有停止追寻教育的脚步。有幸的是，自 2018 年 9 月以来，能够和新的一个班级共同探索教育的本质，共同在时光的长河里去追寻梦想。对于孩子们来说，现实的小目标是能够顺利毕业，这个目标大部分孩子应该能够完成。大目标是什么呢？毕业后做什么呢？工作、考研、出国、成家、立业、生儿育女、赡养老人、关爱社会，这些既与个人有关，也与整个民族的发展息息相关。而做好这一切的前提，必须要有完整的人格。完整的人格中，很关键的一点就是"不为浮名和末利"。

人的悲喜欢忧，固然与很多不可抗力有关，比如各种灾难和意外。但在总体平稳的环境里，如果能够看淡名利，多问耕耘，少问收获，至少可以大大提高幸福指数。南宋理学家朱熹有句名言："去人欲，存天理"。我说的不是"存天理，灭人欲"。前者是朱熹的原话，后者是明末思想家黄宗羲在批评朱熹的理学思想时所用的话。二者之间还是有很大不同的。朱熹说："饮食，天理也，山珍海味，人欲也，夫妻，天理也，三妻四妾，人欲也。"由此可见，人的基本的正常需求，伦理纲常，朱熹从来不曾反对过。朱熹提出这个说法，主要是针对当时的社会制度的腐败，统治阶层只管自己的名利，贪婪奢侈，而不顾百姓的死活。朱熹希望能够用这样的思想去感化上层建筑，从而达到天下大治的境界。对于我们这些普通人来说，同样也需要去人欲，存天理——不为浮名和末利！从而养成自己完整的人格。一旦做到了这点，一定能体会下面的三种境界：

第一，心是坦然的。人生在世，有许多烦恼，生老病死，爱别离，怨长久，求不得，放不下。在这样的日常生活中，如果再在名利的漩涡里打转，必将更加苦恼。如果只追求自己的本心，不在乎名利，势必能获得心灵的宁静。比如奖学金的评定，如果你不把它作为目的，重心只放在平时的慎独、努力和坚持上，行至水穷处，坐看云起时，你收获的必将是满天的霞光，你看到的必将是夜空中的繁星。其实，人活百岁，终将一死，为什么我们要活在这个世上呢？这是哲学的终极命题，每个人都应该认真思考，让这个过程变得精彩而有意义。我们活着，其目的是什么？是名利吗？显然不是。是否会收获名利？可能会。其实，漫漫人生路上，并没有哪段轻松，哪段艰苦。每个阶段都会有每个阶段的思考和任务。儿时盼着长大，恨自己一无所有，一无所能，但同时能为一件新衣服，一顿好饭而高兴上好一阵子，幸福就是如此简单。长大了，要为成绩忧虑，担心不能考上好的中学、大学。上了大学有担心挂科，不能保研，不能出国。毕业了，单位的、家庭的、社会的压力更会接踵而至，让你应接不暇。如何能在这样的环境中游刃有余，从容应对呢？人不是天生就具有这样的本事，需要在长期的生活实践中磨炼、自省。放下名利，不失为一种很简单有效的办法，它能够让你的心更加坦然纯净，更加光明，更加从容地应对所有的艰难困苦、成功喜悦。有人说成功和喜悦还需要什么坦然？当然需要，君不闻乐极生悲吗？读读历史，听听长辈的经验，有多少人生大戏都是起源于此。由是观之，内心坦然是淡泊名利的结果。

第二，人生是丰富的。大家都知道，咱们入学伊始，就有了自己的专业。哪怕是当前的按照大类招生：文、理、史、哲、医、农、工、商等。这样的划分，固然考虑了每个人的兴趣，然而却人为地将大家固定在某一个很窄的领域。如果不能在本领域做到顶尖的位置，势必会产生强烈的挫败感。然而，这是教育的本质吗？这是教育的目标吗？显然不是。大学设置专业的目的，除了把个别有天赋的人培养成行业的领导者和专家以外，更深一层的目的是让学生在专业训练的过程中,形成正确的世界观、人生观、价值观,最终养成完整的人格。如此,不论你从事什么工作,都能为这个社会贡献力量,都能获得幸福,都能找到自己存在的价值,也就达到了教育的目的。而辅助达成这个目的的很重要因素,就是要有广泛的爱好和涉猎。虽然你的专业是农学,但你如果仅仅关注自己的专业,视野势必不够开阔,思想势必不够丰富。作为学生,需要在日常生活中充分关注天文、地理、文学、历史、社会、改革、时事、管理、美食、服饰……总之,不要把自己过分局限在自己的专业上。在学好自己专业的同时,把有限的时间投入到更多的有意义的人生实践中来。咱们班有好几个同学都是无偿献血志愿者,马拉松志愿者,爱心服务社成员;有的同学去欠发达地区支教,有的同学辅修了二专,有的同学利用假期游学,社会实践等等,这都是在尝试不同的人生,也在成就别人的同时,成就了自己丰富的人生。淡泊名利不但不会减少人生的精彩,反而会丰富我们的人生。

第三,取得更高的人生成就。想必大家都很熟悉五百年来唯一人的王阳明。他在12岁的时候,就和他的老师有过一次非常值得思考的对话。他问老师:人生的头等大事是什么?老师略一沉吟回答:读书登第。王阳明说:非也,我认为是读书成圣。当时他的老师就非常惊讶,这么小的一个人,敢反驳我的观点,我倒要看看你能不能成圣。老师和学生的观点既有相同点,更有明显的不同。相同点是,都需要通过读书的手段达成目标。因此,我们有读书的必要。老师的目标是登第,就是做官。在封建社会,这可能是大多数读书人的理想,学而优则仕嘛。做得好的,所谓达则兼济天下,为生民立命,为往圣继绝学,为万世开太平。做得不好的,也可以封妻荫子,名利双收。在当时的社会,以后者居多,因此老师的观点是功利主义的具体化。显然,老师把读书功利化了。而小王阳明呢?他敏锐地意识到,读书的终极目标如果是登第,就是以追求功名利禄为目的;而以成圣为终极目标,就把名利抛到了一边,不管是否能带来物质利益,一定要成为汤尧禹舜、文武周公、孔孟朱熹那样的人物，让自己的思想影响一个时代，带领更多的人（包括统治阶层、普罗大众）走出名利的泥淖，寻找到我心光明的世界，获得终极的自由，实现天下大同的理想。阳明先生后来成为一代心学大师，立德立功立言三不朽，其思想不但影响了后世的中国，更是深刻影响了日本等国，对明治维新起到了至关重要的作用。这是一个知识分子的最大成就。孔子也曾说过：吾十五而有志于学。阳明先生12岁时就立下了这样的目标，这与他日后所取得的成就密不可分。我希望咱们班的孩子们也能从现在开始，有这样的宏伟目标，以天下苍生为己任，把自己的命运深深地融入民族发展的历史进程，在取得最高人生成就的同时，能够为社会的进步贡献自己的思想、智慧和力量。这是淡泊名利的终极目标。

以上是我对名利的一点理解，一家之言，也许不一定正确，粗陋浅薄之处希望家长朋友和同学们多多批评指正。

今天已经是腊月二十五了。由于今年过年比较早，年终岁末很多事情都挤在了一起，最近一个月以来，我异常忙碌。家父生病，系里的工作，带研究生，带本科生社会实践，恨不能生出三头六臂。因此，直到今天才有大段的时间把这封公开信写完。不是有一句话吗：可能会迟到，但决不会缺席。这份迟到的信，或者可以成为您和孩子们的春节期间的佐料，陪伴你们品尝人生的百味。最后我想用自己曾经填过的一首词《江城子·夏日林间独步》作为结尾，放在这里，应该是合适的：

　　阴阴夏木正天晴。晚风轻。步徐行。小路繁荫，万籁已无声。无意林稍闲白鹭，飞上下。任婷婷。

　　且将喧闹付清宁。看枯荣。淡浮名。作赋吟诗，苦乐化无形。若问此心何处寄，唐李杜。晋渊明。

祝家长和孩子们春节愉快，阖家欢乐！顺颂大安！

2020 年 1 月 18 日于上海交通大学

附： 2020 年新年献辞

同学们：

　　2019 年在不知不觉中已经过去了，我们已经置身于一个新的年代。在这样的一个关键节点，我们总结过去的一年、十年都会有特别的意义。过去的一年，我们一同经历风雨虹霓，一起面对欢喜泪水，一起思考人生和宙宇。我想起了我曾经写过的一首小诗《步履》：

　　　　　　　　　我行走在时间里

　　　　　　　　　历史在我的双脚

　　　　　　　　　烙上印记

　　　　　　　　　抬起是风雨

　　　　　　　　　落下是虹霓

　　　　　　　　　我行走在岁月里

　　　　　　　　　生活在我的双脚

　　　　　　　　　写满故事

　　　　　　　　　抬起是悲欢

　　　　　　　　　落下是合离

　　　　　　　　　我行走在思想里

生命用我的双脚

磨穿真理

抬起是内心

落下是宙宇

　　我们行走在自己的时间里，见证着这个伟大的时代，也见证着自己的成长和蜕变。2019年对于你们注定是极其难忘的一年。你们经历过选专业时的困惑、无奈；挂科的痛苦；恋人的分离；评上奖学金时的喜悦；志愿服务时的收获；奉献爱心时的幸福……不论你是以什么样的心情，时间的长河都不会停留，滚滚向前。值此年终岁末之际，我总结了我们班级的几件大事，与在座的同学们分享：

　　（一）加强实践学习，增强创新意识。三月十七日，我们到美敦力集团参观实践。在半天的时间里了解了兽医学科在临床医学中的地位和贡献，对于深入理解专业、厚植行业情怀起到了重要作用。

　　（二）扎根祖国，感恩农生，我为母院添新绿。三月二十六日，我们一起参加院庆六十周年志愿服务动员大会，并亲手植下一棵棵树苗。咱们班级的铭牌是：春华秋实成大器，农生待取梁栋材。希望若干年后，你们成了国家的栋梁之才，希望能够回到母校，一起见证母校的发展和奇迹。

　　（三）青春心向党，建功新时代。三月三十日，我们与学院其他班级一起参观四行仓库，缅怀先烈伟业，激发爱国情怀。

　　（四）不忘初心，牢记使命。四月十日，我们召开主题团日活动。在团支部书记的带领下，一起学习习近平总书记的知青岁月，以更饱满的热情和更昂扬的斗志投入到学习生活中来。

　　（五）莫愁前路无知己，天下谁人不识君。五月三十一日，我们召开了农生二班的最后一次班会。在班会上，我总结了二班自入学以来的点点滴滴，虽然万般不舍,但总要各奔前程。最后寄语同学们追求诗意的生活。所谓诗意的生活,不是一定要去写诗,而是保持这样一种生活态度,即在付出了所有的坚持和努力之后,能够有足够的勇气和智慧面对所有的成功和失败。

(六)热爱,让生命绽放光芒。六月四日,召开了动科班的第一次班会。那天晚上,虽然班会开始的比较晚,但我是非常激动的,我们将在以后的日子里,共同度过在交大的日日夜夜,共同见证你们的成长。我们也将永远有一个滚烫的名字:2018动科班。在这次班会上,我看着一张张年轻、渴望的面孔,深深地感到自己肩负的责任和力量的渺小,唯恐辜负了大家、家长和学校的希望。因此,我一直是以百倍的热情投入到班级的管理和服务中来。在这次班会上,顺利选出了咱们的班委会、团支部成员,实践证明,咱们的班委和团支部是一个高效、热情服务团队。这次班会上,我从就业、深造、世界视野、国家战略等方面介绍了咱们专业,希望能对同学们了解专业起到良好的推动作用。这次班会的主题是:热爱,让生命绽放光芒。其实也是在勉励同学们,不论前面发生过什么不愉快的事情,既然选择了远方,就应该风雨兼程,矢志不渝,相信终将会迎来生命的春天。

(七)脑中有科学,心头存道义。九月七日,开学第一天,我们就召开了第七期"科学精神进课堂"主题班会。本次班会我们邀请到了国家蛋白质科学中心(上海)的李娜博士,她演讲的题目是:蛋白质科学与科学研究的"国之利器"。她从常见的病毒感染现象出发,带领大家了解病毒的病原学、流行病学、致病特性;了解位于张江高科技园区内的"鹦鹉螺"建筑(上海光源);了解那里每日上演的关于蛋白质科学的故事。我们跟随李娜博士成长的脚步,一起走入蛋白质科学的世界,探索生命的奥秘,追求科学的真谛!

(八)为什么我的眼里常含泪水,因为我对这土地爱得深沉。九月十日教师节,我收到了同学们礼物和祝福的视频。我一遍一遍地观看视频,看得我热泪长流。我只不过尽了一个教师应尽的责任和义务,同学们对我的祝福和感谢却是毫不吝啬。我不知道，我今后是否能够一直让大家满意，但我能保证，一定会更加用心地爱每一个同学，一定会在你们最需要我的时候第一个出现！

（九）思源皓月融秋色，致远长风奏凯歌。九月二十四日，我们一起召开了中秋联欢晚会。这是咱们班成立后的第一个中秋节。晚会上同学们准备了精彩的节目和游戏，分享了家长带给我们的月饼，大家共同度过了一个难忘、快乐的夜晚。

（十）当极地科考学者遇上心理咨询师，会碰撞出什么样的火花呢？十一月二十四日，我们同时召开了第八期"科学精神进课堂"，第二期"人文精神进课堂"系列主题班会。本次班会有多位重量级嘉宾出席。主讲人是多次参加极地科考的动物学博士林凌和深受学生喜爱的70后心理咨询师汪国琴。上海交通大学副校长毛军发院士亲临班会现场指导，农业与生物学院党委副书记龚强，农业与生物学院孟和教授也莅临班会，可谓群贤毕至，众星云集。林凌博士以"我与地球之极的不解之缘"为题讲述了在科考期间，充分发挥自己的动物学专业特长，出色完成承担的工作，为圆满完成科考任务作出了重要贡献，受到党和政府的多次表彰。通过分享自己的求学、科研、报效祖国的亲身经历，林凌博士引导同学将自己的专业知识和国家的需求紧密联系在一起，把自己的命运深深融入民族复兴的伟大历程。汪国琴老师以"知己识人，把相遇变成礼物"为题展开讲座，汪老师向同学们传递了"悦纳自己欣赏他人，把相遇变成小礼物，传播善的蝴蝶效应，警惕情绪雾霾肆虐"的理念，并表示同学们可以主动利用学校的心理资源服务于自己的成长。上海交通大学副校长毛军发院士作了总结讲话，总结了林博士和汪老师的展讲内容，同时也分享了自己曾经的学习经历，对此次科学精神暨人文精神进课堂系列主题班会表示了高度的肯定，认为其传达了学校"不忘初心、牢记使命"主题教育动员大会上的讲话精神，并且鼓励开展形式多样化，具有教育意义的班会活动。班会上，还收到了动科系党支部老师捐赠的47册教材和参考书。这样的班会，含金量十足，同

学们更是收获满满，

（十一）榜样的力量是无穷的。在这一年里，多位同学在各个方面表现优异，为班级同学起到了模范带头作用。奖学金方面，雨阳奖学金：邹霭萱；校级A等奖学金：邵新发；B等奖学金：彭澍、徐潇雨；C等奖学金：曾小艳、龙雨、刘逸飞、王子泓。三好学生：徐潇雨、邵新发、罗渝宵。当然还有很多学生会、社团等部门的优秀人员，就不一一列举了。

（十二）做一个有情怀的人。还有这样一些人更值得我们钦佩。他们身在校园，胸怀天下，为这个国家和民族的进步贡献着自己微薄的力量。比如罗渝宵、吴昕阳同学深入贵州山区支教；曾小艳同学加入爱心服务社，爱老助老；周文川同学负责思源服务社，奉献爱心，播洒阳光。凯比努尔志愿服务于乡村教师培训。邵新发、周文川等同学无偿献血……学习成绩仅仅是一个方面，我觉得更重要的是人格的养成。我希望在座的各位同学，都能在自己的有生之年，做一个有情怀的人，不为浮名和末利，但求至理与高贤，为推动这个社会的进步添砖加瓦。

最后我也总结一下过去一年的几个主要数字：在这一年的时间里，我去宿舍大概有将近20次，单独找同学谈话约30人次，送给同学们苹果50多个，送月饼50多个，送粽子50多个，同学生日赠书20多本，写公开信2封（一万字），私人信件近20封（约四万字），毛笔书信20多封，与家长通过微信交流约一万字。这些数字的背后是我对教育的理解，是我与、家长、同学的爱和责任。也许我的思索不一定正确，存在很多瑕疵，但这些东西体现了我的追求、我的思考，我希望能把这些传递给同学们。

感恩在我的生命中遇见了你们，这些美丽的遇见带给我无限的温暖，催我自新，伴我成长。我曾经在元旦那天写了一首小诗《温暖》，此刻我也想与同学们分享共勉：

时间的河

流到了新的一年

今天的第一缕阳光

和每天并无不同

依旧慢吞吞地离开地平线

俯瞰多情的世间

梧桐的叶子

稀稀疏疏地弹奏着

舒缓的谣曲

给寒冷的冬天

带来无限的温暖

柳枝在湖畔

伸着懒腰

看着白云在水面散步

一缕微风吹来遥远的问候

涟漪在心底荡漾开来

轻轻地

暖暖地

喜鹊也来凑热闹

在枝头叽叽喳喳地叫

报告这个冬天的寒冷

谈论明年春天的消息

路旁的小草

已经枯黄

但仍然在夜色里

思念绿色的春风

星星在遥远的天际

眨着眼睛

等待了千年万年

见证了人间万象

是否已经明白

冬夜的炉火

总是会给人带来温暖

我坐在窗前

温暖的灯光映照

梦里的容颜

我轻轻触摸——

那些命中的因缘

那些美丽的遇见

心底的暖流

和泪水

一起流向了春天

谢谢大家！

2019 年 12 月 31 日于上海交通大学

科学认知，人文情怀

新型冠状病毒肺炎疫情期间致 2018 级动科班同学的一封信

> 我们的社会如果丧失了对每一个体的人文关怀，只考虑自己活命，则与禽兽世界无异。人之所以称为人，是因为有其社会属性，"穷则独善其身，达则兼济天下"是对我们每一个公民的基本要求。而对于士子学人就有更高的要求："为天地立心，为生民立命，为往圣继绝学，为万世开太平"。

同学们：

大家好！

相信大家通过各种渠道都了解了目前的"新型冠状病毒肺炎"疫情。鉴于疫情防控形势，学校决定推迟 2020 年春季学期开学时间，具体开学时间和后续工作安排另行通知，请大家增强防护意识，尽量减少出行，务必不要提前返校。可以利用宝贵时间居家学习，有学习上的需要可以通过网络等方式进行交流。请注意关注权威媒体信息和学校通知，配合学院和学校做好相关信息报告，为顺利开学做好准备。

除了学校通知的主要内容以外，我这里想多说几句：

第一，不要忘记咱们的专业是动物科学。虽然大家目前只是大二，但应该比普通群众受到过更多的科学训练，更能理解这个传染病。传染病流行的三个基本环节是传染源、传播途径、易感动物（人群）。所以控制传染病的手段无外乎：①消灭传染源；②切断传播途径；③保护易感动物。这三个方面只要控制住了其中的一个，传染病就无法流行。对于此次疫情，大家感受最为直接的恐怕就是切断传播途径，比如封城、隔离、戴口罩等都在此列。这也是控制传染病最有效的手段之一。1910年,东北爆发鼠疫。当时的医疗条件、体制及公众的认知程度均无法与现在相比。但晚清政府在伍连德博士的带领下,通过隔离和封锁有效控制了东北鼠疫,赢得国际社会的普遍赞誉。随后在1911年,中国召开了万国鼠疫研究会议,伍连德任主席。这是中国历史上第一次召开国际性的学术会议。《国士无双伍连德》对伍连德的生平事迹有较为详细的记述,大家可以认真读一下,必有收获。

消灭传染源是针对动物来讲的。如果是一类传染病(对人与动物危害严重,比如口蹄疫、高致病性禽流感等),需要采取紧急、严格的强制预防、控制、扑灭等措施;对于二类传染病(可能造成重大经济损失的,比如炭疽、经典蓝耳病),需要采取严格控制、扑灭等措施,防止扩散;对于三类传染病可以采用控制、净化的方法。扑杀后的尸体要用焚烧、深埋等方式处理,日常的洗手、消毒等工作也是有效的消灭传染源的手段。但是对于人群来说,只能尽最大力量隔离救治,因为生命无价,这是动物和人的区别。

至于保护易感动物,大家最常见到的就是用疫苗。疫苗保留了病毒的免疫原性,但对机体没有致病性,或者致病性很轻微,所以能够刺激机体产生抗体,当相同的病毒再次攻击机体的时候,机体产生的抗体就能中和病毒,动物就不会发病了。不幸中的万幸是这次流行的新型冠状病毒能够引起人体产生抗体,理论上讲是可以研发出疫苗的(有一些病毒特别聪明,免疫学上叫"免疫逃避",通俗地讲就是躲开了人体的免疫系统,不能引起机体产生抗体,比如艾滋病。这类疾病的疫苗研发就十分困难,这也是迄今为止也没有研发出艾滋病疫苗的原因)。我一直在从事动物冠状病毒病(以猪流行性腹泻、猪传染性胃肠炎为主)的感染与致病机制、免疫预防的研究,了解冠状病毒病的免疫预防特点。既然已经分离到了这个病毒(2019 - nCoV),疫苗的研发(比如灭活苗)理论上不是很困难。但疫苗的研发有一个过程。正常情况下,动物疫苗的研发一般都需要几年以上,之后才能够取得国家的生物药品证书,这时候才能够生产上市。人用疫苗的周期就更长了。非常时期，国家肯定会加大疫苗的研发力度，优先审批，推进这个进程。但是，必要的程序却不能少，细胞实验、动物实验、临床实验（一期临床、二期临床、三期临床）；安全性（致毒、致畸、致癌）、有效性等等，都需要时间来验证。

第二，塑造自己的科学精神。我们现在处在一个高度信息化的时代，疫情暴发后，可以通过各种渠道——特别是自媒体获得疫情的各种信息。这也是很多人感觉此次疫情比 2003 年的 SARS 更为凶猛的原因。其实 SARS 感染数约为 8 000 人，死亡约 800 人，死亡率不到 10%。虽然此次疫情发病数肯定会超过 SARS，传播的速度和范围也比较快、广，可是死亡率却没有 SARS 高，截至目前的数据约为 3%（最后的死亡率要等疫情结束后才能得出，这个数字会有变化），所以大家不必过分恐慌。特别值得一提的是医护人员感染数量仅有十几例，相比起 SARS 的上千例，无疑是巨大的进步。从这方面可以看出，虽然此次疫情的防控仍然有许多改进的空间，但比起 17 年前，无论是防控理念还是防控措施，以及我们国家的经济、科技实力都已经不可同日而语。

在自媒体时代，信息的来源非常方便，但也难免泥沙俱下，伪科学、谣言等有时候也会甚嚣尘上，这就需要同学们有一双慧眼能够区别，要相信权威、相信官方。我曾经在很多场合和同学们说过关于科学精神的内涵。探索、质疑、实证、理性，是其基本特征。同学们在甄别这些信息的时候，就要用这样思维去理解、消化。我也会选择一些具备科学精神的文章推送给大家选读。其实，科学精神的实质就是不人云亦云，要有自己的思想和判断，这也是我创办"科学精神进课堂"系列主题班会的初衷。

第三，厚植自己的人文情怀。疫情暴发后，很多地方出台了强有力的封锁隔离措施，对疫情的防控起到了很好的作用，包括学校采取的延迟开学、国家采取的延长假期以及取消公众聚集等措施。非常时期采取非常手段都是必要的。但有些地方的措施缺少了一些人文关怀（比如将武汉人驱逐出境、歧视武汉人的做法屡见报端）。我们的社会如果丧失了对每一个体的人文关怀，只考虑自己活命，则与禽兽世界无异。人之所以称为人，是因为有其社会属性，"穷则独善其身，达则兼济天下"是对我们每一个公民的基本要求（吉祥航空送94名武汉人回家，科学与人文兼备，我们必须要为他们点赞）。而对于士子学人就有更高的要求："为天地立心，为生民立命，为往圣继绝学，为万世开太平"。交大四位一体的培养体系："价值引领、知识探究、能力建设、人格养成"就很好地贯彻了这个思想。我们经常说选择了交大，就选择了责任。疫情当前，交大人用一贯的行动完美地诠释了什么是责任，什么是担当！当武汉宣布封城，在万家团圆的除夕夜，我们交大的首批医疗队，告别自己的亲人，舍小家顾大家，义无反顾踏上驰援武汉的征程。后续又有第二批医疗队，他们和全国各地的近3000名外地医疗队员，构成这个非常时期的最美风景线。"苟利国家生死以，岂因祸福避趋之。"特别是对于那些有志愿加入中国共产党的同学，就更应该自觉自愿地按照这些标准要求自己，做一个有温度、有情怀的人，对普罗大众有一个最起码的悲悯之心，能够设身处地地为每一个处于困境中的同胞着想，为疫情防控做力所能及的事情。"亦余心之所善兮，虽九死其犹未悔。"同学们一定知道我创办的"人文精神进课堂"系列主题班会，那些人文精神、诗词歌赋看起来与我们的专业毫不相干，但缺了这些，就不是一个真正的人。

　　我啰唆了这么多，无非想告诉同学们，任何事物都有其两面性，我们要辩证地看待这次疫情。疫情暴发，固然带来了很多弊端，甚至负面影响（这一点毋庸置疑，大家也都很清楚），但同时也促使我们更多地思考，更快地成长，推动整个社会的进步，民族的发展。

　　纸短话长，余言再叙。希望同学们利用这个难得的安静的假期，学习、思考、进步、成长！期待你们平安返校！

杨志彪

2020年1月30日夜

将个人命运融入民族发展的伟大进程

2019—2020 学年第二学期期末致家长和学生的公开信

> 我经常在思考一个问题：如何将自己的命运融入民族发展的
> 历史进程？这看似是一个宏大的问题，无从着手，但仔细想来，却
> "不离日用常行内"。只要我们认真思索和实践，就会把握时代的
> 脉搏，与这个国家同呼吸、共命运。

各位家长及同学：

你们好！

> 闲来又见思源柳，倩影动，频挥手。聒噪蝉声听往复。孤帆一片，白云
> 低首。水榭空如旧。
> 清波几度箫台奏。目送长亭晓昏后。独唱新词人愈瘦。一园风过，满
> 湖新皱。燕子年年候。

这一阕《青玉案·又过思源湖》是我前日过思源湖所得。思源湖畔依旧水
波潋滟、垂柳依依，但是没有孩子们的校园，显得有些冷清，燕云亭的燕子也在
孤独地等待主人的到来。

我已经有半年多的时间没有见到孩子们了，这一切都源于疫情的影响。
去年底发生的新冠疫情已经深刻影响了全世界的政治、经济生活，每个人都不
能置身事外。学校也是有史以来第一次采用大规模网络授课，每一个学生都
是这段历史的参与者、见证者。教师们从网络授课菜鸟，逐渐成长为"网红主
播"；学生们完成了一个学期的大部分课程，习惯了在线考试，有的学生因为家

里停电,不得不中断考试,申请重考。这些都是新问题,需要我们共同面对,共克时艰。因此这半年来,我经常在思考一个问题：如何将自己的命运融入民族发展的历史进程？这看似是一个宏大的问题,无从着手,但仔细想来,却"不离日用常行内"。只要我们认真思索和实践,就会把握时代的脉搏,与这个国家同呼吸、共命运。

首先要从日常生活做起,慎独自律,创造基本条件。教育的初心是培养完整的人格。什么是完整的人格？能够正确认识自己,认识世界,找到人生的意义,穷则独善其身,达则兼济天下！这是所有士子学人的使命,也是教育的终极目标。然而,在时代的大潮中,浪涌波翻,很多人都会迷失方向。在疫情期间也不例外。前些天,有个别家长反映,自己的孩子居家期间,每天除了完成必要的上课任务之外,就是打游戏和睡觉,不跟家人交流,状态堪忧,听闻此事,我感到极大的挫败感,心也隐隐作痛;对家长而言,孩子的这一表现使他们失去了寄托的希望,看不到孩子的未来;而对孩子自己而言,则是失去了生活的方向。我其实跟这个孩子也曾经有过深入的交流,他的学习成绩也是不错的,本来以为已经能够有一个好的精神面貌了,没想到仍然如此。希望这个孩子能看到这封信,早日振作起来,以崭新的姿态拥抱生活。这件事情也让我意识到教育的复杂性和长期性。

好在,我们还有更多的学生能合理把握独处的时间,以点滴的努力追寻自己的梦想。拿到今年的成绩单,我是欣慰大于忧虑的。绝大多数同学都取得了很好的成绩,有的同学甚至每门课程都在 90 分以上。更令人欣慰的是,原来有挂科的同学,也大多摘掉了帽子,得到了令人惊喜的成绩。说明孩子们已经基本适应了交大的生活和学习节奏。当然,比成绩更重要的,是很多同学在家期间的慎独与自律,除了保质保量地完成学习任务之外,还利用业余时间做了很多有意义的事情：积极通过各种方式锻炼身体(太极拳、篮球、跑步、走步、广场舞等),协助老师编写科普书,参加英语培训,为中小学生辅导功课,参加绿格公益、家乡调研等社会实践，帮助家人干农活、家务，研究美食为老人尽孝心……学院的教学院长李新红老师一直和我说，这是他带过的最好的班级。

无论是别人的赞誉，还是自己内心的认可，不经意之间，我们的思想和行为已经卷入时代的洪流。精神和体魄的健康，是保证我们能够为家庭、社会尽到义务的前提条件，也是实现自己人生价值的前提条件。

其次，推己及人，与国家一起共克时艰。疫情来袭，多少家庭天人永隔，多少医者前赴后继，多少官员殚精竭虑，多少诗人长歌当哭……灾难面前，我们都是渺小的个体。然而，如果能推己及人，具有最起码的悲悯之心，我们就能站上人文情怀的精神高地，汇聚起战胜灾难的磅礴力量。孩子们可能没有意识到，我们班级创作的 MV《呼唤》以及新发同学谱曲、小艳演唱的同名歌曲，不但凝聚了班级的力量，还对很多人产生了正面的积极影响。歌曲在交大 B 站、今日头条、益友 sjtu 等媒体传播的过程，就是融入民族发展的过程，体现的是我们的力量、追求和向往。也正是因为如此，我们才获得了学校的"助学、筑梦、铸人"主题系列活动一等奖。同样的，周文川同学主要负责的"关于学生对资助政策的了解程度及个人感受的调研"项目也获得一等奖。我创作的诗歌《我多想——》也获得学校疫情征文一等奖，并被交大教工朗诵协会的 30 多位老师接力朗诵，在云端传递信心和力量。后来还被《劳动报》以《上海交大教职工隔空朗诵声援武汉》为题进行了转载。在这里，不妨摘录一下当时的报道，与大家共勉：

> "我多想，把那些痛苦遗忘，让你们的生活回归平常；我多想，把那些恶魔消灭，让你们的世界充满阳光……"近日，上海交通大学教工演讲朗诵协会组织会员，合诵了一首教工原创作品《我多想——》。来自该校各院系、机关部处、直属单位等部门的 31 位教职工共同寄情诗歌，用声音传递信心与力量。

记者了解到,《我多想——》是上海交大农业与生物学院教师杨志彪创作的原创诗歌。谈及创作初衷,他表示:看到那么多同胞遭受苦难,我感同身受。也看到那么多交大人,和其他所有支援武汉的各界人士一起舍小家顾大家,义无反顾地投入到这场战"疫"。大家众志成城,都在用自己的智慧和力量与武汉共克时艰。我既为同胞遭受大疫而痛心,也为举国支援的大义而感动。于是,就写下了这首长诗来表达自己的感情,用诗歌与武汉同呼吸共命运,陪伴同胞的苦难,见证同胞的坚强。

此前,作为班主任的杨志彪,还曾为他所带的 2018 级动物科学班级同学写了一封信:《科学认知,人文情怀》。他在信中叮嘱同学们,在结合自己的专业科学认知疫情的同时,不要忘记厚植自己的人文情怀。"每一个同学都应该自觉自愿地按照这些标准要求自己,做一个有温度、有情怀的人,对普罗大众有一个最起码的悲悯之心,能够设身处地的为每一个处于困境中的同胞着想,为疫情防控做力所能及的事情。"他写道。

而参与此次合诵的教职工中,有的家乡就在武汉,有的是湖北籍。疫情发生后,"想为家乡做点什么",是他们共同的愿望。电子信息与电气工程学院教师田琳表示:"自从武汉市封城消息公布至今,身在上海的我们,每天每夜都在关注着新闻报道,时刻牵挂着武汉的亲友同学,每天都在微信群里与大家传递和讨论着关于如何保护自己,平安居家生活,抵抗疫情的各种观点和方法。这次隔空朗诵的倡议已发出,就得到了老师们热烈而迅速地响应和共鸣。大家心往一处想,劲往一处使,用真挚的祝福和充满情感的声音,尽绵薄之力,为武汉加油,为中国加油。"

苔花如米小,也学牡丹开。再卑微、渺小的生命都该担负起自己的责任,都该凝聚起强大的精神力量,从而推动整个民族发展的历史进程。

最后,不忘初心,见证和创造历史。历史是什么? 以史为鉴,可以知兴替。

我们既是历史的创造者，也是历史的见证者。去年我们推行的"不忘初心，牢记使命"主题教育，今年推行的"四史教育"，都在提醒每一个共产党人不要忘记我们从哪里来，不要忘记我们的誓言。对于每一个孩子而言，不论是否是共产党员，都可以追问一下自己的初心是什么，是否实现了当初的梦想，是否偏离了预定的轨道？党员的初心是全心全意为人民服务，教育的初心是培养完整人格，学校的初心是什么？我想，是培养具有完整人格的人。我们经常会看到要创建世界一流大学这样的宏伟目标。大家是否仔细想过，什么是世界一流大学？什么是世界一流的大学生？

我最近一直在关注陈平原写的文字，有些观点深表赞同。他说什么是世界一流大学，就是在一个民族的历史发展过程中，这所学校一定是发挥了重要作用，甚至是决定性作用的。比如，说到中国近代史，能绕开五四运动吗？能绕开北京大学吗？显然不能。从这个意义上来说，北京大学是当之无愧的一流大学。他在文中指出："大学"是否"世界一流"，除了可见的数字（科研经费、获奖数目、名家大师、校园面积、师生比例等）外，还得看其对本国社会进程的影响及贡献。北大百年校庆时，他说"就教学及科研水平而言，北大现在不是、短时间内也不可能是'世界一流'，但若论北大对于人类文明的贡献，很可能是不少世界一流大学所无法比拟的。因为，在一个东方古国崛起的关键时刻，一所大学竟然曾发挥如此巨大的作用，这样的机遇，其实是千载难求的"。他这么说，并非否认中国大学——尤其是我所在的北京大学，在教学、科研、管理方面的很多缺陷，只是不喜欢人家整天拿"世界一流"说事，要求你按"排行榜"的指标来办学（陈平原，《中国大学对"世界一流"执念太深、焦虑太重》）。

陈平原在另一篇文章中指出：对于当事人来说，曾经参与过五四运动，无论在京还是外地，领袖还是群众，文化活动还是政治抗争，这一经历，乃生命的底色，永恒的记忆，不死的精神；毋须讳言，这也是一种重要的'象征资本'。对于77、78级大学生来说，何尝不是如此。上大学时，社会对我们殷切期待；走上工作岗位后，又获得了绝好的发展机遇。如此幸运，难怪我们对自己身上的'徽记'念念不忘。五四一代和77、78级大学生不一样，前者的'光荣和梦想'是自己争来的；我们的'幸运'，则很大程度是时代给予的。日后被提及，人家是历史的创造者，我们则是大转折时代的受益者(陈平原:《我们和我们的时代》)。

五四运动已经过去了一个世纪，改革开放也已经四十多年，咱们班的同学成长在新时代。如今国内外环境，都发生着深刻的变化。再加上疫情的影响，历史正在进入另一个大转折的时代。每个人的就业、出国、深造甚至基本的生活方式都会打上时代的烙印。我希望咱们班的每个同学都能认真思考自己的现在和未来，投身于时代的熔炉，将自己的命运深深融入民族发展的伟大历史进程。

这并不是什么豪言壮志，而是对自己的前途和命运负责，对国家的前途和命运负责。"苟利国家生死以，岂因祸福避趋之"，我们考虑自己的命运的时候，如果更多地站在国家和民族的角度思考，必将成为历史的创造者，从而被历史铭记。

不知不觉，说了许多。最后，我想用我最近写的一首小诗《未来之眼》作为结尾，与大家共同期待和创造美好的未来：

未来之眼

你穿越历史
在浩渺的时空里
传递远古的信息
目力所及
是物质的亿万分之一

目光的过去

见证生命的演替

赞美自然的壮丽

惊叹万物的枯荣

忧虑消失的天际

谱写华美的乐章

流出痛苦的泪滴

你送走白天黑夜

你迎来天空大地

你把悲喜

藏进深邃的地底

你把生死

写进黑洞的传奇

你的目光,让时间静止

万有引力,把现实

拉向未来的奇迹

未来

是献给宇宙的情诗

吟诵爱,尘土和星系

以及幸福的亿万分之一

此致暑安，祝大家身体健康，阖家欢乐！

杨志彪

2020 年 8 月 1 日于上海交通大学

让时间静止一会儿

2020—2021 学年第一学期期末致家长及同学的一封公开信

时间是无法停止的,但是我们可以让自己的心灵在某一个恰当的时候安静一会儿,反省自身的得失,反思世间的是非。我们经常说,疫情给忙碌的生活按下了暂停键。的确,不论从哪个意义上讲,这都是对人类的一个警醒,都会促使人类从各个层面开展灵魂拷问。

各位家长、同学:

时间有时静止/但大多数情况下/是在行走/就像我们的思想/去赶赴一个又一个约定。

忙碌的一学期结束了,此时的校园比往日少了很多学生的身影,略显冷清。然而,大多数老师都在忙碌着,写自然基金、指导研究生、课题总结……而我,终于可以静下来给大家写信了。

家长们都很关心孩子们的成绩,我还是先汇报一下成绩吧。这学期的成绩出奇得好,全班只有一名同学的一门功课不及格。对于绝大多数同学来说,这次的成绩单恐怕是入学以来最好的一次,后面可能会更好! 其实比成绩更重要的,还是孩子们的成长。有的同学利用假期去开展社会实践,有的同学参加助飞计划,有的同学只要有空就去实验室做 PRP、农耀计划。值得一提的是邹霭萱同学参加世界大学生 iGEM 大赛,并最终获得银奖! 可喜可贺!

这个学期同样也是极其忙碌的一个学期。由于疫情影响了上学期的很多实验课程,导致这学期周末都有课。同学们也顶住了课程多、时间紧的压力,出色完成了一个学期的学习任务。特别是有的同学由于生病,耽误了两周的时间,但是仍然取得了出色的成绩,坚持到实验室做实验,令人动容。

还有二十天就要过春节了,生活忙忙碌碌,周而复始。每个人都在朝前赶路,一年又一年,都在被各种事务羁绊了脚步和思想,或许没有哪怕一天能安安静静地思考。所以,今天我能有时间给家长们写信,对于我而言,是一件无比幸福的事情!

时间是无法停止的,但是我们可以让自己的心灵在某一个恰当的时候安静一会儿,反省自身的得失,反思世间的是非。我们经常说,疫情给忙碌的生活按下了暂停键。的确,不论从哪个意义上讲,这都是对人类的一个警醒,都会促使人类从各个层面开展灵魂拷问。

时间从哪里来?时间有起点吗?这个问题似乎很难回答。意大利物理学家卡洛·罗韦利(Carlo Rovelli)的大部分职业生涯都在思考时间之谜。他说:"以前,人们认为时间始于138亿年前的大爆炸。但现在,很多科学家对此表示怀疑,他们在考虑一种可能性,即宇宙在大爆炸之前就已存在。所有选项都是开放的。"其实时间的本质也是概念,是用来描述物体变化运动的。时间的计量是寻找相对稳定的参照物,比如尼罗河每年定期泛滥,太阳每天东升西落,人们在运动编号中,发现了某些"周期性"的运动,于是发明了时间,对各种周期进行观测统计。在牛顿看来,时间是绝对的,整个宇宙用的都是同样的时间。当时的计算是这样的,实际的实验也是这样的,因为科技水平并不足以支撑发现万米高空于地面之间仅仅存在的一两秒的时间差。爱因斯坦这个天才靠数学计算推翻了绝对实践论,证明了时间和空间都是相对存在的。

卡洛·罗韦利进一步指出,时间非常复杂。我们误以为时间是非常基本的东西。我们认为,时间让宇宙的生命在滴答声中渐渐流逝,一刻不停。这种对时间的理解是错误的,或者说,只是略微接近真相。真相要复杂得多。这并不是说，普通人对时间的理解是完全错误的，只是这种理解在有限的条件下成立。这就像认为地球是平的一样。如果我们只在（地球表面的）一小块区域上移动，我们完全可以认为地球是平的。例如，我们盖房子的时候，不必考虑地球表面的曲率。但如果我们着眼于更大的尺度，那么地球绝对不是平的。

人们经常说，人类一思考，上帝就发笑。但是，从哲学的角度去看待时间，有利于理解时间的本质，有利于指导我们日常的生活。我们很多司空见惯的物质、规律、事件、思想，如果放大到足够的维度（包括空间、时间），就会发生质的变化。在紧张的学习生活之余，多做一些类似的思考，对我们处理生活中的日常具有重要意义。

多年来，我的思考方式无疑改变了很多，但我不确定是因为我喜欢思考，还是因为我成熟了。我变得更加从容，更加淡定，少了急躁。我把生命更多地视为一种馈赠。

时间在干什么？打开人类文明的历史长卷，从远古到现在，在这个星球上发生了多少沧桑巨变。大者如气候、战争、瘟疫，小者如鸡鸣狗吠、暮鼓晨钟，都在一幕幕地轮回上演。我们之所以研究历史、了解历史，就是要从中寻找符合我们自己的精神特质，指导当下的生活。现代都市的节奏，以快闻名。或许再也无法回到"行至水穷处，坐看云起时"的境界了，但是，如果能给自己适当的暗示和自省，还是可以实现精神层面的超脱。很多同学喜欢读历史、哲学，这是很好的学习和内省方式。具体到我们班级同学，在这一年里，有很多令人感动的事情。比如在疫情期间，很多同学都给自己制定了严格的学习、锻炼身体的计划，有的同学还学习做美食，帮助照顾老人等家务，这些事情虽小，但能反映出一个人的精神风貌。

昨天和一个同学谈话，同学谈到了自己的困惑。他在大一的时候非常认真和努力，成绩虽然不是名列前茅，但还是中上等。上了大二以后，他就给自己立下目标，等到期末一定要超过上学期的绩点。但是，事与愿违，成绩反而下滑了。他感到苦恼的是，自己不是不努力，不是没有目标，但是为什么结果令人如此失望?! 其实生活中往往存在这种现象，越是想得到某个东西，过分在意一分、两分的成绩，最后的结果，反而更加糟糕。其实，你说 75 分和 80 分相比，真的能反映一个人的能力的高低吗? 全班第一名和最后一名的未来人生，究竟是哪个人的更精彩呢? 这些，都不难回答。生活中也有好多这样的例子。只要你心中有梦想，就不要在乎一时的得失成败，长久的坚持和努力，必定会让我们的心灵涅槃，时间会给出每一个答案!

时间将到哪里去? 当所有人都在发出这个感叹的时候，生命的车轮不断地滚滚向前。从在母体中孕育的那一刻开始，我们的生命旅程就在自觉和不自觉地前行。小的时候，为了一个玩具破损就会大哭大闹，似乎到了世界末日——时间就在满足最基本需求的路上；上了小学，开始为了分数，开始各种辅导班，各种培训——时间就在追求重点中学的路上；上了中学，开始为了 985 而努力。到了大学，开始准备考研、工作，有时迷茫，有时清醒——时间就在每天的满负荷学习之中，慢慢走过。有的同学为分数哭泣，有的同学为得不到奖学金烦恼，有的同学为努力了但得不到回报而伤神，有的同学为情而困，有的同学为名所累，有的同学顺风顺水，有的同学曲折艰难。

随着时间的推移，长大后同样的玩具破损了你不会哭，你知道那只是玩具。同样道理，所有世间的价值——名誉、地位、赞扬、批评、受人注意、被人忽略、快乐、得、失，这些都像是玩具一样，当我们的智慧和慈悲心成熟时，以上所说的都只是玩具。当然，这不是说我们可以不努力、不奋斗，而是要有足够的勇气和智慧去承担所有的成功和失败——时间就在我们的智慧里!

一年马上就要结束了，每个人在这个世上又多了一年的生存轨迹。老子说"反者道之动"，黑格尔曾经说"任何事物都在朝着自己相反的方向发展"。每个人的生命从诞生的那一刻起，就开始朝着死的方向发展。中国人大多不喜欢谈死。但是，如果对死亡没有正确的认识，是遑论有意义、高质量的生活的。

我希望孩子们都能让时间静止一会儿，认真思考这个哲学命题，从而在现实生活中找到生存的坐标，成为一个人格健全、充满幸福感的人！

最后我想用自己创作的一首小诗《脚步》作为信件的结尾——

脚步

沿着卵石谱成的小路

走到一年的尽头

在零星的落叶上

写着斑驳的诗句

春花夏雨，消逝在远方

冬雪秋风，徘徊在记忆中

多少次，去亲吻天上的星

浩瀚的银河落入湖中

湖畔的垂柳

打捞起一船的相思

驶向岁月的深处

爱，在港湾里停泊

等待冥冥中的约定

也许是十年

也许是百年

涟漪上泛起的月光

是前世留下的诺言

在新的一年

是否能兑现当初的诺言

无声的脚步

一定能告诉所有的答案

祝家长们、孩子们健康平安，幸福每一天！

杨志彪

2021 年 1 月 21 日于上海交通大学

初心

2020—2021 学年第二学期期末致家长及同学的一封公开信

> 我们的初心是什么？是儿时的梦想？少年的憧憬？当下的目标？我想，应该是那个一直埋藏在内心深处的，不掺杂丝毫世俗名利的原动力。这个初心才能够指引我们的人生，不断超越自我，为这个国家民族倾尽全力，"亦余心之所善兮，虽九死其犹未悔。"这样的初心难觅。唯其难觅，方为可贵。

各位家长、同学：

你们好！即将要过去的一个学期，注定又是一个不寻常的时期。中国共产党成立一百周年、东京奥运开幕、"烟花"来袭、河南大雨、南京疫情、教育"双减"、全民疫苗接种、"天宫"载人运行，都在悄然改变着我们的生活……而在生物界，AlphaFold 精准预测蛋白质的 3D 结构，是 50 年来生物学界革命性的突破，将深刻改变对生命的认知和推动生物医学的进步。

在这样一个充满改变的时代，每个人都不能置身事外。孩子们结束了大学三年的生活，改变也在不知不觉间发生：有的孩子已经保研至清华、北大、浙大、中科院、交大，有的孩子要为自己的理想继续奋斗；有的孩子美梦成真，有的孩子历尽波折；有的孩子矢志不渝，有的孩子激流勇进……就像我们的社会，有积极的一面，也有困难的一面，需要我们不断调整面对。该怎么去面对呢，有太多的选择，有太多的平衡，有太多的顾虑，不知从何处下手。台风"烟花"来袭期间，我曾经写过一首小诗《乌云》："以为可以遮住天空/再也听不见温暖的歌声/看不见绿色的草地/甚至，让那些建筑/变成黑色的纪念碑/但是，再厚的云层/也不能阻挡生命的渴望/你看，那翻滚的淫威之下/已出现一缕金色的霞光。"也许那缕金色的霞光，就是初心，能够穿透所有的风雨迷雾，到达生命的彼岸。

不忘初心，牢记使命，是近年来出现频率很高的一句话。作为一个政党，有其特定的含义，能够发挥不可估量的磅礴力量，引领民族的进步和复兴。而作为个人，对于人格塑造同样具有不可替代的作用。那我们的初心是什么？是儿时的梦想？少年的憧憬？当下的目标？我想，应该是那个一直埋藏在内心深处的，不掺杂丝毫世俗名利的原动力。这个初心才能够指引我们的人生，不断超越自我，为这个国家民族倾尽全力，"亦余心之所善兮，虽九死其犹未悔。"这样的初心难觅。唯其难觅，方为可贵。

初心，让我们清醒认识世界。"人为什么活在这个世界上？"是人类探寻的永恒话题，也是每个生命个体不断追问的终极命题。在生命进化的历史进程中，我们生而为人，有着极大的偶然性，也有着存在的必然性。人之所以称为人，主要是由其复杂而深刻的社会性所决定。当今社会，不论国内外局势如何变幻，和平与发展始终是人类与时代的主题。在这样的大背景之下，我们究竟该如何自处，如何将自己的命运融入民族发展的伟大历史进程，是每个有志青年都应该思考的问题。

如今我们的 GDP 已经雄踞全球第二，但是技术革新和基础研究的创新能力却很不乐观。有的人或许不同意，会举出一大堆例子来反驳，比如，我们的空间站，北斗卫星网络，蛟龙号下海，高铁，大飞机等。但是，大家想过没有，这些大型工程所体现的指标和现象，到底是由什么决定的？很大程度上是由经济实力决定的，而不是科技实力决定的，准确地说，不是由原创的科学决定的。载人登月，美国在 1969 年就完成了；大飞机，在半个世纪前就有了，这些都是不争的事实。再举一个大家都熟悉的领域，我们是学习生命科学的，去看看生命科学发展史，有几个中国人的名字呢？不能说一个没有，但是极其少见，绝大部分都是发达国家，一直到现在，我们生命科学的原创性科学理论，仍旧是我们的短板。在其他领域也是如此。而近年来发达国家针对我们的"卡脖子"问题对各行各业冲击很大，国家也出台了很多对应的举措。《礼记·中庸》说，"闻过而终礼，知耻而后勇"。只有正视这些事实，我们才能保持清醒的头脑，才能找到问题的所在，解决那些"卡脖子"问题。

新中国成立 70 多年以来，我们的科技水平日新月异，取得了辉煌的进步，我们毫不怀疑我们的祖国正在以前所未有的速度崛起和复兴，但是前进中出现的问题也要正确面对，这样才能更有针对性地解决这些问题，让我们前进的脚步更快、更矫健。同学们想过没有，为什么会出现这样的局面呢？最近看了《科技日报》总编辑刘亚东于 2018 年 6 月 21 日下午在中国科技会堂召开的由科技日报社主办的"是什么卡了我们的脖子·亟待攻克的核心技术"科学传播沙龙上的发言，觉得很有道理。他说："科学和技术是两个完全不同的概念，但它们之间有联系。正是由于缺乏科学的指引，我们的技术发展和进步才会面临障碍。中国自古以来只有技术传统，而没有科学传统。技术发明靠的是经验的积累，或许还有灵机一动；而科学发现则是建立在系统研究和专业训练的基础上。有人说我们有四大发明。我告诉你，四大发明属于技术范畴，它不是在科学理论指导下的技术创新和突破。比如指南针，我们的先人只知道它很有用，迷不了路，找得着家，但没有去研究磁场、磁力线，也不懂得导体切割磁力线时会产生电流，更推导不出麦克斯韦方程。比如火药，我们的先人只满足于它能爆炸的事实，只知道一硝二磺三木炭，而没有深入探讨它的化学和物理机理，所以才止步于黑色火药，没能研发出黄色炸药。有人说，我们祖先发明了火药，所以才有了后来工业和军事上用的炸药。这种说法是错误的，黄色炸药和黑色火药没什么关系。只知其然不知其所以然，不求甚解，这些倾向今天也在严重影响我们的技术发展和进步。离开科学的指引，技术的发展注定不会走得久远。"

衷心希望同学们能够具备这样的理性思维，明白科学和技术的关系，清醒地认识我们科技水平和发达国家之间的差距，正确处理好我们的优势和不足之间的矛盾，才不人云亦云，才能够明白自己努力的方向，从而能够为民族的发展做出更大的贡献。这就是我们最大的初心！

初心，能够告诉我们今后努力的方向。几年前，我曾经跟同学们交流过教育的误区。现在看来，依然存在。也就是大学或者国家对就业的导向问题。认清这个问题之前，首先要明白教育的本质（前文已有详细陈述，此处不再赘述）。教育的本质，其实也是教育的初心。为什么要进行教育？为什么要接受教育？怎样进行教育？进入现代社会以后，大学就是教育的核心，引领着一个国家和民族的思想。大学是不应该以就业为导向的，也不能在大学里谈就业。就业只是一个出口，大学办好了自然会就业，不能以就业为目的来办大学。就业其实是一个经济问题，中国经济达到什么程度就会提供相应数量的就业岗位，跟大学没有直接关系。大学的首要功能是人才培养，而后才是科学研究、社会服务、文化传承。从这个意义上讲，大学是培养国家栋梁和领袖的地方。如果让学生进去后就想就业，会造成什么结果？就是大家拼命往挣钱多的领域去钻。据不完全统计，近些年，各省的高考状元中，80%都去了经济管理学院，学了金融、贸易、经济类的专业。而我们交大的毕业生中，不论原来是什么专业，也有相当大的比例毕业后从事金融。不是说金融不能创新，但当这个国家所有的精英都想往金融上转的时候，我认为出了大问题。管理学在整个中国都很热，这是违背教育规律的一件事情。专科学校办学的理念，是培养专业人才，为行业输送螺丝钉，但大学是培养大家之才，培养国家各个行业精英和领袖的地方，不能混淆。学不以致用。没错，我们以前太强调学以致用。我上大学的时候都觉得，学某一门课没什么用，可以不用去上。其实在大学学习，尤其是本科的学习，从来就不是为了用。所谓无用之用，大道至简。但这并不意味着用不上，因为你无法预测将来，无论是科学发展还是技术革新，都是无法预测的，这个无法预测永远先发生，你预测出来就不叫创新。大学里的导向出了大问题,那么怎么办? 其实很简单,大学多样化,不要一刀切,不要每个学校都就业引导,每个学校都用就业这个指标考核,这对大学有严重干扰(2014年9月16日,施一公在"欧美同学会、中国留学人员联谊会第三届年会"上的演讲)。

明白了教育的初心,就能明白我们接受教育的初心。不要太在意一时的成绩好坏,一时的得失成败,而应该更多专注于自己综合素质的培养。作为主管部门应该时刻牢记大学的使命,作为个人在注意自己人格培养的同时,不能忘记自己肩负的责任,精卫之心不死,必可利于社会,裨益苍生。

初心,有助于解决创新不足的问题。我们教育的改革从没有停止,然而群众的满意度却始终不高。小学、中学、大学都是如此。究其原因何在? 是因为我们忘了教育的初心。举个简单的例子,我们读小学的时候,大家回到家里,父母一般都会问什么问题呢? "今天有没有听老师话?"或者"老师有没有表扬你?"。而在以色列,父母一般都会问这样两个问题:第一个,今天你在学校有没有问出一个老师回答不上来的问题;第二个,今天你有没有做一件事情让老师和同学们觉得印象深刻。无需多言,两种教育方式,必然会产生不同的效果,哪一个能培养出创新性人才呢? 答案显而易见。以色列被称为"袖珍超级大国"。虽然人口只有九百多万,但凭借着教育优势,在科研、教育、创业等各个领域都有着不凡的成就。世界公认的诺贝尔奖的含金量不言而喻。而以色列这个人口只占全球 0.3% 的国家,却拿走了 22% 的诺贝尔奖。足以说明以色列的教育方式值得我们学习。交大农学院和以色列有着较深的渊源,我们有的老师博士就毕业于以色列,学院与以色列希伯来大学在硕士、博士培养以及科学研究等方面都有广泛的合作交流活动。有的同学可能会读研究生,将来在硕士或者博士期间,如果能够去以色列深造,或许也是一个不错的选择。

每年的高考季,都会有很多朋友和学生家长向我咨询填报志愿的问题。

问的最多的一般都是这个专业将来就业情况怎么样？好不好考研？几乎没有人问我，这个专业人才是否稀缺，是否是我们国家的短板？所以说，我们的价值取向存在很大的问题。很多人关注的不是国家的发展，民族的进步，而是个人的得失。因此，我写这封信就有了现实的意义。咱们的同学，究竟何去何从？究竟该怎样去做？

基础研究的创新性不足，始终是科学研究中存在的根本性难题。但是，其根源却并不是科学研究这一个方面的问题，而是教育的问题。教育问题不解决，就没有创新的源头。国家已经充分意识到了这个问题，对于科技体制、科研成果、科研转化、职称评审、高校评价体系都在进行积极地改革，也可以说进入了改革的深水区。然而，我认为并没有达到预期的效果，或者说还要假以时日，才能取得预期效果。这就需要我们能够耐得住寂寞，有持之以恒的情怀。浮躁和浮夸是中国科技界流行的瘟疫，而且至少已经持续了20年。我们很多科技工作者耐不住寂寞，坐不了冷板凳，总想走捷径，弯道超车。

最近两年我们有一个观点：1949年以来，特别是经过改革开放40多年的不懈努力，我们的科学技术水平整体上进入了跟跑、并跑、领跑"三跑并存"的新阶段。但"三跑并存"其实早就已经存在了。大家都知道，1965年，我们的科学家就实现了人工合成牛胰岛素，这在当时绝对是世界领先。1964年中国爆炸了原子弹，1966年我们有了核导弹，1967年爆炸了氢弹，1970年发射了人造地球卫星。半个世纪前，我们就"三跑并存"。所以，不谈比例和构成，"三跑并存"的说法就失去了意义。最近在"三跑并存"后面又加了一句"跟跑为主"，这就实事求是了（2018年6月21日，《科技日报》总编辑刘亚东在"是什么卡了我们的脖子·亟待攻克的核心技术"科学传播沙龙上的演讲）。

任何一个领域的突破和领先，都不是一朝一夕的事情。我多次和同学们强调情怀，也是希望同学们能够真正理解这一层含义。如果凡事都想着短平快，短时间取得效果，那是不长久的，对于个人，只会带来一时的虚荣，最终会品尝痛苦的果子，而对于整个国家则是百害而无一利的。

最近一段时间，《觉醒年代》这部电视剧受到广泛好评。其最根本的原因，在于该电视剧让普通民众感受到了那个年代的觉醒者对于新生事物——科学、民主、思想的追求，天降大任，矢志不渝，终成正果。因此，对于我们具有重大的启示意义。如何坚持自己的初心，如何坚持自己的理想？不为名利所动，不为世俗左右，持之以恒，付出自己的全部热情，甚至生命！唯有这样，才不枉成为新时代的有为之人。

当今社会，虽然不似当年的风云变幻，然而时代赋予我们的责任更加重大，更需要我们在时代的大潮中明辨是非，将理性科学、铁肩道义、热血情怀铭记于心，像我们的先辈一样，为追求真理和民族复兴而奋斗终生！

鲁迅先生是我崇敬的作家之一，今年9月25日是其诞辰130周年，我写了一首小诗纪念，也作为今天这封信的结尾，与诸君共勉：

黑色阵列（致鲁迅先生）

黑色的光凝聚

力量，是无声的诗句

骨骼支撑的

不仅仅是历史

还有铁屋的呐喊

民族的哭泣

比起绚丽的彩霞，思想

更偏爱黑色的写意

留白的岁月

记录万物的踪迹

赴死或者逃避

成为沉重的命题

光在哪里

影在哪里

交错的日夜

写着古老的传奇

一部故事新编

一段狂人日记

撕裂虚伪和迷茫

开启觉醒的世纪

纸短话长，写下这封信时，国内外疫情仍不容乐观。天涯咫尺，心系诸君，遥祝平安！

杨志彪

2021 年 8 月 4 日于上海交通大学

实践的意义

2021—2022 学年第一学期期末致家长和同学的一封信

> 同学们目前正处于知识的积累阶段，从微观上来说，是将先人的经验、理论不断吸收，成为自己认知的基础，然后用于指导自己的实践；从宏观上来说，无数个个体，构成了整个人类文明，人类从而成为改造这个世界、社会的客观力量，改变着这个世界的面貌、影响着人类的命运和结局。

各位家长及同学：

你们好！

> 用冷峻的身躯，唤醒／温柔的霞光／无边的爱／在天空里生长／多少回孤独地等待／多少次深沉地凝望／坚硬的铁／酝酿火热的思想／在岁月中喷薄而出／为逝去的风霜／为未来的希望。

这是我刚刚写的一首小诗《钢铁霞》。工地上巨大的塔吊，掩映在暮色之中，晚霞的灿烂包裹钢铁组成的庞然大物，一种强烈地对比，让人产生无限遐思……就像这年终岁尾，大多数人欢欢喜喜地准备新年，而我还在办公桌前，伴着淅淅沥沥的冬雨，努力回顾这一年来与孩子们的点点滴滴。想想这个世界，从来不是整齐划一的单行线，战争、疫情、生死、疾病、苦难、荣光……接踵而来。而咱们班的孩子们也迎来了大学期间的最后一个春节，马上进入毕业季了。

这一年，咱们班的孩子们经历了或许是大学期间变化最多的一年。保研、考研、工作、实习，变化考验着每个人的意志品质，也在改变着每个人的生活轨迹，同样，也在影响着整个家庭的前行轨迹。（详细情况可以参阅附后的"2022年新年献辞"。）

我看着孩子们的成绩单，无限感慨。而对于每个人，这份成绩单更是具有别样的意义。这是孩子们大学期间的最后一份成绩单了，也是人生的最后一份期末考试成绩单（下学期虽然还有个别同学有考试，但学校不会安排邮寄成绩单了，再以后更不会了……），几乎所有的同学都没有挂科了，而且也基本上取得了很好的成绩。这与第一学期或者中间的某个学期，形成鲜明的对比。每个人都在交通大学的熔炉里，努力和拼搏，用自己的青春和汗水浇灌着不断丰富的心灵，不断增长的智慧，不断宽广的胸怀。这份成绩单代表着孩子们从理论转向实践的开始。为什么这样说呢？第一，下学期所有同学都要进入毕业设计阶段，主要是做实验，这与平时的课程理论学习有明显不同。第二，即便是日后深造或者工作，也应该是边学习边实践，基本上不会有原来那么长时间的基础理论学习时期了。因此，实践——将成为日后的主题。

从2021年开始，教育主管部门逐渐意识到了"实践"在教育中的重要性，或者说不可替代的作用。因此，出台了一系列措施在基础教育和高等教育中开展劳动教育、实践教育。我自己承担课程的教学大纲也适时地做出了修改，主要是增加了劳动教育、实践教育环节。为什么要这样做呢？很有必要重新认识一下"实践"。

首先，实践的本质也是学习。我们从小到大，就被教育要好好学习，孩子们能够为社会作一些贡献，也是拜学习所赐。然而，学和习，却是两个各自独立却又密不可分的客观活动。早有圣人之言："学而时习之，不亦说乎。"孔子在这里强调了理论学习，一定要结合实践，才能成长为齐家治国的英才。而且，这样的双向互动，心情是愉悦的，效率是高效的。没有实践的学习，是枯燥的、干瘪的，也无法真正激发人的兴趣。就像我们见过的很多报道一样，父母一心希望孩子能够出人头地，只要孩子学习好就行，不需要孩子考虑任何家庭事务、伦理纲常、社会责任。这样做的结果，往往都是社会的悲剧，当然更是家庭的悲剧。

为什么会出现这些现象呢？其根本原因是忽略了实践的基本形式。实践的基本形式包括三种，一是处理人和自然的关系，即改造自然的生产实践活动；二是处理人和社会的关系，即改造社会的实践活动；三是科学实验活动。孩子小的时候，尚无独立思考之能力，因此，家长需要担负起引导孩子的职责。但是，很多家长由于不了解实践的本质、特征，片面追求学习成绩的好坏，而忽略了孩子的社会实践属性，不但不能达到预期目的，反而成为社会的问题。

随着社会的发展，有识之士逐渐认识到了实践的重要性，有意改变这种现状，因此出台了"双减"政策等，可以说是对唯分数论的有力反击。对于高校学子而言，更要充分认识到，在日常理论学习之余，需要更多地参与到实践中去，高质量完成毕业设计、毕业论文就是直接体现。当然，如果能把眼光放得久一些、宽一些，就能领悟自然、社会、科学艺术等方面都需要我们积极参与、思考，只有这样孩子才有可能成长为社会有用之才，同时实现自己的价值追求。

其次，实践的目的是知行合一。知行合一，最早是由明朝思想家王阳明提出来的，即认识事物的道理与实行其事，是密不可分的。知是指内心的觉知，对事物的认识，行是指人的实际行为。它是中国古代哲学中认识论和实践论的命题。"知行合一"与"致良知"是阳明哲学的核心思想。"知"，主要指人的道德意识和思想意念。"行"，主要指人的道德践履和实际行动。因此，知行关系，也就指的是道德意识和道德践履的关系，也包括一些思想意念和实际行动的关系。王阳明的"知行合一"思想包括以下两层意思。

（一）知中有行，行中有知。王阳明认为知行是一回事，不能分为"两截"。"知行原是两个字，说一个工夫"。从道德教育上看，王阳明极力反对道德教育上的知行脱节及"知而不行",突出把一切道德归之于个体的自觉行动,这是有积极意义的。因为从道德教育上看,道德意识离不开道德行为,道德行为也离不开道德意识。二者互为表里,不可分离。知必然要表现为行,不行不能算真知。道德认识和道德意识必然表现为道德行为,如果不去行动,不能算是真知。王阳明认为:良知,无不行,而自觉的行,也就是知。这无疑是有其深刻之处的。

(二)以知为行,知决定行。王阳明说:"知是行的主意,行是知的工夫;知是行之始,行是知之成"。意思是说,道德是人行为的指导思想,按照道德的要求去行动是达到"良知"的工夫。在道德指导下产生的意念活动是行为的开始,符合道德规范要求的行为是"良知"的完成。

马克思在《辩证唯物主义》中也对实践和认识的辩证关系有深刻的论述。他指出,首先要坚持实践第一的观点,积极投身实践,在实践中检验和发展认识;还要重视认识的反作用,坚持理论和实践相结合的原则,做到理论和实践的具体的历史的统一。同时,马克思也明确反对脱离实际的夸夸其谈;反对不以认识为指导的盲目的实践,反对只承认实践决定作用忽视认识能动作用的形而上学错误,反对片面夸大认识能动作用的唯心主义错误。

列宁也这样说过:"实践高于(理论的)认识,因为它不但有普遍性的品格,而且还有直接现实性的品格。"

毛泽东同志在其著作《实践论》中,也曾作过精彩的论证。他说:"认识从实践开始,经过实践得到了理论的认识,还须再回到实践去。认识的能动作用,不但表现于从感性的认识到理性的认识之能动的飞越,更重要的还须表现于从理性的认识到革命的实践只一个飞跃。抓着了世界的规律性认识,必须把它再回到改造世界的实践中去,再用到生产实践、革命的阶级斗争和民族斗争的实践以及科学实验的实践中去。"

由此可见,在哲学家、思想家的眼里,认识来自实践,实践是检验认识的客观标准。我们很多人不注重实践,不注重理论联系实践,从而产生了很多心理问题,以及个人的、家庭的、社会的问题,这些问题的根源都在于无法正确理解认识和实践的辩证关系,特别是无法很好地解决知行合一的关系。

我喜欢书法,业余时间经常写几笔,对书法有一些思考。当代书法虽然不断创新求变,但是一个不争的事实是,现代的书法家普遍不及古代书法家。那么当代书法究竟差点什么?从技术层面来看,当代书法家的传统笔法把握与实际书写能力,整体有了较大的发展与提升。然而我们也要看到,传统文化、古典文学涵养缺失仍是包括许多名家在内的书家们难言的短板。退笔如山未足珍,读书万卷始通神。文学是书法艺术创作的内容与题材,迄今留存的古代书法经典大多为书写者自作诗文,书法与文章相得益彰,融为一体。反视当前书法创作,书家的书写仍然较多的是抄录古典诗文,真正能自撰诗文而作书法者寥寥无几,书文俱佳者凤毛麟角,作品的意境与韵味营构尚显不足。如何由技进道,从根本上提升书法创作者的文艺修养与作品的内在品质,是当代书法创作推进的关键所在。说白了,就是没有"知行合一",只会写字,不会作文,便缺了魂。其他领域也莫不如此,讲古文的不会写文言,讲诗歌的不会写诗歌;在自然科学领域亦是如此,我们国家的整体科技实力的确突飞猛进,但是随之而来的是对文章影响因子的盲目推崇,而忽略了文章背后的真正价值和意义,从而引发一系列学术道德、学术伦理问题,这已经严重影响了我国科研创新能力的提升,不能不令人深思。

咱们班的同学马上进入毕业季,无论是毕业论文还是日后的工作,都是用自己的亲身实践去检验之前的知识,而且这种相辅相成必将成为人生的常态,直到终老。因此,希望孩子们能够掌握知行合一的精髓,无论何时何地,身体力行地践行,对于个人的学习、工作和生活,都有极强的指导意义。

最后,实践是理论的源泉。自人类诞生以来,人们不断从实践中认识世界、认识社会、认识自我。从最早的自然哲学,到哲学、科学、艺术等,离开实践是无法完成的,也不会有现在的文明社会。我们学习任何理论,其最终目的仍然是为了实践——改造自然、社会、进行科学实验。反过来,认识对实践具有反作用。真理是人们对客观事物及其规律的正确反映,真理能指导人们提出实践活动的正确方案,因而对于人们的实践活动有巨大的推动作用。而不符合事实本质规律的错误认识,会把人们的实践活动引向歧途。

同学们目前正处于知识的积累阶段,从微观上来说,是将先人的经验、理论不断吸收,成为自己认知的基础,然后用于指导自己的实践;从宏观上来说,无数个个体,构成了整个人类文明,人类从而成为改造这个世界、社会的客观力量,改变着这个世界的面貌、影响着人类的命运和结局。

世界大势,浩浩汤汤。中华民族的复兴伟业,也历史性地落在了你们的肩上。学习什么样的理论,开创什么样的事业,吸引着全世界的有识之士一探究竟。而对于个人而言,我们不可能全部吸收浩如烟海的知识和信息,如何在纷繁复杂的社会,有选择性地认识并实践之,便是正确的实践观。

很多同学不喜欢读书,或者读书不够好、不够精、不够多,不是缺乏获得分数的能力,而是缺乏对客观事物进行判断的能力,缺乏对社会生活积极参与的主动性,缺乏对国家和民族命运休戚与共的赤子之心。这一切既与缺乏深厚的理论知识有关,也与缺乏与之相适应的实践活动密不可分。而那些能够长期进行有价值思考和实践的同学,则早已走在时代的前列,他们从不会让自己的时间变成空白,或深沉思考,或积极实践,或认真读书,或刻苦钻研,一步一个脚印,一步一个台阶,用自己的实际行动践行者理论知识,也在实践中创造者新的理论。

小时候看《西游记》,看个热闹和离奇。现在看《西游记》,对"行者"就有了更深层次的理解。他们的执着和坚韧,其实也在用生命实践者思想。唯愿同学们具备行者的智慧、胆魄,养成坚韧不拔、虽九死其犹未悔之精神,用自己的生命走出一个可歌可泣的人生,为整个民族贡献出自己的"一小步"。

行者

穿行在没有边界的时空
寻找梦里的因果
理想,是渺小的脚步
坚定而执着

一路的风,吹起漫天的黄沙
雨一直在下
遮挡了前行的视线
再也看不见心中的家

开始期待
那个美丽的结局
却不知道从哪里开始
不知道哪些值得眷顾

也许,今天的晚霞
会开出灿烂的莲花
花瓣上写着的偈语
全部披上了袈裟

悲与喜的交错
是一个古老的故事
你从没有忘记

也不会想起

生与死的抉择

是一道难解的命题

而在你的眼里

却是从容的美丽

走过的路

铺成了一首歌

走着的路

通向心中的佛

纸短话长，余不一一，此致大安！

杨志彪

2022 年 1 月 28 日

附： 2022 年新年献辞

同学们：

湖畔草莘莘，悠然遇学人。

柔光吟好句，树影抚微尘。

樟叶涵苍翠，碑文刻日辰。

神驰天地远，不觉又一春。

2021 年在不知不觉之间过去了，这是平常的一年，也是不平常的一年。说平常，是因为只是地球年龄的 46 亿分之一，短暂得可以忽略不计。说不平常，是因为这个世界又有那么多值得铭记的大事：外太空空间站新建起"三室一厅"，元宇宙模糊了虚拟与现实，时空概念在多个维度被刷新；"史上最大龙卷风""千年一遇暴雪"，纽约首遇暴洪，欧洲最热夏天，全球气候极端化让现实世界运行逻辑难以为继；中东难民冲击脆弱的欧洲联盟，美军急切飞离阿富汗泥潭，俄乌竞相屯兵，巴以飞弹对决，大国角力让全球关系空前承压。

回望中国的这一年，百年前那艘红船上的抉择，为中华民族带来第一个百年奋斗目标的实现、第二个百年奋斗新征程的启航；"共同富裕"浙江示范，"三次分配"全网流行；新选制香港落地，个人信息保护、反垄断纷纷亮剑；房产税试点已楼梯吱嘎响，"双碳"承诺描绘出绿水青山；"全面三孩"光速落地，"双减政策"重磅出击；互联网告别狂飙突进，"劣迹艺人"一夜褪尽光环……（《南方周末》2022年元旦献辞）

而我们班级的这一年，注定也不会缺席这个巨变的时代：

（一）5名同学保研成功。他们是清华大学徐潇雨、浙江大学邹霭萱、中国科学院神经所王子泓、上海交通大学生物医学工程学院邵新发、我们本系曾小艳。由于学校保研名额的调整，比往年保研的名额有所下降，他们无疑是幸运的。然而，从来就不会有无缘无故的幸运，是他们一贯的坚持和努力，才成就了今天的幸运。祝福他们未来的科研之路，为国为民，成果丰硕！

（二）13名同学参加今年的研究生入学考试。他们是刘夏、江泽东、冯毓、张豫、刘逸飞、龙雨、苏曦晨、周文川、罗渝宵、吴昕阳、彭澍、凯比努尔、时耀霖。共13人，多吗？不多。可是我跟你们说，只要有8名同学能够考研成功，就会创造动科系的纪录，而上一个纪录是12人，那是我所带的班级在2017年创造的。你看，你们不经意间就要创造一个历史。你们不论考了什么专业，你们的抉择必将成为你们大学生涯中浓墨重彩的一笔，落子无悔，执着而坚定！

（三）2名同学准备出国深造。罗怡平同学申请日本，邹欣薇同学申请DVM项目。我特意要提一下DVM项目。这是兽医临床博士，在国内十分稀缺。一般情况下,只要是 DVM,高校都会给予副教授的待遇。我们系目前只有文艺一个同学申请成功,她还是硕士毕业出去的。所以,以后考上研的同学还是有机会的。我们也正在跟学院争取,引进 DVM 人才。充实一线的临床和教学队伍。我们在这里,衷心地祝愿他们俩能够顺利申请成功,早日学成回国。

(四)3 名同学准备工作。他们是朱涵琦、何绍磊、李梅。其中,何绍磊、李梅准备明年考研。每个人的志趣不同,不是所有人都要去读研究生,直接就业也是一个很好的选择。希望他们都能找到自己理想的工作,在这里,我们也一起为他们送上最美好的祝福!

(五)7 名共产党员率先垂范。他们是周文川、曾小艳、邵新发、罗渝宵、彭澍、江泽东、吴昕阳。不论是在学习上,还是在集体活动上,7 名同学都率先垂范,发挥党员的先锋模范作用,成为新时代合格的大学生。希望他们再接再厉,取得更多的成绩,为国家贡献更多的智慧和力量。

(六)获奖多多,硕果累累。邹霭萱获得国家奖学金,实现我们班国奖零的突破;邵新发获得首届嘉吉奖学金;周文川、曾小艳、时耀霖获得国家励志奖学金;邹欣薇获得恺正奖学金;张豫获得学业进步奖。在此,我们向他们表示衷心的祝贺!获奖不是目的,希望大家在未来的日子里,凭借你们的坚持和努力,收获更多的快乐,收获更多的成绩,收获更多的美好!

(七)脑中有科学,心头存道义,"科学精神进课堂"系列主题班会继续举办。本年度举办了第 12 期"与世界共享健康——你我的使命"。本次班会也是学院的"青禾"讲坛第一期。此次"青禾"讲坛邀请到的嘉宾是上海交通大学农业与生物学院 2005 年硕士毕业生、现担任美敦力创新中心总监的丁德忠学长。丁德忠学长从自己的求学经历和公司现状两大模块开始了本次展讲。在展讲过程中,丁德忠学长用风趣的语言、巧妙的比喻、富有趣味性的问答为大家呈现出了自己脑海中的专业格局。在场的同学们听得聚精会神,会议室中时不时响起热烈的掌声与欢乐的笑声。无论是展讲者还是听讲人都沉浸在了这次展讲之中。在展讲结束后，丁德忠学长同在场的同学们进行了热情的互动，大家被丁德忠学长丰富的求学经历、灵活的思维模式和独特的人格魅力所吸引，就专业发展、未来求职、学习方法等进行了积极提问，丁学长也对这些问题进行了独到而生动的解答，同学们受益匪浅。

（八）感谢班干部和一大批热心班级事务的同学。特别要感谢邵新发同学和彭澍同学。在疫情背景下，两个同学都有极强的责任心，办事细致认真，有方法，有头脑，有温度，有套路，同学们能够非常和谐安稳的在班级里学习，与他们的付出与坚守密不可分，在这里我们把最热烈的掌声送给他们。

（九）关于自己的总结。过去的一年的几个主要数字：在这一年的时间里，单独找同学谈话约 30 余人次，和同学一起共进午餐 50 多次，送给同学们苹果 100 多个，送月饼 50 多个，送粽子 50 多个，同学生日赠书 20 多本，写公开信 2 封（一万字），毛笔书信 20 多封，与家长通过微信交流约一万字。这些数字的背后是我对教育的理解，是我对家长、同学的爱和责任。也许我的思索不一定正确，存在很多瑕疵，但这些东西体现了我的追求，我的思考，我希望能把这些传递给同学们和家长。

过去的一年，有收获的喜悦，更有痛苦的抉择，有过迷茫，更会充满希望。年轻的你们，正在成为时代的主人，穿云破雾，御风而行。愿这一刻，时雪洗去尘垢，惠风拂走阴翳。沐浴和煦阳光，聆听万物呼吸。时光酿成甘酒，属于每一个正奋斗的你。

最后，请允许我用自己元旦那天创作的一首小诗作为今天的结尾，也与大家共勉：

鸽声里的中国

像一道闪电

御风而行

刺破长空的翅膀

追逐光明

像一曲长歌

在时空里回响

穿越时代的力量

祈愿吉祥

听吧,鸽哨的声音

谱写着恢弘的诗篇

从春秋到冬夏

从大海到峰巅

走过的路崎岖婉转

尝过的水苦涩甘甜

唱过的歌低沉高亢

经过的事离合悲欢

一次次落下

一次次起飞

只为变成一只

不死的精卫

一次次追寻

一次次回归

把希望的种子衔在口里

在母亲的怀抱播种芳菲

此刻，撷取一朵

春天的玫瑰

让鲜花在大地盛开

让歌声在寰宇徘徊

让目光穿越迷雾

让历史告诉未来——

我们来了，踏着春天的脚步

我们来了，带着春天的祝福

我们来了，在鸽声里的中国

愿逐月华流照君

2021—2022 学年第二学期期末致家长和同学的一封信

各位家长及同学：

你们好！开始写这封信的时候，已是离别的时刻，这也是大学期间我写给大家的最后一封信了。从没有想过，时间是如此匆匆，四年的时间，一晃而过……回望来时路，仿佛如昨。你们开学时的样子仍在我的眼前浮现，如火的青春，求知的目光，热烈的期盼，稚嫩的面庞——你们和我，就像是很多音符，相遇在交大校园，我们用四年的时间，谱写了一首悠长的交响，有时沉郁，有时激昂，有时欢快，有时隽永，有时如泣如诉，有时痛快淋漓，有时喜从天降，有时悲从中来……今天，当骊歌响起时，我们该说再见了——

满腔热忱，四载青春，偏逢两度疫情，思源致远处，二十三人动科逐梦；

几世因缘，万般不舍，怀忆百感交集，折柳相送时，八千里路踏歌而行。

毕业之际，万般心思涌上心头，不知从何说起。封闭的校园，夜里格外安静，推窗而望，下弦月高挂于天，仿佛是你们的心，清澈而皎洁，抚慰着苍茫的大地。那月亮，存在了亿万年，却与我们相遇，见证着我们四年的情谊。世界之大，万物浩繁，独月亮受人钟爱，其所以常入历代先贤之咏者，乃因其安静的美丽，温柔的光华，永恒的坚贞，淡泊的内心，隽永的诗意。而这，不正是我们毕生去追求的境界吗？月升月落，缘起缘灭，大学毕业，意味着一个人生阶段的结束，一个崭新人生的开始，何去何从，每个人都在思考和探索，匆忙赶路之余，不妨多看看天上的月亮，多想想心中的月亮，必定会有不一样的收获。

月之光华，可赐我以良知和大爱。"江天一色无纤尘，皎皎空中孤月轮。"月之光华，清澈皎洁，不论春秋冬夏、九索八荒、沧海桑田、高山大漠，用其无私的光辉普照万物，让每一个暗夜都充满了希望，就像人的良知和大爱，能够笼罩一切。记得曾经读过一本诗集《大山里的小诗人》，对其中的一首诗"黑夜"，印象特别深刻。作者是一个来自云南的只有 14 岁的小女孩李玲，诗很短："我信奉黑夜，因为它能覆盖一切，就像是爱。"她在解释为什么写这首诗时，说道："我是一个孤儿，但我并不孤单，因为养父母给了我一个完整的家。上学以后，我学会了写字，学会了看文章。虽然我也曾被欺负，流过懦弱而悲伤的眼泪，却从未失去生活的信念。因为我有养父母，有哥哥，有老师，有同学，他们给了我太多的爱。我觉得那些爱无处不在，就像夜晚一样静谧、温馨，让人沉醉梦乡。"把小诗人眼中的黑夜换成月亮，同样适合。在孩子的眼里，爱是治愈一切伤痛的灵丹妙药。而现实生活中的我们，同样需要爱和被爱。我们渴望被爱和良知包裹，小时候有父母的爱，长大了有朋友的爱，将来成家后会有妻子或者丈夫的爱，孩子的爱……所有的爱，都像是月亮的光辉，不问你的地位、成就、财富，只要是你，就毫无保留地去爱。我们在接受别人对自己的爱的时候，当然应该毫无保留地去爱别人。这是朴素的爱和良知。

爱和良知还有更高的层次。大学毕业了，更多的时间可能需要自己去决断生活中的一切了。生活中不仅有鲜花和掌声，还有更多的荆棘和丛林，都需要你勇敢地面对，智慧地化解。芸芸众生，世相万千，很多事情或许身不由己，而做人的底线，无非是保持最起码的良知。孟子曰："人之所不学而能者，其良能也；所不虑而知者，其良知也。孩提之童，无不知爱其亲者；及其长也，无不知敬其兄也。亲亲，仁也；敬长，义也。无他，达之天下也。"

交大四位一体的培养体系最终目标是"人格养成"，也即良知。《大学》有云："古之欲明明德于天下者，先治其国；欲治其国者，先齐其家；欲齐其家者，先修其身；欲修其身者，先正其心；欲正其心者，先诚其意；欲诚其意者，先致其知；

致知在格物。"王阳明认为，"致知"就是致吾心内在的良知。这里所说的"良知"，既是道德意识，也指最高本体。他认为，良知人人具有，个个自足，是一种不假外力的内在力量。"致良知"就是将良知推广扩充到事事物物。"致"本身即是兼知兼行的过程，因而也就是自觉之知与推致之知合一的过程，"致良知"也就是知行合一。"良知"是"知是知非"的"知"，"致"是在事上磨炼，见诸客观实际。"致良知"即是在实际行动中实现良知，知行合一。

同学们都有二十几年的生活经历了。将来还要继续深造、工作、生活，探索未知的世界，感受人间的冷暖。人之所以称为人，什么东西最宝贵呢，你可以不优秀，也可以不去叱咤风云，也不必非得纵横天下，唯独不能少了良知和大爱。这是人区别于禽兽的标志。假如有一天，你面对抉择、利益、虚假和谎言的时候，我只希望你能保持最起码的良知和大爱，才称得上是一个真正的人！

月之恒久，可赐我以信念和力量。"人生代代无穷已，江月年年只相似。"有限的生命如何融入看似无限的宇宙之中？成为哲学家永恒思索的命题。月之恒久，亿万年之遥，远远超过个体生命的长度，给人类以极大启示。消极者云："吾生也有涯，而知也无涯，以有涯随无涯，殆矣。"积极者云："一万年太久，只争朝夕"。何以处之？

咱们班二十三位同学，每个人的家庭、生活、天赋、性格各异，书生意气，风华正茂，人生经历同样丰富多彩。当初从全国各地来到交大读书，都是各省的佼佼者。大学四年，我见证了你们的喜悦、悲伤、成功、挫折、得意、失落、迷茫、忧郁，有人经历休学的无奈，有人经历病痛的折磨，有人克服家庭的变故，有人战胜看似不可能完成的任务，有人保研没成功、考研也没成功，有人无时无刻不在与自己的内心和身体做着抗争，有人还要继续复习考研。当曲终人散，洗尽铅华，见到最真实自己的时候，却都是最值得尊敬的人。因为，你们都有自己的信念，这个强大的力量支撑着你们，走在这个并不平坦的人生之路上。人生的精彩，也恰恰在于此。那些无处不在的不确定性，让每个个体的生命都会绽放出夺目的光辉，焕发出恒久的力量。

因此，比起太阳的炽烈，我更喜欢月亮带给人的沉静和柔美，慰藉和希冀。就像我们每个人，看似平淡无奇的生活，永远都有无比精彩的内心世界。我曾经和每个同学都有不止一次的谈话，那些坚强、勇敢、自信、乐观、挣扎、渴望、期盼、无奈、不安、忐忑，你们的一切，时常让我想起自己经历的那些不眠之夜，那些刻骨铭心的往事，因而能够陪你们高兴、陪你们落泪，更让我思考着教育的意义、生命的意义。人活一世，可以接受平凡，可以接受失败，但不能失去信念。无论是豁达乐观的人生哲学，还是刚毅坚卓的意志品质，都能给我们无穷的力量。苏轼的《定风波》给出最好的注脚："莫听穿林打叶，何妨吟啸且徐行。竹杖芒鞋轻胜马，谁怕？一蓑烟雨任平生。 料峭春风吹酒醒，微冷，山头斜照却相迎。回首向来萧瑟处，归去，也无风雨也无晴。"

我信奉并在你们身上见到了如月亮般恒久的信念和力量。咱们班毕业之际，整体取得了非常好的成绩。保研5人，分别是：本校2人、清华大学1人、浙江大学1人、中国科学院1人；考研成功9人。分别是本系5人，北京协和医学院1人、新疆医科大学1人、中国科学院大学1人、南方医科大学1人；出国深造1人：东京大学应用动物科学专业。2人正在申请出国深造。还有4人明年考研。在总深造率方面，我们班的总深造率为65%，明显高于学院其他专业。在考研录取率方面就更加亮眼了，今年交大全校考研平均录取率为39.65%，农学院为27%，而我们动科班专业是69.23%（9/13），与全校最高的航天院持平，远高于学院的其他专业，而且全部为本专业或者相关专业，这是学校最希望看到的结果。同学们不经意间又创造了多个纪录，我们专业深造率最高的纪录，农学院深造率最高的纪录。这个纪录，在整个交大，也是名列前茅。我为你们骄傲和自豪！

"大鹏一日同风起,扶摇直上九万里",那是因为大鹏有直上九霄的信念和力量。我希望你们无论遇到什么事情,都不要丧失生活的勇气和智慧,向万物汲取力量,最终,必将收获岁月的静好。

月之诗意,可赐我以内心和宇宙。"江畔何人初见月?江月何年初照人?"面对宇宙的浩渺和无穷,每个人或许都会发出这样的疑问,世界的本源在哪里?万物从哪里来?为什么在这里相遇?而发问的基础,乃是内心对宇宙的思索。康德说过:"有两种东西,我对它们的思考越是深沉和持久,它们在我心灵中唤起的惊奇和敬畏就会与日俱增,这就是我头顶上的星空和心中的道德律。"与哲学一样,科学、文学和艺术都在以不同角度关注着月亮。

我有个想法,如果让人们——特别是中国人——投票选出一种最具有诗意的物象,月亮一定会以高票当选。"人有悲欢离合,月有阴晴圆缺。"月亮是如此地贴近中国人的生活,乃至走进中国人的精神世界,成为一个整体,再也分不开。当我们的内心碰撞到月亮的时候,人间就出现了最美的遇见——月亮带给我们的不仅是哲学的思考,也有诗意的生活。"床前明月光,疑是地上霜"的思乡之情;"明月松间照,清泉石上流"的禅心雅意;兴奋时,"俱怀逸兴壮思飞,欲上青天揽明月";忧愁时,"明月春风三五夜,万人行乐一人愁";闲暇时,"看山候明月,聊自整云装";孤独时,"举杯邀明月,对影成三人";歌颂友谊,"青山一道同云雨,明月何曾是两乡";想念手足,"共看明月应垂泪,一夜乡心五处同"。思念之深,"明月不谙离恨苦,斜光到晓穿朱户";家仇国恨,"小楼昨夜又东风,故国不堪回首月明中";边塞悲歌,"秦时明月汉时关,万里长征人未还";生离死别,"料得年年肠断处,明月夜,短松冈"……很难想象,如果没有月亮,中国的诗歌将会减去多少光辉。在这些诗句里,中国人用其独有的审美情趣和哲学思考,表达着对月亮的喜爱、敬畏,从而激发出骨子里的生命观、宇宙观,月之皎洁、澄澈、无私、宁静、柔美、恒久、博大,都与中国人追求的君子之道不谋而合,最终让月亮和民族精神融为一体。

我用如此多的笔墨描述月之诗意，无非是想以此为起点，试图理解内心和宇宙的关系。当下，快节奏的现代生活带来的喧嚣和浮躁，时时刻刻影响着每一个人的生活，你们也不例外。大学毕业了，随着年龄的增长，各种诱惑和名利会纷至沓来，追求事业的成功，不是坏事，还应当鼓励，但不能牺牲道义而追求名利。惟愿诸君在忙碌的生活之余，能够给自己的心灵些许时间和空间，让明月照进你的内心，感知宇宙的无限，从而更加明确自己的人生目标和奋斗方向——是为大城市添砖加瓦，还是为家乡贡献力量；是到祖国最需要的地方去，还是为名利而折腰；是做一个攻坚克难的科学家，还是做一个只会发文章的机器；是做一个仗义执言的学者，还是做一个随波逐流的俗人……这些灵魂拷问，都在昭示着天道，浩浩乎其性可见，皎皎乎其心可明。我们在为这个社会和国家奉献自己的智慧和力量，本身就是一种诗意的生活。我说的诗意，不是说要写诗，而是一种生活态度，一种深刻理解了内心和宇宙的关系的生活态度。惟其如此，方有广阔的胸襟，高尚的人格，过人的智慧，丰富的内心，坚强的力量！

　　行文至此，窗外的月亮依然皎洁，纤尘不染，万里澄明，让这个离别的时节宁静而幽远。四年的光阴，就像这月亮，起起落落之间，感受人生百味。而我，也极其有幸成为你们这段难忘经历的见证者，与你们一起看月之圆缺，花之开谢。如歌往事添新忆，似水真情散旧愁，这段经历，也成为不灭的记忆，伴随我品尝岁月酿出的甘醇，回味绵长……

　　"渭北春天树，江东日暮云。何时一樽酒，重与细论文。"离别时刻，难说再见。明天，我们天涯各远，再见之时，不知何年。"此时相望不相闻，愿逐月华流照君"，就让这美丽的月光，一直陪伴在你们的身旁，送去我的祝福，送去我的思念。我会在如水的月光下，为你们唱一首歌："青春不散场"——

青春不散场

骊歌响起
我站在月光的中央
依稀记起相逢时的模样

蓝色的天幕
遮住了忧伤
温暖的光
照亮出发的方向

让我再一次——
握紧你的手
抚摸你的脸庞
揩去你滚烫的泪水
依靠你坚实的臂膀
迷醉于母校的花香
吟诵出动情的诗章
唱出青春的渴望
品味时间的沧桑

今夜好短
连晚风都停下来凝望
四年好长
让我的梦长出了翅膀

前路茫茫

哪里可以安放我的脚步

天涯很远

何处可以诉说我的衷肠

我会记得——

思源湖畔的春柳婀娜

致远桥头的秋水天光

宣怀大道的夏木葱茏

留园小路的冬雪芸窗

同德湖小桥流水

蔷薇园馥郁芬芳

菁菁堂歌声嘹亮

仰思坪国旗飘扬

你的长发飘飘

你的伟岸阳光

你的轻舞飞扬

你的坚强力量

我会记住你啊——我的母校

你的苦难和荣光

六月已悄然登场

请让今夜的光

伴我穿透岁月的迷惘

青春不会散场

请让今夜的风

伴我走向心灵的远方

无论我走到哪里

我一定看得到你深沉的目光

无论我离开你多远

我一定能闻得到桃李的芬芳

即使我不在这个世上了

我的青春

一定会在每一个梦里

亲吻你的心房

纸短情长，道不尽声声珍重；泪眼迷离，默默地祝福平安！

杨志彪

2022 年 5 月 27 日于思源湖畔

私 信

见字如面
——位大学老师与学生的十年书书信往来

　　書信是最古老的通訊方式之一。古往今来，多少家國情懷、人生況味、悲歡離合，都與書信有關，影響了一代又一代人的思想和靈魂。然而，隨着時代的發展，這個曾經如此重要的通訊形式，也在被更爲便捷的真它手段替代。學生們再也無法發出"家書抵萬金"的感嘆了。因此，我在寫公開信的基礎上，也通過私人信件的方式與同學交流思想，碰撞靈魂。許多人生的感悟、選擇的迷茫、生命的意義，都在這一來一往的書信中不斷地提昇、感知、超越……

私信

专业选择

2013 - 2022

　　人的一生往往會遇到很多類似的問題，現在有，將来還會有。我考慮的原則就是，追尋自己的本心。一個人真正的幸福感並不在於外在的名利，而在於內心的追求和渴望。所謂的順其自然，不代表我們可以不努力，而是在我們努力之後，要有充分的勇氣和智慧，坦然地面對一切成功和失敗。如何在這個紛繁複雜的世界中保持自己的獨立、自由和純真，是一個永不過時的命題，需要我們用一生去探索、追求。我希望，你在大學里能領悟到這些真諦。

在大学里追求生命的真谛

与李蓝雅同学的书信往来

蓝雅同学如晤：

那天和你谈过话后，我的心里一直忐忑不安。不知你的状态怎样了？直到 24 日晚上最后一次班会，看到你的精神不错，略慰。及至27 日开首次班会，你的表现已经很阳光了，差不多已经很放心了，只是没有得到你的亲口确认，仍不免惴惴。有几次想找你再谈谈，觉得还是写一封信吧，或许这样的形式更好一些。

其实我要感谢你，在动科班的首次班会上喊出"彪哥威武"！我很感动——是发自内心的。但我不能在大家面前表现出来，只好用一句"你是我的卧底"幽默一下。要感谢的不止这一次，每一次和你，以及同学们的谈话，都会让我的精神世界升华一次。这可不是夸张。是你们教会我如何面对一个素未谋面的人去交流、沟通；是你们让我认识到自己所做的工作的意义所在。我们在新班主任培训时曾经学过很多技巧，但如果没有心灵的支持，只会流于华而不实。与任何人沟通，都需要真诚，设身处地地为对方着想，这才是交流的真谛吧。

我也一直在思考，究竟该如何带领大家走在正确的路上，或者少走弯路。关于这个心路历程，实际上经历了三个阶段：

起初，我觉得这是一个很简单的工作，给大家鼓鼓劲儿，聊聊天，解释一下专业方向等就可以了。

后来我不这么认为了。虽然很多同学给了我莫大的支持和鼓励，但我觉得真正和一个同学交上朋友，走进他的内心世界，让他喜欢上这个专业，喜欢科学，是一个比较难的事情。即便如此，我也会坚持下去。我没有什么优点，自认为"坚持"是一个吧，水滴石穿，绳锯木断，精诚所至，金石为开。

等到专业分流以后，我走访了部分同学，我发现很多同学对这个专业其实是非常感兴趣的，与坊间的传说完全不符，这给了我莫大的信心。所以，我现在又觉得这是一个可以完成的任务了，特别是首次班会大家的表现，足以说明一切。

万事万物其实都是一样，从简单到复杂，从复杂复归简单，这时，万物皆在我心了！

在大学里，究竟该怎样去努力？怎样才是成功？每个人都会有不同的答案。我始终坚信，成功是没有捷径的。不是一个简单的选择就能完成，而是在选择之后的付出与努力。我们经常会听到，要"顺其自然"，可是有多少人能真正明白其中的内涵呢？我非常欣赏林清玄的看法："所谓的顺其自然，不代表我们可以不努力，而是在我们努力之后，要有充分的勇气，坦然地面对一切成功和失败。"这是我们应该具备的基本素质。

心灵是一个玄妙的词语，怎么去认识呢？如何去提高呢？人生的意义究竟在何处？这些，在大学里都应该试图去回答、解释。"一个不想当厨子的生物学家不是一个好黑客"，类似这样的话无不在透露这样一个玄机：我们的世界是纷繁复杂的。如何在这个纷繁复杂的世界里保持自己的独立、自由和纯真。这是一个永不过时的命题，需要我们用一生去探索、追求。我希望，你在大学里能领悟到这些真谛。

说到真谛，何为真谛？真谛实际上是佛教用语，与俗谛相对。一般人永远是俗谛，只有领悟佛法之人才能到达真谛，跳出三界外，不在五行中。我们在大学里，也应该追求真谛，当然不是佛法，而是科学的、精神的真谛。不要为世俗的繁华所累，而要不断超越自己，在大学里追求自己生命的真谛！

在班级里，不光是你，每一个人对我都很重要。你们是一个个鲜活的生命，值得我敬畏——我敬畏自然，同样也敬畏生命。当然，具体到你们每个人，在家庭里也是很重要，甚至是首位重要。家长的希望和我的内心世界应该是相通的，一致的。所谓："天地交而万物通，上下交而其志同"。这是交通大学中"交通"的含义，我们每个人、家庭、社会又何尝不是如此呢？

说了许多，不一定正确。以上这这些话，其实也是我对自己说的，只是今天以给你写信的形式表现出来罢了。所以，与其说是给你写信，更多的是写给自己，以资勉励。

最后祝你开心每一天，阳光每一天，精进每一天！

我也期待着四年后的那个夏天，金色的阳光下，我们灿烂的笑脸！

杨志彪

2013 年 10 月 29 日夜于宇心斋

亲爱的彪哥：

谢谢您的关心，我很庆幸自己能在大学期间遇上一位像您这样亦师亦友的老师。您的坚持，您的负责，您对生活对人生的感悟，您细致入微的工作态度都让二班的每一个人铭记在心。

今天听闻王臣韬同学退学复读，心里不禁一颤，想到一周前还在和他戏说下次来带浙江台州的特产饼来。每个人的想法和选择都会不同，回去也许是一种勇敢，是一种机会，也许会是一场噩梦，一场对青春的浪费。我想既然已经选择了走下去，那就要用多出来的这一年时间做一些有意义的事，要不让未来的自己为现在的选择后悔。有缺憾的人生才会更美，没有选上自己想去的专业也许是缺憾，人生最美的不是如愿以偿，而是阴差阳错。这些意料之外的事情为我们的路开拓了更多的分岔口，也许他们才是通往目的地之路。

大学生活的确缤纷多彩，但这两个月下来，觉得自己仍然还未完全适应，对生活的规划也没有进行，想做的事很多，但是当要付诸实践时，却总有各种阻碍。其实自己并不聪明，反应也不快，很多事别人很快想出答案，我却要细嚼慢咽很久才得出结果。但我还是希望自己的大学生活能过得充实而有意义，能不枉费自己曾经的努力。

"在夹缝中生存"，这是我和我的同学在高三时一直信奉的话。希望在大学里也能在夹缝中向着阳光幸福地生长。

此致

敬礼

李蓝雅

2013 年 11 月 1 日

蓝雅同学：

来信收悉，即复。感谢你的信任，我悬着的一颗心终于放下了些。

但我想先说说王臣韬。今天上午十点钟左右是我用车载着他的行李，把他送上虹桥枢纽四路的，我应该是他在交大见到的最后一个人——虽然我没有把他迎来，但却是我送走了他。他义无反顾地追逐他的梦想去了，我们祝福他来年能有一个很好的结果。他也跟我提到了他的女闺蜜大哭特哭，当然这种哭更是哭自己。

我跟臣韬其实也只有两面之缘，第一次见面是这个周一，我从教务办知道了他可能要退学,我马上打电话给他和他的家里。彼时他已经在温岭办好了复读的手续。周二他回到学校,下午一点半我约了他在校园咖啡见面,一谈就是一下午。这是我们的第一次见面,我没有劝他一定要留下来,而是和他探讨人生、选择、生命的意义等话题。并送了他一本书,寄语他:雪压竹枝低,低头欲沾泥。一朝红日起,依旧与天齐。第二次见面就是今天上午送他离沪。

可能换一个人,也不会去做这样一件事(和一个素未谋面,却是马上就要离开的学生谈话,为其送行)。但我不这么想,我觉得,既然他在交大,我就是他的班主任,虽然只有一面之缘,虽然见面即是离别。我和别人想的不一样,我追求的是内心的平和与安宁。最后,他在给我的信中说:"老师,我自知此番归去心意决然,不想您仍然能够与我沟通这样多。算起来,您是第一个能教我这么多书本以外的知识的老师了。十分崇拜您的人格魅力,愿有缘再见!"有这样一句话,我所有的努力和付出都是值得的,夫复何求?

但我并不赞成他这样去复读。这实际上是以一个盲目去纠正当初的盲目。最后可能会考一个高分,但届时同样仍会遇到对专业的不了解,与自己当初的想象不一样,还要面临和今天同样的问题。所以我跟他的谈话,主要是告诉他,面对这样的局面究竟应该怎么做?

其实,你已经在给我的信中回答了,我很欣赏你目前的想法:"我想既然已经选择了走下去,那就要用多出来的这一年时间做一些有意义的事,不要让未来的自己为现在的选择后悔。有缺憾的人生才会更美,没有选上自己想去的专业也许是缺憾,人生最美的不是如愿以偿,而是阴差阳错。这些意料之外的事情为我们的路开拓了更多的分叉口,也许他们才是通往目的地之路。"

人的一生会遇到各种各样的问题和挫折。专业选择仅仅是漫长人生路上的一个小站，欣喜也罢感伤也罢，都不应该让这种情绪停留太久，及时上路前行才是正道。

动科班的同学很多都是调剂过来的，但通过我的走访，也有很多同学是选择这个专业的。我在首次班会上，跟大家说的没有半点虚假。其实每个行业都有自己状元，关键是你怎么去努力，如何去把握。如果沉浸在负面情绪里，那最终得到的也一定是负面的结果。反之，就是正面的结果。但我更希望是一个平和的结果。就像在公开信中和大家说的那样。平静地面对，不以物喜、不以己悲，必当：自天佑之，吉无不利！

关于你说的具体的一些学习上的困难，我仿佛看到了当年的自己，自认为不太聪明，反应也较慢，但你一定要相信坚持的力量是无法估量的。越是这种情况，越需要你冷静地思考、从容地应对，心无旁骛。做好短期规划、中期规划、长期规划。可以把除了课表以外的时间做一个详尽的安排，从起床到入睡的每个时间都要详细地做一个"课表"，包括节假日。然后就是认真、严格地执行，我相信通过一定时间的执行会取得满意的效果。

其实，你不是在夹缝中生存，你是在一个充满阳光的舞台上演出！一旦打开你那扇紧闭的心门，你的世界必定会霞光万丈。你一定要相信，万物皆在我心。

杨志彪

2013 年 11 月 1 日深夜于宇心斋

蓝雅同学如晤：

星移斗转，冬日一别，倏忽三月有余，不知港大之行何如？念念！

因你不在学校，特写信与你谈一些需要你考虑的问题。我曾记得你当时有考研的打算,不知你现在是否仍未改初衷? 或者是否有了更新的计划?

　　另外,你可及早确定科创和毕设导师,免得选不到心仪的老师(以目前的形势来看,每个导师一般只能招一个学生)。

　　远隔岭峤,多多保重,盼你学成归来! 匆匆顺致学安。

杨志彪

2016 年 4 月 1 日

彪哥您好!

　　感谢您的关心,我在香港一切都还蛮好。现在已经基本适应了这边的生活,初到时语言沟通不畅,但是现在也在努力地适应。最近还去实验室做了两次实验,感觉很激动,不过其实和学校里也是差不多。这里有很多讲座,闲时我都会尽量去听听,今天晚上听了一场美国纪录片导演的讲座,虽然不能够完全听懂,但是也能够了解到一些只言片语和演讲者不同的人生经历,他到阿富汗美国驻兵处拍摄的纪录片,讲到很多记录生活中意料之外的惊喜……在这里还交到了五湖四海各个国家的新朋友,有了很多新的经历……

　　至于以后的打算,我也一直有和爸爸妈妈在商量关注着。我还是会读研,最近都有在看保研论坛,想到如果有机会可能会去报名夏令营,多一个机会。最近有看到中科院,北京生命科学研究所,协和医院血研所,感觉都很不错,想去尝试一下,如果成功就去这里,没有成功也不要紧就保本院。对了说到这里,如果要报名夏令营,可能还需要找两位老师为我签推荐信,希望彪哥能够帮忙一下。我想读的方向还不太确定,可能往生命科学,生物方向走。感觉您说得很有道理,我还得再查查我们院老师的研究方向,比较想选王恒安老师,但是他的研究方向我还不是特别清楚，大概需要尽快弄明。

　　在朋友圈都能感受到校庆的隆重……时时想念交大和老师同学们，希望大家都一切安好！

李蓝雅

2016 年 4 月 1 日

专业选择仅仅是漫长人生路上的一个小站

与谢薇亦同学的书信往来

老师：

　　你的演讲稿写得很好啊，一定是肺腑之言！昨天我们班有一个同学退学了，立马就有上海的同学表达出羡慕之情（羡慕到一路走去上体育课一路大哭）。其实上大学这两个月我也很迷茫，上海高考理科分物理和化学，我选了物理，上了大学看到化学式子一点感觉也没有，每天赶着复习预习却仍然觉得力不从心，总认为自己被用错了地方。有的时候觉得大学生活挺让人失望的，或者说和想象中的很不一样，自己还偷偷哭过。现在听到同学退学的消息，却突然明白过来。以前身在其中，雾里看花，那颗心实在太不安分，或者说太浮躁，总是过多地考虑环境因素，总是抱怨自己所处的环境不好，没有珍惜和感恩。其实，我们所处的环境够好了，只是自己还没有学会开发利用。上大学需要一颗安分的心，认定的路就要好好走下去，要相信：你怎么样，你的大学生活就会怎么样，要把关注的焦点移到"人"身上，而不是环境，要学会找动力向前，而不是找借口退缩！

谢薇亦

2013 年 10 月 29 日

薇亦同学如晤：

　　看到你的回信，颇多感慨！

　　究竟应该如何做？ 其实，你已经在给我的信中回答了，我很欣赏你目前的想法："现在听到同学退学的消息，却突然明白过来。以前身在其中,雾里看花,那颗心实在太不安分,或者说太浮躁,总是过多地考虑环境因素,总是抱怨自己所处的环境不好,没有珍惜和感恩。其实,我们所处的环境够好了,只是自己还没有学会开发利用。上大学需要一颗安分的心,认定的路就要好好走下去,要相信:你怎么样,你的大学生活就会怎么样,要把关注的焦点移到'人'身上,而不是环境,要学会找动力向前,而不是找借口退缩!"

人的一生会遇到各种各样的问题和挫折。专业选择仅仅是漫长人生路上的一个小站,欣喜也罢感伤也罢,都不应该让这种情绪停留太久,及时上路前行才是正道。

虽然比起二班的同学我们晚相识了两个月,但我对你们的态度和用心程度丝毫不会改变,甚至通过不断与同学们的交流,对你们的爱与日俱增。我在与同学们的交流中也在不断成长,这绝非谦虚之词。你知道大学里为什么要招这么多学生吗?其实纯粹是为了教育大学的教授。我非常欣赏这句话,并努力践行之。在教学相长的路上越走越长。

你是上海人,有着更多优越的条件,人聪明、基础好。通过转基因大米这事,我更对你刮目相看。要知道,转基因遭到很多误解,而你却能勇敢地尝试。我最欣赏你说的那句话:无知是最可怕的。我也是这么认为的,科学精神的培养不是一朝一夕,需要长期的、艰苦的努力!孙强是一位出色的科学工作者,更是一个好的人生导师。我每次和他交流都会受益,希望你也一样,在科学的道路上阔步前行。

说了许多,不一定适合你,但我心可鉴,唯愿你能在快乐、平和的环境中找到人生的新支点,带着新的梦想起航!

杨志彪

2013 年 11 月 1 日深夜于宇心斋

凡事早做打算

与谢硕同学的书信往来

硕硕如晤：

　　冬日一别，已近三月，正是春光美景，便念远人。虽时时能看到你的行踪，但总不够直接，不知台大之行迄今何如？念念！

　　最近学校都在忙着校庆，很是热闹。具体到咱们班级，大三下学期已过半，很多同学都在做着各种努力，有准备出国者、有进实验室做实验者、有准备工作者。因你不在学校，特写信与你谈一些需要你考虑的问题。

　　我曾记得你当时有考研的打算，以你学习排名，保研或许不成问题。不知你现在是否仍未改初衷，去考法律硕士？或者是否有了更新的计划？

　　另外，虽然大四上才确定科创和毕设导师，现在考虑也未尝不可，再加之你极有可能保研，可早做打算。

　　远离故土，多多保重，盼你凯旋！匆匆顺致学安。

杨志彪

2016 年 4 月 1 日

彪哥：

　　谢谢你的关心！

　　时间过得确实很快，我已经来台湾生活近两个月了。关于未来自己何去何从的问题，我确实一直都在考虑。科创和毕设的导师我应该还是会跟着李老师的，目前是这样。

我现在最大的一个问题就是，我不能确定自己研究生读什么专业。我大二下到之前，确实一直都想考法学院的研究生。可是目前我了解下来，加之自己思考，我又不是很想读法学研究生了。来台大之后，我更想出国读研，但是由于专业没法选择好。所以我自己目前也特别乱。

　　但是我肯定会在回上海之前决定好自己究竟要干什么。因为我不想自己研究生学习的内容和未来真正想从事的职业没有任何关系，不想再浪费两年。我知道自己必须摸清楚到底我想要干什么。我之前也有考虑过研究生读农业发展之类的领域，就像是未来可以成为农业方面的大局操控者，我并不想远离农业，但是我又不太想一直在实验室里做实验。所以老师，我觉得自己现在的状态特别糟糕，因为我无法选择。但是我会去了解更多研究生专业，也会着手准备英语。保研的夏令营我应该也会报名参加，多手准备的。

　　谢谢彪哥时刻关心！

谢硕　敬上
2016 年 4 月 13 日

硕硕：

　　是有些乱了。

　　你知道张冬徐吗？就是今年毕业班的，他各方面也都很优秀，后来保研到媒体设计学院，专业就是文化创意之类的。我觉得，你也可以往这方面考虑。

　　你的目标很好，想做农业的操控者，可是又不想一直做实验。这好像挺难。以你的目标，似乎可以尝试农业管理型的专业，但是没有专业基础的管理，无异于空中楼阁。所以，你还是应该慎重考虑你的选择。

匆匆顺致学安。

杨志彪

2016 年 4 月 14 日

追寻自己的本心

与谢斯羽同学的书信往来

杨老师：

　　您好！

　　我是谢斯羽，非常有幸能和您在此交流。

　　在第一节课中，您就强调"科学精神"对人生的积极作用，这让我非常信服，我也非常仰慕有人文情怀的科学家们。课后，我去阅读了方舟子的文章，我觉得他的个人经历非常有意思，从生物化学博士到作家，从创作抒情诗到写科普文章，我感受到他身上科学与人文精神兼备、专业与责任并行的魅力。我的困惑也与之相关，我是否应该转到法学院？

　　首先不得不赘述我的成长经历，高中文理分科的时候，我非常想选择文科，因为自己文科学起来轻松，同时也很钦羡新闻工作者能够去改变这个社会。但我的爸爸用近乎暴力的方式强制我选择理科。高中的两年理科学习让我重新有了对理科的自信，我现在也很感谢爸爸的坚持。所以在高考报志愿的时候，虽然心里仍有对新闻留恋，我仍然选择了工科。但是我第一想学的是环境科学与工程，希望通过自己能改变一些东西。而爸妈考虑到以后的工作条件（这也是爸妈希望我学理科的重要原因），我再一次改变了志愿。

　　现在，我已经适应了专业学习，虽然有时候因为自身能力限制，学课程要比一些同学辛苦一些，但总体还不错，绩点在全院占前30％，这样下去我能有一个不错的未来，得到爸妈希望我拥有的东西，我也相信我能做到。但是，我总觉得自己学习缺乏主动性、内心的力量,有时候比较疲惫。这学期我有一次转专业的机会,我已经错过了两次机会,我不知道我是否应该把握这次机会,去法学院?之所以想去法学院,是希望做一个法官,判断事情的正义与否,也是因为我在学习人文课程的时候会感到快乐和共同感。但我仍然对自己认识不足,这样改变人生方向是否太有风险?我现在参加了科研活动,转系会不会影响到团队、导师?爸爸对文科的偏见很大,我该怎么面对爸爸和其他人?交大的法学院相比其他学院非常年轻,是否能满足我的期望?我是否应该坚持下去,有了"工科"学历作保障,以后再改变学习方向做喜欢的事情?或者把爱好只当做爱好而非职业?我有太多的顾虑了!

杨老师,我们以后的职业到底是我们生存的方式,还是自我价值的体现?我觉得有太多的人在工作中似乎都没有幸福感可言!您作为具有人文情怀的工科教师对工科和文科又是什么样的看法?您在课上说,"一切都是最好的安排",是否是在告诉我要遵守已有的东西和规则?

非常抱歉占用了您的休息时间,但我非常期盼能得到您的回信!

顺颂时祺!

斯羽

2016 年 3 月 5 日

斯羽同学如晤:

很抱歉,最近实在太忙,今天才有时间回信。

收到来信,我很欣慰。一是因为你对我的信任,二是因为你是一个有解决问题能力的人。所以,不论你以后选择什么,我都不会担心,因为你有这方面的素质和能力,包括与你不太熟悉的老师或朋友交流,这是一个很好的方式。

我没有想到,科学精神的话题会对你产生积极作用。这是对我莫大的鼓励。同时,我也感觉得到,你是一个善于接受新生事物,并能够积极进行挑战的人。

从你的来信得知,你一直很喜欢文科,现在又很喜欢法律。可是由于父亲的极力反对(我有一点不是很明白,你父亲为什么认为文科的环境不好?理科的工作条件利在何处?),你始终没有办法心想事成。可耐人寻味的是,你竟然在你不喜欢的领域,在缺乏你内心动力的情况下依然做出很出色的成绩。我见过太多的学生,由于没有达到自己的心愿,沉沦颓废,最后一事无成,甚至不能毕业,断送了自己的前程,也断送了父母的梦想。可你跟他们不一样,这不得不让我刮目相看。你的经历实际上已经很好地回答了,当现实和理想出现矛盾时到底应该怎么办?那就是无力改变现实时,只有面对现实,并在这个环境中做到足够出色,结局就是主动权又回到了你的手中。现在你的烦恼,也是一种甜蜜的烦恼。在目前的专业继续下去,你的未来一定也是光明的。如果换了法学,我相信,凭着你的信心、兴趣和素质,同样也会有一个精彩的人生。那么,到底该去还是留呢?

人的一生往往会遇到很多类似的问题,现在有,将来还会有。我考虑的原则就是,追寻自己的本心(这种本心要抛开一切世俗的杂念,比如功名利禄)。一个人真正的幸福感并不在于外在的名利,而在于内心的追求和渴望。只有满足后者以后,那种幸福感才是持久的、永恒的。而名利虽然也会带来一时的满足,但往往会随着地位的沉浮,烟消云散。同时,父母的意见当然也要充分地尊重,但你现在毕竟成年了。凡事都由父母做主,显然并不客观,也不科学。你应该有自己的判断和理解。父母是按着自己的经验趋利避害,这种判断往往带有世俗的功利性，他们并不会过多地考虑你自己内心的感受。你如果做了违背父母意愿的选择，需要做的有两件事：一是做好父母的解释和说明工作；最重要的是第二件事，证明给父母看，你的选择是正确的，这当然需要花几年甚至更长的时间才能做到。至于你现在的科研活动，你的离开会对相关老师和同学产生一定影响，但不是主要矛盾，这些都是细枝末节，大可不必多虑。

我在上课时就讲过，人生的意义就在于对未知的探索。人永远不会预知将来人生的样子，只有到死去的那一天才能确切地知道自己的一生到底做了些什么，所谓盖棺定论。所以，你无论选择了什么，都不要后悔，都不要羡慕别人。每个人的经历和感受唯有自己清楚明白，如人饮水，冷暖自知。永远不要强求每个人都理解你，也不要苛求自己理解所有的人。只要你具备了判断美丑、善恶、利害的能力，相信你一定会做出适合自己的判断。接下来要做的就是为自己的选择努力、奋斗，无怨无悔。相信自己！相信自己的内心！

读过汪国真的"热爱生命"吗？此时送给你，最合适不过了！

> 我不去想，
> 是否能够成功，
> 既然选择了远方，
> 便只顾风雨兼程。
>
> 我不去想，
> 能否赢得爱情，
> 既然钟情于玫瑰，
> 就勇敢地吐露真诚。

我不去想，

身后会不会袭来寒风冷雨，

既然目标是地平线，

留给世界的只能是背影。

我不去想，

未来是平坦还是泥泞，

只要热爱生命，

一切，都在意料之中。

现在，你一定明白了，自己应该怎么办了吧？

期待你进一步的消息。此致学安。

杨志彪

2016 年 3 月 11 日

人生若只如初见

与几位同学初到交大时的书信往来

盛洁如晤：

　　时间飞逝，你来交大倏忽间一学期矣。初来之新鲜，分专业之担心，课程之压力，大都市之繁华，疾病之困扰⋯⋯有欣喜之，有烦恼之，有收获亦有反思，个中滋味，甘苦自知。但无论如何，生活之洪流滚滚向前，不会停留。

　　你刚刚度过了十八岁生日，从此刻开始，正式成人。给你送上深深祝福之余，更欣慰于你之成长，爱心捐赠，志愿服务，同学和睦，孝亲敬师，勤勉学习，以青春之火拥抱生活，以仁义之心融入社会，以自由之思放飞心灵，父母师长，观之于眼，感之于心，可圈可点，可敬可爱。

　　寒假来临，或可略微休息，然假期并非自由放纵之时间。现代教育制度设立假期的目的，乃是为弥补学校千篇一律教育之不足，给学子一个自由思考之空间。换言之，能否养成完整人格，假期生活质量至关重要。仰观宇宙之大，俯察品类之盛，于实践中求真知，向先贤处问物理，阳春白雪，人间烟火，皆可为师。若能慎独敏行，蜕变成蝶之日或可不远。

　　交大学业素以艰苦为名，若无健康之体魄，断无可能胜任学业，假期当着重于此，方得安身立命之本。

　　纸短话长，余不一一，顺颂安祺，代问令尊令堂好！

志彪

2022 年 1 月 13 日

尊敬的杨老师：

不知不觉已将在您的陪伴下度过了自己在交大的第一个学期。过去的一个学期对我来说充满了不适应与迷茫，有失落也有收获。失落的是我在交大的第一个学期并没有能够适应老师的上课风格，成绩并不理想，而且挂科了。收获的是认识了我们班一个个可爱的同学，认识了和蔼可亲的杨老师您，以及对大学生活有了初步的了解，并且对自己的人生未来有了规划与期待。希望自己在交大之后的学习生活中能够做到无愧于心，最重要的是不要挂科……

现在自己对学校学院以及班级都相当喜欢。再有就是对于专业，当初选择专业的时候就是想要报考动物科学专业，原因其实也很简单，就是喜欢，对动物感兴趣，在高中的时候还自己养了一只蜘蛛，盯着蜘蛛看一看就是好几个小时，在高考报名的时候发现了咱们专业就义无反顾地报名了，来到学院之后虽然听到很多的学长介绍了其他的专业，但是我还是决定在报考专业的时候选择动物科学，因为兴趣是最好的老师嘛。在上个学期除了学习上的问题之外我还遇到了其他的困扰我的问题——情感问题，说来也丢人，昨天收到您的邮件之前刚刚被女生拒绝，对于情感问题我自己一向都没有什么解决办法，自己也没和什么人说，现在能有机会说出来心里也觉得好受很多，希望不会给您添麻烦。非常感谢杨老师能够给我一个能和您交流的机会，有些话当着您的面不敢说出口打字反而没有了这种顾虑，也非常感谢杨老师在过去的一个学期对我的关照，真的非常感谢！

希望杨老师在今后的生活中工作顺利，身体健康！

您的学生　平一

2019 年 3 月 13 日

平一：

来信收悉，因为这学期有四门课，今天才有时间回复，深表歉意。

首先感谢你对我的信任，能跟我说说心里话。你的来信主要有三个问题，一个是成绩，一个是专业，一个是情感。

的确，你上学期的成绩不是很理想。第一学期就有了一门挂科，令人有些沮丧。然而，这种沮丧本身就说明你是很在乎成绩的。反过来就会推动你反思、自省，从而在未来的日子里能够走在正确的道路上。所以说，挂科并不可怕，可怕的是有些人不反思，不吸取教训。从这一点上来说，你的未来可期，应该很快就能调整好情绪，找准目标和定位，取得更好的成绩。

很高兴你能喜欢动物相关专业。正如你所言，兴趣是最好的老师。相信经过你的认真思考和选择，兴趣和事业最终能完美融合，这是很多人梦寐以求的结果，期待着你能做到。当然，选择了自己喜欢的专业，也可能在学习的过程中会发现与自己想象的有些不一样。这个时候，就需要适时地调整心态，积极探索和追求。经过一段时间后，一定会重新喜欢上这个专业，并获得满满的成就感和幸福感。

至于你说的被女生拒绝的问题，我相信几乎每个男生都会遇到过类似的问题。这是成长道路上的一个小插曲，不必过分挂怀。一时的懊恼和情绪波动都可以理解，但这事不"丢人"。你正大光明地追求爱情和幸福，不但不丢人，我还要鼓励你，遇到自己心仪的女生，要勇敢地表达自己的情感。当然，勇敢并不能滥用。爱情是圣洁而美好的，我们要格外珍惜。所以，每一次追求和表白都必须是经过深思熟虑的，所谓三思而后行。被女生拒绝后也不要自卑，但须自省。所谓自省，就是要认真思考自己目前的状态。不论是思想和行为、学习、生活等方面是不是还有改进和提高的空间？大学里的爱情是很单纯的、理想化的，不像社会上的婚姻，考虑的更多的是现实问题。所以，你现在要做的，就是要及时振作起来，丰富自己的内心世界，完善自己的人格，提高自己的精神品格。如果你做到了这一点，一定会很快收获自己美好的爱情！

说了很多，不一定正确，谨供你参考。继续加油，期待你的好消息！

杨志彪

2019 年 3 月 15 日

杨老师：

您好。开学几周便收到你的信，我很高兴。一直没有给你回信，说学习忙没时间那或许只是借口，只是不知道该说些什么。今天给您回信，只是想告诉您，一切都好。

上交大以来，有些不如意的地方，但最重要的是学到了很多，对自己也有了新的认识。刚上交大的时候，偶尔会觉得大学并不像自己想象的那样完美，自己也有过抱怨。但在交大的学习生活让我慢慢明白，来到大学，不是来给自己找不快乐，不是来抱怨，而是来不断提升自己的，以便实现自己的价值。之前有一段时间感觉自己与交大格格不入，甚至觉得自己不是交大人，后来发现原来是自己还没有跟上交大的步伐，而这些都已是过去，现在一切都在变好。

在交大，收获最大的，或许是自己人生观的转变吧。在学校学习了半年，思想比原来成熟了些，比如，原来读大学只是为了找一份好工作，而现在，我觉得读大学，工作只是很小一部分，更重要的是为了实现自己的价值。因此，现在又不像原来那样盲目跟风追求一个"好"专业，重要的不是学什么专业，而是怎么学，学到了什么。

未来充满未知，但只要自己去实践，去体验，未来一定很好。我也很希望自己能够去参军，这也是杨老师您提倡的。半年的大学生活，我收获很多，我很感谢交大，我更想感谢您，您是我的班主任，更是朋友，一个让我说心里话的朋友，或许也是交大里唯一一个能让我说心里话的朋友吧。很高兴在大学遇到您，也很庆幸您能做我的班主任。

　　此致
敬礼

雷韶

2019 年 3 月 18 日

雷韶同学如晤：

　　谢谢你能和我说心里话，也谢谢你对我的信任、鼓励和肯定，这是对我最大的奖赏。

　　经历过第一学期的兴奋和迷茫，你逐渐地找到了自己的方向。不光是我感觉到了你的成熟，你自己本身也感觉到了，这是很难能可贵的事情。这样的心理状态，老师自可以放心了。你说"来到大学，不是来给自己找不快乐，不是来抱怨，而是来不断提升自己的，以便实现自己的价值""读大学，工作只是很小一部分，更重要的是为了实现自己的价值""重要的不是学什么专业，而是怎么学，学到了什么"。这些都说明，你对教育的本质有了深刻的认识，对人生的意义有了深刻的认识，这是最令人欣慰之处。所以，你想去参军就是顺理成章的事情了。你能够有这种想法的确很令人敬佩。

　　一个人价值，不仅仅体现在对于这个家庭和集体，更要有责任感和使命感。投笔从戎，报效祖国，无疑是青春的最美色彩！如果你到了部队，我也希望你充分发挥自己的特长，展现聪明、好学等特性，认真学习相关专业和理论知识，接受部队的锻炼和洗礼，相信你必定能够成长为真正具有家国情怀的新时代军人！

不知你报名参军了吗？是否已经再安排体检？有什么情况你及时告知我。念念。

匆匆不另，顺颂春安。

杨志彪
2019 年 3 月 20 日

杨老师台鉴：

近好！

很高兴收到您的来信，感谢您的关心。

非常抱歉，这么晚才给您回信。

时间过得好快，来到交大已经一个多学期了。如何总结上个学期呢？就借用木心先生的一句话吧：有些事情还没有做，一定要做的……另有些事做了，没有做好。

来到交大后，最大的收获是从高中走了出来，无论是在学习方法上，还是心理上。来到大学后，学会了不依赖老师而独立学习，自己理解、归纳、探索。于我而言，这是对自我的一个提升。高三时，情绪一直不是很好，人际关系也受到影响。进入大学，慢慢地能够笑对以前的种种，做到释怀，也是一幸事。

最大的问题是不够自律。高中时，一位老师常常告诫我说："善始者实繁，克终者盖寡。"我虽然视为圭臬，但却没有真正做到"克终"。最初计划得很好，但没能坚持下来，有了一次拖延，便会有下次，最终耽误了许多时间。

有时候感觉校园太大了，而自己圈子太小了。性格比较内向，或者说胆子比较小吧,很多时候,是那个不敢先迈出第一步的人。但有时又会想,如果圈子太多、太大,又不是很令人舒服,因为要投入大量的时间和精力去经营确实挺矛盾的。

和周围的人没有太多共同的话题,挺遗憾的。但这也很正常,毕竟兴趣爱好都不相同。不过您别担心,我并没有觉得孤独。

对未来还是有些迷茫吧,不知道该从事什么职业。其实还有些不自信,感觉专业有些冷门。

感觉对国家大事还是缺了点关心,丢掉了每日看时政新闻的习惯,比高中时退步了好多(高中时每天吃饭时会在食堂看新闻)。可能一部分原因是没了高考作文的督促吧。

最后,我真的很开心,因为这是第一次有老师给我写信,关心我的学习、生活、思想。能有您做我的班主任,实在是我的幸运。

敬请教祺!

学生全鸣 拜上

2019 年 3 月 14 日

全鸣同学如面:

来信收悉,因羁琐务,未及奉复,深以为歉。很高兴你能跟我说这么多话。看到你"学会了不依赖老师而独立的生活",殊为欣慰!很多同学不能慎独,迷失在各种诱惑里,最美的青春都浪费在了无聊之中,最终虚度了岁月。由是观之,你的这个品质难能可贵。

但你仍然对自己有更高的要求,认为自己不够自律。这是一个有志青年的应有品格,既明白自己的长处,也很清楚自己的缺点。人贵有自知之明,说的就是这个道理。至于不能善始善终的问题,也许是每一个年轻人都能遇到的。只是程度不同而已。在这方面,你可以给自己更多心理暗示，更严格的作息时间，更详尽的学习计划，每一个细节、每一天的安排都需要有周密的规划。制定好了，就要严格执行，不执行完，决不罢休。日积月累，必有奇效。我相信你一定能在自己设定好的道路上走得更稳、更远。

你关于朋友的思考，我也是赞同的。只要自己不觉得孤单就可以了，不必太在意别人对你的看法。目前，你的精神境界和人格魅力都在养成阶段，需要做的就是不断汲取精神食粮，认识世界、认识自我、找到人生的意义，最终可以成为"知者不惑、仁者不忧、勇者无惧"的士子学人。那个时候，你就能"己欲立而立之人，己欲达而达人"。你的朋友自然而然就会慕名而来，愿意与你交流、探讨，一切都是水到渠成了。

专业是否是冷门，取决于你的努力程度。专业没有好坏之分，没有冷热之分。所谓的冷门实际上是我们的一种态度。如果，我们学一行爱一行，踏实努力，一步一个脚印地走下去，任何"冷门"都会取得巨大的成就。我们在学习专业知识的时候，更多应该考虑这个国家发展的需求，民族复兴的需求，如果仅仅考虑自己的利益，必将陷入名利的"污淖"，最终不但不能为国效力，自己也会痛苦不堪。所以，如果你原来有关心时事的习惯，希望你能捡回来。不仅仅是为了写作文，任何个人的荣辱成败都会与国家的兴衰密切相关，"国家兴亡，匹夫有责"，如果连交大的学生都不考虑这些了，那我们的国家、民族和社会还能健康向前发展吗？

书短意长，恕不一一。顺颂学安。

杨志彪
2019 年 3 月 19 日

杨老师：

您好！首先因为我这么晚才回复您而向您道歉（主要是我这周交作业打开邮箱才看到，真的抱歉啦）。

看到您的信我真的非常感动，因为在大一我还以为大学老师不可能像高中老师那样关心我们，而您却是我在交大见过的最最关心学生的非常优秀的老师，所以很庆幸能够成为您的学生，然后也非常感谢您的关心。讲到专业，其实分专业的时候我更想进植科班，因为我从小就胆子非常小，我害怕我进动科班到时候做解剖就被吓晕，然而通过和您的几次交流谈话，并经历了两次动物学实验后，我现在就没有了那种特别的恐惧感，反而觉得动物学也是挺有意思的，在我看来无论是哪种专业只要用心学，学到的知识总会有用处；所以我也想着如果考得上（我也会非常努力的），就继续读研完善知识。

我觉得大一过得非常快，而且第一学期可能因为一下子适应不了新的环境吧，学习成绩不理想；第二学期我就开始自己设计时间安排表，按照它完成作业和复习，还有没课的时候大部分时间我都去自习室或图书馆，而且还真的坚持了一个学期，结果真的非常有效，比第一学期成绩进步了很多。所以我打算以后也按照我的好方法坚持下去！

最后再次感谢老师关心，祝您工作顺利！

碧开
2019 年 10 月 9 日

碧开：

你好！来信收到了。得知你对动物科学专业的理解和认识上了一个层次，特别高兴！而且，你的学习成绩也有了长足的进步，值得点赞！

我很喜欢你开朗、好学的品格。我知道，交大的学习，对你们来说压力很大，但你能够很好地处理学习和生活的关系，很快地适应了交大的学习，说明你不仅掌握了学习方法和技巧，还有毅力和坚持！

动物科学是一门很有意思的学问。任何事物，没有亲身经历，就没有发言权。所有的道听途说都只能作为参考，其中有很多的偏见，不可以作为判断的标准。解剖学是认识动物的基础，是一门课程，跟平时我们认为的杀害小动物有本质的区别。这就是实验动物的价值所在。那么多种类繁多的实验动物为人类的健康事业，牺牲了自己的生命，作为人类的一员，我们要充分尊敬它们，爱护它们，减少它们的痛苦，保护它们的健康，保障它们的福利。这些，你在后期的学习中都会慢慢体会到，从而发现乐趣和找到意义。

你找到了好的学习方法，那就坚持下去，一定会取得更大的进步。

有什么问题请及时来信交流，我和你们一直在一起。

顺颂学祺。

志彪

2019 年 10 月 14 日

杨老师：

您好！很抱歉打扰您休息，也很抱歉我才看到邮件。感谢您的关心，这个学期的学习与生活我都比较适应，在学习方面也没有太大的问题。在未来的规划方面，我有在大学阶段参军入伍锻炼的打算，并且也得到了家里人的支持，但我不知道在什么时候入伍比较合适。我现在有 PRP 的项目正在进行，时间是到明年初，但我有些担心到了大二分专业之后入伍会使专业学习间断，不知道您对这件事有什么意见。

感谢您在百忙之中抽出时间阅读我的邮件，最后谨祝您：身体健康，工作顺利！

　　此致

敬礼

学生：轩爱

2019 年 4 月 7 日

轩爱如晤：

　　来信收悉，知道你自律性很强，很会规划自己，所以对你并没有什么担心。你的来信证实了我的判断。令我惊喜的是，你打算参军入伍，我是强烈支持的！这本身是一件无上光荣的事情，同时对你的意志品质也是一个升华。你的性格也很适合。

　　至于时间的话，这学期报名最合适。你可以先去武装部做一个咨询，他们一定会特别欢迎，因为现在参军的女兵不是太多。PRP 的问题很好解决，如果这学期无法结题，那可以跟导师说一下，再找学院教务办，申请中途退出。等退伍回来以后再重新参加新的 PRP 或者其他项目就可以了。

　　希望你能实现自己的军旅之梦，我很期待你穿上军装的那一刻，一定会英姿飒爽！我到时候会给你饯行！

　　听你的好消息！此致学安。

杨志彪

2019 年 4 月 8 日

宇龙同学如晤：

　　转眼之间你来交大已经一年多了，不知是否已经完全适应了交大的生活？在这一年里，你完成了从一个高中生到大学生的转变，虽然由于分班的关系，我们接触的时间并不算很长，但你阳光的性格，对专业的理解和执着，都给我留下了深刻的印象。看着你逐渐成长和进步，也是备感欣慰。在交大期间你一定也经历了很多值得回忆和总结的事情，比如学习、情感、生活、课外活动等等。给你写这封信，是想听听你的真实想法。

期待你的回音。顺致学安！

杨志彪

2019 年 9 月 19 日

敬爱的杨老师：

如果说我这一年最大的收获是什么，那应该就是我对生活中的大小事的认识更加清晰明了，对自己有更加清楚的定位。从思维方式上讲，无论一件事重要与否，当我要去做这件事时，更加倾向于先想后做，特别是分析实现目标的方法和实现的可能性；更加看重合作伙伴的能力，或者说特意寻找更可靠的队友，总而言之就是形成了一套固定的逻辑以达成目标，谋定而后动。在这套逻辑不断实践的过程中，我对自己，对周围人的能力有了更加清楚的认识，对事物的评价与把握也更加准确，更倾向于保持理性。

现阶段其实没有什么比较突出的目标，之前有过保研的想法，但是现在看来我的情况多半是拿到了保研名额也用不上。读研是必然的，不过研究生阶段我想到一个新的环境去（并不是说交大不好），现下更多的是做一些提高自己基本能力的事，比如锻炼身体，强化自己的学习能力，扩展知识面等等，因此接下来我想在不放松学习的同时，更多地去参与一些实践性的活动，如创新创业，实践实习，以求提高自己的整体素质，为下一个可能到来的目标做好准备。

祝身体健康，工作顺利！

宇龙

2019 年 9 月 22 日

宇龙：

　　你好！很高兴收到你的回信。看到你对自己有如此清晰的规划，非常欣慰。有规划说明是在思考，对于年轻人来说至关重要。接下来就是要坚决执行，能否不折不扣地执行自己的规划，显得更加重要，这决定了你的路能走多远。

　　一个完整的人生，需要有清晰的判断，有力的执行，还要有大的格局、视野、情怀。我不希望我们的学生毕业后都是精致的利己主义者，在完成你自己设定的目标的过程中，还希望你能多考虑这个民族和国家的前途和命运。只有让自己的命运深深融入民族发展的历史进程之中，才能获得最广泛的自由和幸福。就像北京大学和哈佛大学的学术地位，二者或许无法相提并论，但就在本国历史进程之中所起的作用来看，毋庸置疑，北京大学对近代中国乃至现在所起的作用，是怎么形容都不为过的。

　　人生的路有很多岔口，很多因素都会影响你的判断和方向，读书、身体、情感、交友、同学关系等等，希望你能妥善处理好这些看似和你的人生规划没什么关系的“小事情”。当然，我相信你一定能排除所有外界不利因素的影响，能够按照自己的想法，坚决有力地执行，笑到最后。

　　期待着你能够实现自己的梦想！

杨志彪

2019 年 9 月 23 日

　　這種內心的修煉也不是一蹴而就，經過多年的努力，待到成年時，具備了自己的精神品格，自然會"有朋自遠方來"。我始終相信，在這快節奏的時代，仍然會有那麼一些人，不為名利，追求理想，以天下蒼生為己任，做着有意義的事。這些難道不比名利更重要嗎？名利是一個貌似好看，卻喪失靈魂和自由的青藥。我希望我們的大學生更應該擔負起這個責任，從自我做起，為改變目前的社會環境做出應有的努力和堅持。

道法自然

与王羽柯同学的书信往来

老师好：

祝您节日快乐！

很抱歉在失意时这样腆着脸来麻烦您。不是为了一些具体的问题，而是一些不着边际的困惑。人生啦，理想啦，这样子的。在您的课上看到您可亲的样子，当时我就想，这个老师很好哎。因此便在长久的困惑下有了这封信，希望老师能拨冗相助。

说是失意，其实也是小小的消沉而已，毕竟才近二十的年纪，没经过风雨的。然而我发现在这样的年纪里，世态炎凉也有所体现。有种说法是朋友本来就是相互利用而已，不论是物质上的，还是精神上的。所以人走茶凉也好，反目成仇也罢，都是正常不过的。对于这种说法，我抱着脑袋死想了许久许久，却无法反驳它一星半点儿。似乎就是这么回事。《论语》里说，"与朋友交而不信乎"，也只是要人真诚罢了——真诚地趋炎附势也未尝不可。当然此言此行我也不认为错。圣人还会考虑"友多闻"什么的，而一般人呢？苏秦出息之前不受嫂嫂待见，及六国宰相加身，那嫂嫂"侧目不敢仰视"——"见季子位高金多也。"这还是嫂嫂啊。更何况一般人对一般人呢……

"苟富贵，勿相忘"，在毕业季听到这样的话，总叫我不寒而栗——只是富贵了才有资格勿相忘啊。如果稍稍差了丝毫，够不到富贵的标准，曾经的情谊又算什么呢。当然如果套用之前的理论，情感也是利益、价值的一种，那情谊就可以论斤买了，怕是还没有洋芋值钱。

然而有一种方式可破万法。只要春风得意,平步青云乃至大富大贵,自然可以感受世界的美好,人们的友善,友情的弥足珍贵。这样天天向上,努力打拼,践行自己的价值自然是好的。我意本不在此。高下相形,总有一些或许一时,或许一世不如意的人。有个词"屌丝"即是说它的——多么辛酸的一个词啊,还含着无奈的自嘲——相信没有生而愿困顿的人吧。这样一个金字塔式的社会,由闪耀的塔尖,成功的少数,与沉默的塔底,广大的待成功者砌就,践行着成王败寇的铁的法则——是不是太冷漠,太残忍了?

"丛林法则"这个词似乎也很流行。故事里狮子睁眼就要想着跑得更快,追上羚羊或是饿死;羚羊一睁眼就要想着跑得更快,摆脱狮子,或是死。我们的金字塔里,只是没有被吃罢了。而在一些残酷如政治的领域,败亡者又何尝能痛快求死呢。生活在地球上,面对严苛的环境,这样的社会保证了效率。并且随着时间的推移人们的生活越来越好,超脱刀耕火种,告别茹毛饮血。但毕竟仍然不是社会大同,现世的忧愁依旧,对于落于人后的"屌丝",世界还是那么不友善。而优胜者的待遇,只是"奇货可居"的友善罢了。

以我个人论,虽一无是处,但也能混吃等死过个不上不下的日子——不要太混账的话。然而上述的想法困扰着我,以至于在为"季子归来否"感动之余,不能自已。想到自己在别人眼中不外乎是一串数字,混得好还能落个"浑身是宝"的评价,混不好或许不如芋头白菜,更遑论与十多元一斤的猪肉一较高下,我就寒入骨髓,"悲伤时握不住一颗眼泪"。

有句话说"求仁得仁",或许我装做什么也不知,一头栽在富贵的路上就再好不过。然而看到这样一个私以为是事实的东西,我却怎么也放不下。说给谁说吧,好像也只能四顾茫然,只能悻悻。

屈子"被发行吟泽畔"是什么心情我难以感知，却窃以为我懂得的。毕竟我这言论悲观偏激，实在不宜说出的且容易惹人侧目的。因此更是感谢老师看完它。最后祝老师节日快乐！

　　此致

敬礼

学生羽柯

2015 年 9 月 27 日

　　羽柯同学如晤：

　　真是很抱歉，迟至今日才给你回信。主要是因为，你来信的那天恰好女儿生病住院，这几日实在忙碌，今天终于可以静下心来给你写信。

　　你是一个喜欢思考的同学，这一点很让我欣慰。我在像你一样大年纪时，还不能考虑如此复杂的问题，而你能做到，难能可贵。不但能够自己思考，还主动和朋友（我能否是你的一个朋友呢？）交流，本身就是一种积极的行为，值得肯定和赞赏。

　　你的来信，我仔细看了几遍，最核心的仍然是对成功标准的评价问题，生于斯世，如何能获得成功和快乐？ 其实这个问题不难回答。难的是，你考虑问题的出发点。社会上的大多数人都是以金钱和地位来评价成功的。在这样的成功面前，有的人是处于本真的追求，而有的人却是舍本逐末，以名利为目的，这样的成功其实并不能获得终极的自由与快乐，因为名利终将会是浮云，随着你的地位和职业而起伏。但假如你所做的一切是发自内心的，出于兴趣，乐在其中，你的事业同样会成功，从而获得名利。虽然你追求的不是名利，但名利会找到你，比如屠呦呦获得诺贝尔奖。这里有一个本、有一个末，是不能倒置的。

还有一种情况,虽然你努力了,也乐在其中,但是最终似乎什么都没得到,没有名利相随,没有社会的认可,没有亲戚朋友的认同,如同你所说,只有富贵了,人家才会不相忘。这种现象的确存在,可以说不在少数。这就要看我们如何定义自己的成功了。我认为,所谓的成功,就是付出了坚持、激情和努力之后,要勇敢地、坦然地面对所有的成功和失败。这也符合道法自然的原则。我们既然知道人总有一死,人生的意义即是在过程之中,担水砍柴,拉屎屙尿,事父事君,皆非妙道乎。何必总考虑名利呢?孟子见梁惠王,梁惠王问:叟!不远千里而来,亦将有利吾国乎?孟子说:何必曰利,亦有仁义而已矣!是啊,我们的眼睛如果总是盯着那些浮名末利,恐怕是一生的痛苦了。这种人生态度,陶渊明的诗最能体现:

> 结庐在人境,而无车马喧。
>
> 问君何能尔,心远地自偏。
>
> 采菊东篱下,悠然见南山。
>
> 山气日夕佳,飞鸟相与还。
>
> 此中有真意,欲辨已忘言。

我们为什么要那么在乎别人对自己的看法呢?别忘了,心远地自偏。这个世界上,有我们双脚不能攀登的高度,但并无我们内心不能企及的高度。这也是陆王心学的核心,也就是万物皆在我心,心即是理。我们的内心一定要足够强大、强悍,才会应付世间百态,才会拥有风流、风度、风姿、风神。我希望每个同学都能够和我一起共同体会古圣先贤如何救心救世,如何追求超越道德的价值,如何追求终极的自由和快乐,这是哲学的目的和功能,也是我们人生的意义所在。而在我的生活中,我同样也是不断地补充新鲜血液,每一个新的面孔、新的书籍,都在不断催我自省,催我自新。

我给自己的办公室起了一个名字:宇心斋。实际上就是在勉励自己,宇宙万物皆在我心,我心即宇宙,宇宙即我心。如果做到了这一点,我的人生怎么会不快乐呢?怎么会没有意义呢?窃以为,我已经能够达到这一点,不论经历风刀霜剑,还是雾霭虹霓,我都能够从容面对,希望你也能达到这一点。

随信附上我上学期期末写给我们班学生家长的一封信(参见公开信:2014—2015 第二学期期末致家长和同学的公开信),对于此时的你,应该也很适合。

顺致学安!

杨志彪

2015 年 10 月 6 日于宇心斋

老师好:

还是祝您节日快乐!

非常非常感谢您的回信,这是我在这个假期收到的最棒的礼物。一并还有我的激动和些许后悔,毕竟让您花时间在这长假。其实我还是有点拘谨的,像一只被发现的睡姿奇异的蝠,睁着讪讪的眼睛乱瞟。不过您认真的回答,还有传递的温情关怀,让我觉得阳光曝晒也好,正好暖身体。

您的观点我很赞同,而且我也是这么做的。也正是如此,才觉得痛并快乐着,尤其是孤独难捱时。我会用自己的方法排遣一番,吃一吃啦,玩一玩啦,在有风的夜里走一走什么的。当然读书也是。有时会感到朋友都在书里,可以俯嗅野花,仰观晚霞,惬意自然。在低落时人尤其敏锐,能发现爱学习的人多是为了绩点而学,参加活动的人不少是为了人脉在搅和——大家言必称利,都努力经营着自己。说起来这也无可厚非,我也或多或少是这样。可是当读到一点很棒的东西想分享时,看到熙熙攘攘的人们神色匆匆,自己想说的话发了霉还憋在肚子里,不免落寞神伤。而关于这个问题我也算是想通的:确实是自己不够强大,像还没钻出土的笋子,难免一片乌漆抹黑。因此现在我就像只腿细头大的小蚂蚁,曲曲折折地寻寻觅觅,一边伤心一边笑。

而我的问题还夹杂着另一面,就是对社会黑暗面的恐惧。我对于这个问题其实也有自己的答案,而且随着年岁的增长也经常在更正。现在我想的是不要刻意把它作为噬人的怪物来恐惧,因为我觉得它就像一个人的后背,转来转去都会在的。积极,无畏地应对,我就更能理解"强悍的人生不需要解释"的意蕴了。

很多时候,很多道理能想明白,却难以做到。这种理想与现实的差距硌得人生疼。并且这种问题听起来也格调不高:只是做不到罢了,加油去做即好,真不算问题。有一些朋友,也会因为一些问题来找我,而谈了好久之后我发现我最后给出的建议往往是"加油",想来也真是没有建设性。但他们会深以为然地感谢我,让我也心中一暖。慢慢我才省悟,原来大家都是缺爱啊,缺乏纯粹的、不加筹码的爱。这样的爱,这样的关怀,更能穿透厚厚的壳,到达软软的内心。因此我觉得,大家都不是看上去的那么坚毅,那么无味。以人为镜,我也慢慢地在理解自己,这也就是成长吧。

所以老师花时间给可以说不相识的我,我非常感动,而且感觉暖暖的,平添了一份力量,心情也好了几分。老师后边附的信,也让我有一种前途光明之感,觉得自己干劲十足。非常感谢老师。

还有就是老师提到陶渊明,对于他,我有一些疑问。我一直觉得他没自己说得那么洒脱,洒脱里带着酸酸的意味,因为他想当官来着。而他说自己躬耕的事,我觉得有作秀的嫌疑。以我为数不多的劳动经验看,他自己耕种很难养活自己吧,更不要说有闲情逸致写诗。虽然我没有深入了解他,但他给我的印象就是这样的。所以我觉得真的隐士应该是云深不知处的吧。不知老师怎么看。

此致

敬礼

王羽柯

2015 年 10 月 7 日

羽柯同学如晤:

再次抱歉不能及时复信,因为我对学生的每一封信都会认真对待,不敢有丝毫马虎,因此,必须要找一个合适的机会,容我静静思考,今天恰好即是。

首先谈谈陶渊明吧,我确信他并没有做多少农活,所有的文人都不会做多少农活,有过农事经验的已经算是不错的了,陶公自不例外。真正的农民哪里会写诗呢? 所以,对于诗歌,我一般不太去关心诗的背景,只关心从诗歌中感觉到的意境。这样做恐怕会让很多人不以为然。其实,读诗大可以仅仅就诗歌本身去理解,往往能感觉到诗的本意,那种纯美、恬淡、豪放、激情的美。虽然说,诗以言志,多多少少都能反映作者的情趣,但却无需过分追究写作的背景,仅从诗歌本身,亦可观其一二。从这个角度来说,陶渊明的这首诗所体现的田园情怀,乃是一种理想,一种境界,世人不易得,或者缺少,所以有追求的必要。

不可否认,这个世界总会有令人惋惜、发指、愤怒的阴暗面,每个人都有或多或少的接触。但是,对此处理的方式不同,直接能影响一个人的人生态度。你已经走在正确的路上,相信你会有美好的体验和结局。

如今很多大学生,不仅仅是把时间碎片化了,还把精神碎片化了,因此极度缺乏完整的人格,给人的感觉总是漂浮不定,为了功名利禄,辛苦奔波,最终也不会成为一个完整的人,其本身也会有无尽的烦恼和痛苦。这部分人,或许会有一些技能,但绝不会有爱和智慧,其实就是缺乏精神。所以,你才会有感慨:"原来大家都是缺爱啊,缺乏纯粹的、不加筹码的爱。"我一直提倡,君子之交淡如水,不掺杂世俗的利害关系,不图回报,只求精神的愉悦。这一点很难做到,但越是如此,我们越有用武之地。我始终相信,在这个喧嚣的世上,总会有那么一小撮人,仗义执言、侠骨柔肠、风流倜傥、淡泊名利、担水砍柴、洗衣做饭,为了内心的纯净和自然,默默前行。他们的终极目标,便是超越生死、超越名利、超越道德、实现终极的自由和快乐!

我希望你能达到这一点,加油!

匆匆不另,谨致学安。

杨志彪

2015 年 10 月 16 日于宇心斋

这是一个甜蜜的烦恼

与刘云德同学的书信往来

杨老师：

　　我是刘云德。我喜欢上我们学院的一个女孩，她是一个安静而有气质的人，她给我的感觉大概就像附件里的这首音乐，我上学期给她写过情书的，只不过确实很唐突，人家很礼貌地拒绝了我。

　　我决定继续写情书，不知道人家心里会不会觉得烦，我也不晓得情书都该写什么啊，一直抒情吗……我们不熟的，她是江苏人，然而我是河北的，连点共同语言都找不到啊……

　　但我也觉得即使什么都不会发生，我也不会遗憾，我可以安静地做一个旁观者。

　　顺颂文祺！

刘云德

2016 年 10 月 9 日

云德同学：

　　看到你的来信，我仿佛又回到了大学时代。有心仪的女生，可是却没有你希望的局面。而你一时又不知如何去和对方交往。这是一个甜蜜的烦恼。

　　女孩子和你不熟，你对她的情况也不是很了解，甚至都没有共同语言，这样的追求注定是不会成功的，这一点都不奇怪。如果她一下子接受了你的感情，那才有些奇怪。这只限于两种情况：一者你是一个超级帅哥，各方面的条件都很优越，人见人迷；二者她正在经历感情的阵痛或者由于大龄等其他原因急于要找一个男朋友。很不幸，这两种情况都没有发生，所以你只好品尝这种苦涩。

你既然喜欢她，她又是礼貌地拒绝。那么，你可以给她回一封信，这封信不是情书。主要的意思就说理解她，并尊重她的选择。但你一定要表达这样的意思：既然不能做男女朋友，那就做一个普通朋友。这就为以后你们的继续交往创造了基础。你需要做的，就是远远地观望，创造一些不经意的机会接近她，了解她。也可以关心她，比如生日的时候、寒暑假回家返校等时刻，女孩子其实都是需要关照的。在接触的过程中也不要急于求成，就做一个好朋友。在这个过程中要不断增强自己各方面的能力，让自己变得更优秀，比如学习、比如体育、比如其他能力等。她一定也会关注到你的。

这样的时间可以持续 1—2 年，默默的关注、不经意的交往、偶尔的交集、生日时的祝福（买礼物的话不要买很贵的，体现你的特点或者她喜欢的东西就好，甚至发个短信也是不错的）、她需要帮忙时及时出现等，有些事情就会水到渠成了。或者你更加喜欢她，或者你对她的了解深入以后，发现还不一定适合自己，这其实是一个双方不断了解的过程。

感情的事，急不得，多留些时间和空间，给双方充分的自由，结果自然不差。希望你有好运。

杨志彪

2016 年 10 月 10 日

杨老师：

收到您的回信，我非常高兴，果然是旁观者清，我还是有点迷糊。

现在我平复下心情，觉得这种事情确实是不可强求的，我什么优势都没有，还是顺其自然比较好。我既不能表现得过于热烈，但也不能像不认识一样。我的主要精力还是要放在修炼自身这件事情上，绝对不能因为这件事情就沉浸在痛苦之中。

但是我绝对不能不作为，我既然喜欢她，就要适当地表现出来，但是要控制自己的行为，不能只顾着表达自己的感情而忽视了对方的感受。我也要尽量展现自己，毕竟酒香也怕巷子深，自己做得再好，没有人知道也是不行的。还要像您说的那样，默默关注，不经意的交往，生日的祝福，及时的帮助。倘若我真的能做到这些，我也就不留遗憾了。其实这些我觉得可以用几个字来概括，就是等待与陪伴。

谢谢杨老师的指导！

顺颂文祺！

刘云德

2016 年 10 月 10 日

适度舍弃，让你的世界变得更加安静

与王庭同学的书信往来

杨老师：

　　您好！

　　我在高中分科时，虽然选了理科，但对于人文类的很喜欢，高中没有用智能机，喜欢摘抄了解一点古典文化。分科后自己看了政治书上有关哲学的部分。对于中国传统文化我也是很有兴趣了解。

　　对于死亡的考虑。我特别害怕鬼片，从来不看。有一天我想着想着，发现人类对于任何事物的恐惧都来源于对死亡的恐惧。比如说，恐高，害怕老虎狮子，等等。然后我试着，告诉自己，我不怕死，看向黑暗，假想出来了一只鬼在慢慢走近我，然后我发现我不害怕了。（不知这些在您听起来是不是很搞笑 hhh，不过我当时确实是这样）

　　That's all.

学生：王庭

2016 年 2 月 24 日

王庭同学如晤：

　　兴趣是最好的老师。既然你对中国的传统文化有兴趣，不妨多投入一点时间，我们一起来认识那些曾经和正在中国大地上熠熠生辉的思想光芒。而且这种认识过程应该伴随你的一生，唯如此，方不辜负自己的生命。

　　至于对死亡的恐惧，每个人都会有自己的感觉，如人饮水，冷暖自知。我不会觉得你的体验可笑。恰恰相反，你的描述让我感觉很真实。这是一个健全人格必备的素质——诚。中国传统文化和西方文化一样,对诚的认识都是极其深入的,对个人要求也是极其严苛的。现今社会亦如此。所以,我喜欢真实的人,真实的同学。希望你保持下去!

感谢你的来信,希望我们在彼此的交流中都能有所收获。

匆匆不另,顺致学安。

杨志彪

2016 年 2 月 26 日

尊敬的老师:

您好!

其实每次看到您的信,都有点小的触动,然后心想,晚上回去了要给您发邮件,说什么什么。结果,由于功课作业,以及其他琐事,这个念头很快就被兵荒马乱的生活淹没。(嗯、其实就是为拖延症找了个借口⋯⋯)

先说说以前想跟您发邮件却又忘记发时想说的事吧,好在都一一细数着还记得。

(一)记得我们小组第一次展示的时候,您批评了我。说我一直在看讲稿,准备不充分,而斯雨就没怎么看。我们之后的两个小组展示的同学也表现得很好。我感觉你夸他们的时候总是在批评我准备得不好,其实很难过。但是想想,自己确实做得不好。前一天在赶高数作业,ppt 由小组的其他成员做,周二上午才拿到,根据自己的想法粗略修改了下。通过这件事情,我得出了一个结论:ppt 最好是谁讲谁做,否则会造成做的同学放在 ppt 上的内容讲的人觉得不好讲没必要讲,而自己想讲的东西又没有在 ppt 上。从这以后我在其他课上展示的时候必定会亲自做 ppt，并且提前讲演自己彩排一下，尽量准备得充分点。还有一个感悟就是，为什么有的人口才好。口才好表现在不看讲稿，但能将准备讲的内容一一罗列，理论阐述具体举例需要什么都能讲出来，或许只有多练吧。回想自己在高中的时候经常上台给同学们讲题，虽然口才依旧不好每次要在班会上讲话时还得大致写讲稿，但至少比现在胆子大。或许是在大学里周围的同学都不认识吧，感觉自己变内向了，在课上更是没有高中活跃。Anyway，自己就这样浪费了一次锻炼演讲的机会。

（二）有一次上课时赵盛隆同学小组的演讲是跟上大学后压力依旧很大有关的。当时很感谢他能够讲出来，压力存在于每个人心里，但讲出来需要巨大的勇气。因为我一般压力大的时候，想表达一些负面的情绪，又不方便在 QQ 空间和朋友圈发，就去一些没有人认识我的社交网站比如新浪微博，说各种自己想说的话。他在上面演讲的时候，我的心里在翻涌，脑海里像放电影一样，一幕幕在倒带，大一上的点点滴滴，高三的日子，分明才过去不久却犹如隔了一个世纪。作为船建学院的学生，或许压力没有电院、机动的大，但其实作为女生，学理科的那种逻辑思维并不强，高数啊大物啊理力啊，对于自己很有难度，非常有难度，再加上没有高中时 24 小时可以随时问老师、一套套卷子强化，学习起来更困难了。他在讲的时候最后讲到了想一想山区孩子渴望读书的眼神，这一点其实我以前也有想到过（大脑不停运转，有时很执着地一直想一个问题，不知道都在想什么）。

虽然压力很大，但也要发现这个世界的温柔。在百度栏里输入"如何自杀"，搜索结果是"虽然这个世界不完美，我们仍可以治愈自己"。记得微博上榜姐有一天的话题是"说说你为什么而活着"，热评看完后心情沉重。"为母亲,她让我知道什么是'女子本弱,为母则刚'""因为一个人最大的孝顺是想尽办法死在父母后面""我们这一生/如果平平安安直到老去/几乎是大幸/错过了飞着飞着就不见的航班/躲过了突然就失控狂奔的车辆/避开了凌晨因为地震崩塌的城市/如果你不小心撞上这一次在深夜来临的末日/对不起/我们真的不知道能做什么/一切能让你离开的安心的事情/我们都愿意做/如果你没有/接下来的日子里/请使劲活着""长到这么大,我说不出来我最爱的一部电影,说不出来我最爱的一首歌,说不出来我最爱的一个人。时常觉得人生其实没那么有意义,所有来自书上和人口中的意义都不曾说服过我。但今天突然觉得,大概人生最大的意义就是用余生去找到那些最爱吧——德卡先生"……

所以,活着的意义或许就是,为活着而活着吧。

在一起的时间总是短暂,回想不知不觉过去的九次课,从第一节课的感兴趣、欣赏、聚精会神,慢慢到后来的为了赶理科作业而不仔细听讲(为了 Science 而放弃 Art,一如高中的做法,作为理科生,或许很多时候会觉得做做作业才是实际的,只是坐在那里听人文课"浪费时间",这可能是高考前遗留下的习惯和看法,总会抓紧一切时间写作业写卷子,当然这个看法是错误的),或偶尔打开手机看看(时间碎片化啊)……sorry, to you, and, to me。

之所以今天想起来写邮件,并不是作业都做完了,只是,很多时候,嗯,择日不如撞日,或许拖延症会少一点,而且被所剩无几的课时刺激到了。记得 TED 演讲有一期题目是"你有拖延症吗?"每天在赶 deadline,但其实生活中有些重要的事情有 ddl,还有一些同样重要的事情没有 ddl,比如锻炼身体,比如开始早睡,比如和父母打电话,比如开始做自己喜欢的事情,再比如给你发 email……希望可以克服拖延症,想起来什么就做什么吧。

有阳光,有鸟鸣,有暖风,有落樱,还有星星。

学生:王庭

2016. 4. 21 东上院靠窗的座位

——何时都应不失文艺之心,不失童心。

王庭同学:

你总是给我一些惊喜和意外。没想到一上班就看到你的长信,虽然语句有些凌乱,我还是读懂了大致的意思。

关于演讲的问题,你可能也感觉到了,我在点评的时候还是比较直接的。做得好的,毫不掩饰地点赞,做得不好的,我也直言不讳。目的只有一个,希望同学们重视这件事情,最起码在运用 PPT 表达自己的想法时做到游刃有余。虽然你当时的演讲不尽如人意,但是你认识到了自己的不足,后面准备其他演讲时格外认真,这就是最大的收获。

关于压力,那天赵盛隆的演讲我也很感动,你们或许没有注意到,我在点评的时候,非常动情地回忆了自己的求学经历,甚至一度哽咽。是的,好的演讲总是会引起听众的共鸣。你知道儒学存在的基础吗?世间情。正是这种最朴素、最真实的情感,才会令你在不经意间猝然于心,像阮籍、像卫介。我们在慨叹古人为何能做到那么潇洒、那么率性的时候,很多情况下忘记了自己,忘记了自己实际上也是这样的人。为亲人、甚至一个陌生人去流泪、痛哭,都是值得肯定的。也正是具备了这样一种豁达率性的风格,我们才能够经得住所谓压力的考验。就像你说的那样,到处"兵荒马乱",我们如何自处?

若非有一个强大的心脏，在这个世界上，生命的小船说翻就翻了，哪里还有我们的安身之地呢？

我非常喜欢竹林七贤和程朱理学思想。他们总是那样地打动我的内心世界，每次读他们的著作，都觉得我对生命的理解更进一步。自然地，就能更好地处理压力和周围那些不尽如人意的事情。你们的压力不小，这种压力更多的是一种浮躁产生的焦虑。因为外界的诱惑太多，对什么都无法割舍，"执迷不悟"，而分配到主要事情上的时间和精力相对较少，这样的后果就是不停地在赶 DDL，像一个机器。实际上，在生活中可以舍弃一些东西，你的世界自然就会安静。主要矛盾解决了，压力也就自然消失了。

我很喜欢你拍的那张照片，那是红叶李吧，单薄的花瓣迎风飘摇，她很快就会谢掉。花谢花飞，缘生缘灭，这都是自然规律。不喜不悲、坦然处之，和着春风，寻找自己的内心世界吧。

此致学安。

杨志彪

2016 年 4 月 22 日

我把你们当成自己的孩子

写给张君名同学的信

君名：

　　你好！收到了你的短信，略慰！谢谢你对我的信任。周日晚上我也是情绪不好，如果因此对你造成了什么不必要的误会，我向你真诚地道歉，请你原谅！

　　你是我非常看好的一个学生，修养高，独立性、自律性都很强，我也对你寄予厚望，相信你会实现自己的梦想，这个是不容置疑的。当然，我可能有些心急了，我自己也意识到了，我的出发点虽然是好的，但可能采取的具体方式和方法很值得商榷，导致有些同学的误会吧。你们在学校里，在我的心中每一个同学都占有非常重要的地位，你们的欢乐、苦痛、烦恼，也是我的欢乐、苦痛和烦恼。不论怎样，我都希望你们快乐、健康地成长，这是我做人、做班主任的基本原则。

　　说到这里，其实有些话我是很不想说的，就是你可能也知道我为什么要从事班主任这个工作，在很多场合我都说过。但那是表面现象，更深层的原因我和谁都没有讲过，今天我也不打算和你说，只想告诉你是因为我个人和家庭的原因，涉及内心世界。我不为名、不为利，就是想能把大家带好，所以我才会投入这么多的精力和金钱（比如每一次班会请一个嘉宾，讲课费最少都是 1 000 元，这些钱都是我自己掏腰包，还有礼物赠送、吃饭、住宿、接送等等）。这些，其实我都是可以不做的，没有人会指责我，但我的良心会指责我。所以，我才愿意和你们交流、交朋友。每当看到经过我的努力，帮助咱们班很多同学解决了情感、资金、学习、生活中的很多问题时，也是我最高兴、最骄傲的时刻。

　　我在备课时、给同学写信时、与同学聊天时，我都能强烈感受到你们的精神和梦想。我能做的，就是尽自己最大的努力，去开导、去影响。当然，自己能力也是有限的，这时候就求助于别人，比如孙强老师。在接手你们班的大半年的时间里，我也深受教育，更加深刻地理解了惠勒的话：大学里为什么要招这么多大学生呢？纯粹是为了教育大学里的教授。我在和你们交流的过程中，你们也在不断影响我，催我自信、催我奋进！

　　君名，我是把你们当成自己的孩子的，所以喜怒哀乐，皆形于色。这次，既然你在和妈妈交流后能够自己想通了，那我非常替你高兴！希望你一直保持下去，快乐生活、健康成长！当然，如果还认为我能帮到你什么，也随时欢迎。

　　顺便说一句，你爸爸不光是一个体格健壮的人，也是一个好医生、有良心的医生！

　　祝你开心每一天！

杨志彪
2014 年 5 月 12 日上午

要对得起有限的时间

与霖梓同学的书信往来

亲爱的杨老师:

您好!

杨老师,看到您给我的信,真的非常感动,非常感谢您对我的关心。

那我们就正式开始(这还真的是我第一次跟老师进行这么走心地交流)。

我就先说说过去和未来吧。其实上大学以来,我就一直特别迷茫,对未来有种说不出来的恐惧,总是觉得我差别人一大截,以后找不到工作。现在也是这样,可能是因为对专业不了解,对要选什么专业、以后要做什么总是没有一个大概的看法。对上个学期,我觉得自己背了什么包袱,不知道自己该以什么方式去进行我的大学生活。学习要学多久,社团应该花费多少时间,我好像一直在摸索,自己在做些什么学生工作的时候看到别人在学习总会觉得自己又落了一截,别人在做社团事务的时候我又觉得自己没有锻炼自己,从小我就一直是一个特别矛盾的人。我想我知道什么是对的,但我却总没有勇气坚持下去,这个学期我想好好认清自己,认清自己需要做什么。上个学期看的书也比较少,希望这个学期能好好分配时间,不要患得患失。

再说说我对生命的思考。我总觉得生命是一件很神奇的事,在这个世界上,有几十亿件事同时发生着,而在我的世界里我是主角,别人仿佛都是来配合演出的……我描述得不准确,也没法描述这种奇妙感,世界太大,每次想想生活之类的东西,就只能惊叹。还有长大,总让我觉得不会发生,就是一想到我未来会毕业、会有自己的工作、有自己的生活,觉得很不可思议、很遥远。有一天,我突然想到爸爸妈妈也是有爸爸妈妈的,他们像大树一样照顾我们,我都忘记了,他们也曾是被呵护的。我大概以后也要这样,会要和父母渐行渐远,慢慢开始我现在没办法想象到的生活。这个问题很奇妙,我越想越觉得不真实,我总觉得以后永远不会来到。就好像我过去觉得高考很远,大学很远,不会来到我身边一样,现在来到了,觉得好像也只是平平淡淡,很正常。

才来交大一学期,暂时还想不到对交大的什么建议。对学院,我倒是有点想说,我们学院有个和康奈尔大学的 2 + 2 计划,我其实很想参加,但是因为要自费,所以打消念头。不知道别的学院怎么样,但是还是想问问学校,这个能不能争取到公费呢?(嘿嘿,其实我主要想插句题外话,在我们学院想要公派留学有可能吗?我挺想去国外学习学习的,但是如果要自费,我的确负担不起。)有一次,和同学几个聊到未来,就觉得很难,不知道自己要做什么了,我也知道,我们现在才大一,看得不远,现在学好专业知识才是正经的,但是其实还忍不住忧愁,自己是不是还忘了准备什么。现在也想借这个机会请教一下老师以上的问题(谢谢老师)。

对班级,我觉得我们班绝对是联系得很紧密,同学关系都比较密切的班级了。非常感谢杨老师对我们的关心和帮助,我想我们每个人都会记住这段经历的,不管以后在哪个专业。我还是挺喜欢全班同学一起参加一个活动,我虽然平时喜欢一个人,但是每到大家一起活动的时候就觉得欢乐多多,可能是因为很多个元素的碰撞。建议也没有什么,我觉得 F1815002 现在就很好啊。

对我们国家的关注,我想说说跟我比较有关系的一个,就是高校的建设。第一个就是资源的配比,我来自江西,是一个全省只有一所

211 的省份。所以对我们来说，想要考好大学就必须出省，所以就会很难。我觉得白岩松说得很对，一个国家的教育应该体现在平均水平（不知道记得对不对，但大致是这样），我觉得我们国家的资源配比就不太好。本来应该是"百家争鸣"的，但现在，好大学在不同的人口中好像也就是那么几所。这个太费脑了，我还是不说了。另一个就是学校的教育。其实，说实话，我对现在开办的选修课不太满意，我并不是针对老师，而是一些现象。选修课现在好像成了刷学分的工具，学生不重视，上课写写作业的同时听听知识点，老师对学生的不重视好像也不紧张（不是说所有，我现在在上生命科学史，我觉得这个选修课就很好，课上老师讲得很清晰，课后也会留思考题）。我不知道是不是我的想法的问题，但是我觉得如果国家要抓大学生本科教育，那就不仅要把专业课抓紧，选修课同样也很重要。既然要花这些时间，就应该好好地建设各类课程，否则，这些时间没有发挥到最大效益，反而还浪费了不少。

　　好啦，我说完了，有些词不达意或是逻辑不通，还望老师谅解。还要跟老师道个歉，拖了这么久才回给您，因为前几天找不到完整的时间，所以就耽搁了。

　　此致

敬礼

刘霖梓

2019 年 3 月 16 日

　　霖梓淑览：

　　来信收悉，很高兴你愿意用书信和我交流。

　　先针对你的来信说几个具体问题：

（一）你对专业的不了解，导致对于前途的迷茫。我记得当初找你谈话的时候，也说了一些的，也许你当时不是很了解，也就没什么印象了。后面我会找机会再开班会，给大家做详细介绍。总之呢，不要因为不了解而放松了学习。当然，你的学习成绩还是挺不错的，大家都对你"顶礼膜拜"呢。所以，你的犹豫和彷徨，以及对自己的生活状态的不满足，都在不断引导你朝着更高的目标迈进。

（二）关于康奈尔大学的2+2计划，我特意去学院的合作交流办公室咨询了一下，如你所了解的一样，全部需要自费。不过你也不用沮丧，如果真想去国外读硕士，也可以毕业后申请留学，那样就可以申请全额奖学金了，以往每年都会有几名同学出国留学。前提是，前三年要通过外语（托福或GRE或雅思），并且GPA要高，这样就能申请到好的学校。所以啊，只要有梦想总可以实现。

（三）你对教育资源的配置很有想法，这是好事情，说明你并不是一个读死书的大学生。教育发展不平衡也的确是不争的事实，也与新时代的主要矛盾基本吻合，那就是人民群众对美好生活的向往和发展不充分、不平衡的矛盾。在几个中心城市，有很多好的学校，然而在经济欠发达地区，好的学校就相对较少。国家其实也认识到了这一点，所以出台了很多计划，比如贫困专项、农村专项，少数民族优惠等政策，都是对这种现象的弥补。当然，由于历史的原因，我们各省的发展目前还很不平衡，要想做到绝对公平，目前还是很有难度。随着我们经济的不断发展，人民生活水平的不断提高，全民小康的实现，这种现象一定能得到解决。

（四）学校选修课的数量还是挺多的，大部分课程都是非常优秀，老师也很努力，基本能够满足学生的需求。但是每个老师的要求不同，课堂效果会有一些差距。我也曾经参与和主讲过选修课，课堂环境的维护的确很重要。这里面不排除个别老师的重视程度不高,导致一些问题。但更重要的是要学生自己改变学习习惯。就我的观察和了解,目前学生的人文素养和科学素养普遍不高,在一些要求不高的选修课上,不去主动学习,反而利用这样的课程去做其他课程的作业,不会好好利用这有限的时间,眉毛胡子一把抓,最后哪门功课都没有学好,综合素质的提高就无从谈起了。这就是典型的不会安排时间的结果。我希望每个同学都有一个正确的学习态度,只要你选了,就要对得起有限的时间,对得起自己,对得起年华。

我不知道你说的"生命科学史",是否是孟和老师主讲的,如果是,那你的确很幸运。那门课程是国家在线精品课程,是交通大学的金课,我也是课程组成员之一。

生命的确很奇妙,最令人着迷之处就在于永远不会知道若干年后我们在干什么。有人说人生的意义在于奉献,有人说在于追求,有人说在于名利,有人说在于不断地追问人生有什么意义。我说人生百年,总有一死,不论王侯将相还是凡夫俗子,最后的结局都是一抔黄土。所以,过程就显得尤为重要。我经常吟诵艾青的那首著名的《我爱这土地》:

> 假如我是一只鸟,
> 我也应该用嘶哑的喉咙歌唱:
> 这被暴风雨所打击着的土地,
> 这永远汹涌着我们的悲愤的河流,
> 这无止息地吹刮着的激怒的风,
> 和那来自林间的无比温柔的黎明……

———然后我死了，

连羽毛也腐烂在土地里面。

为什么我的眼里常含泪水？

因为我对这土地爱得深沉……

　　我不知道你是如何理解这首诗的。诗歌最擅长的就是用具体的事物表现抽象的情感。作者的题目是"我爱这土地"，用的是"土地"而不是祖国、故土、母亲、亲人，这就是整个诗歌的魅力所在。为什么这首诗能够恒久地传唱？因为，这首诗既可以表达对祖国的热爱，也可以表达对故土、母亲、爱人的眷恋。不论我们的国家经历何种艰难险阻，不论我们的父母经历何种痛苦和欢乐，我们爱他们的心永远不会凋零，甚至为他们牺牲自己。这就是最深沉、忠贞的情感。

　　人活一世，如果能有这样的情感，自然就会充满温暖和力量，人生的意义就会明朗起来。今年开学初的时候，我看到轩嘉同学的妈妈发了朋友圈，全是轩嘉的背影，表达了自己送孩子上学的不舍和眷恋，我深受感染，很快写了一首小诗，现在发给你看看：

背影

小时候

看你的背影

是欢喜和满足

蹒跚的步子

胖嘟嘟的脚丫

让我着迷

上了小学

看你的背影

是活泼和期盼

盼着这一天快快结束

好让我尽快再牵你的小手

听你

奶声奶气地讲学校的趣事

读了中学

看你的背影

多了几分匆匆和辛苦

披星戴月

酷暑严寒

为的是能上一个心仪的大学

到了大学

看你的背影

充满了等待和眷恋

一去故乡三千里

没有了朝朝暮暮

总盼着短暂的相逢

每次回家

不舍得让你离开半步

可开学的日子还是如期来临

送你，又怕看你离开

　　　　我怕

　　　　今夜的梦里

　　　　见不到你的背影

　　轩嘉的妈妈告诉我，本来以为自己足够坚强，但看到这首小诗的最后，还是没有忍住泪水。好的文字，不在于多么华丽，而在于是否有真情实感，是否能触及心灵。中国人是十分重视感情的，我们的社会本质上也是一种家庭情感维系的社会。因此，这种情感就是我们生命的意义所在。推而广之，无论是集体、国家还是民族，都是在这种情感维系之下的升华。为什么我们总是在说"家国情怀"，此时或许你就能明白了吧。

　　书短意长，恕不一一，余言再叙，顺致学安。

杨志彪
2019 年 3 月 20 日

杨老师：

　　您好！我已经收到了您的回信。

　　杨老师放心，我虽然迷茫，但是我一直没有放松学习，我知道未来的路不论怎样，现在做得好只会有益处，越是迷茫，越是要努力。

　　是的，我选的"生命科学史"确实是孟和老师主讲的，我也确实非常幸运能选到这门课，真的觉得收获非常多。

　　老师写的诗我很有感触啊。我第一次来到交大的时候，离开家的时候，我坐在车上，妈妈在车窗外对我说，好好照顾好自己，想到十多年来妈妈对我的陪伴，想到最后妈妈说她想和我一起来学校，一种心酸就涌上来。之前自己还说过不要父母陪，要自己来学校当作从高中到大学的改变，现在想想真是觉得很幼稚啊！

对家国情怀，我最大感觉就是家和祖国都是能给人带来温暖的地方，我没办法给出一个对家国情怀的准确定义。但我会始终怀着对家，对父母，对国家诚挚的情感。

上周实在太忙，我都没有时间回信了。我觉得我真的很幸运，一路上我碰到的总是一直在帮助、关心我的人。杨老师，真的非常感激您对我的鼓励和关心，我会好好记在心上的！

此致

敬礼

霖梓
2019 年 3 月 29 日

霖梓如晤：

29 日来信收悉，因适逢清明节小长假回老家扫墓，今日迟复为歉！

从来信得知，你对自己的学习生活规划得很有条理，能够明白自己该做什么，不该做什么，令人欣慰！

最令我印象深刻的是，你对家国情怀的认识。我们能够有这样的美好生活，离不开祖国的强盛，离不开家庭的和谐，离不开社会的安定。因此，我们个人的发展一定要融入民族振兴的洪流之中，这样才有意义，才有价值！

春和景明，又适逢交大校庆，我最近写了一首小诗，也发给你欣赏一下：

春风拂过思源湖

你从一百二十三年前的春天缓缓走来
你是春风
你是春水
你是诗

你吹皱了池水
荡漾着岁月的涟漪

你播洒绿色的希望
参差了菁菁草木

你催开满树花朵
烂漫了最美的青春

你摇落片片花瓣
诉说一个又一个交大人的相聚和别离

你用柳枝为笔
写下最温暖的祝福

你用桃红作画
五彩的梦便氤氲在湖中

你抚摸着高低错落的建筑

凝固赭红色的回忆

你用温柔的目光

演奏着回家的曲子

你呼唤归巢的倦鸟

你倾听赤子的心声

你凝望迸发的力量

你攀登每一级台阶

你守护每一株嫩芽

你歌唱万古长空

你头悬一轮明月

你是醉人的诗

你是春水

你是春风

　　希望你也能享受这美好的春天，感受交大的光荣与梦想，感悟交
大的文脉与精神！匆匆不另，顺颂学祺！

杨志彪

2019 年 4 月 9 日

乐以忘忧

与明明同学的书信往来

明明同学：

　　你好吗？今天整理课程资料的时候，发现了你当时的《中国传统文化中的哲学思想》课堂作业，以及后面的留言。很多感慨！一晃两年多过去了，世事茫茫，不知你现在状态如何？念念！

杨志彪

2019 年 9 月 29 日

尊敬的杨老师：

　　您好！万分感念您的惦记！我最近状态还不错，非常感谢您的关心！

　　是呀，一想到当初上您的课的时候，我还只是个刚步入大一的学生，如今都已面临毕业了，实在是很快呢。两年多的时间以来，恍然间总觉得自己和之前没有多大变化，却又总感觉变了很多，实在是奇奇怪怪的感受。之前上您的课的时候在作业上和您倾诉的事情，我已经很少会想起，但是说实话，心里总是有个疙瘩，虽然感觉家里的生活还挺和和美美，可我终究不再是以前那个全心全意信任爸爸的小女孩了。其实这件事情，我最心疼的还是我妈妈，我自己倒还好，加上去年暑假我外公去世了，我忽然间就觉得，妈妈失去了自己的港湾，我必须要让妈妈觉得我可以让她依靠。总之，杨老师您放心，我状态还挺好，对妈妈更加体贴了（我觉得这是我成长的一点），更珍惜和家人在一起的时光（因为外公的离世有了好多的感慨），也总是尽量给他们带来欢笑。

有的时候想想，在生死面前一切都好脆弱，我想尽量不留遗憾地对待每一个爱我和我爱的人。我外公去世的时候，太突然了，我都没来得及和他告别，我觉得他在世的时候，我没有常去看望他，这是我很遗憾的一点，所以我现在特别珍惜和家人一起的时光。

关于我的近况，我申请了交大计算机系的直博，以后就进行密码学的研究了，这也是自己喜欢的研究方向。

再次表达我的感动之情，能够遇见您并能被您开导鼓励是我极大的幸运。不知您的近况如何，期待您的回信！

祝好！

学生：明明

2019 年 9 月 29 日

明明如晤：

没想到这么快就收到你的回信，知道你的近况安好，特别是直博了计算机系，祝贺之余，欣慰何如！

生活就是如此，日升日落，缘起缘灭，就像这眼前的流水，在不知不觉间已经流到了远方。每天的日子看似没什么变化，加上了时间，就有了令人惊叹的量变和质变。在这个时空里，与宇宙的浩渺比较起来，我们能够做的实在是太少太少，但是仍然有很多有意义的事情等待我们。比如你说的亲情。你对母亲的爱和体贴，母亲一定能体会得到，你在这个过程中学会了爱，同时也会被爱。世事无常（就像你外公的去世），有的时候，真的没有办法去挽留。佛教里说的人生八苦：生老病死、爱别离、怨长久、求不得、放不下，时时刻刻都会在身边发生，因此，佛法要告诉我们生而为苦。我们要做的，就是努力减少这些烦恼对自己的影响，乐观、积极、豁达、博爱，都是可以实现这一目标的途径。

我目前主要也是教学、科研还有本科生班主任工作（2018 年我又担任了新一届本科生的班主任）。我目前也逐渐恢复平静，逐渐回归正常的生活，虽然永远也不可能回到原来快乐的三口之家了。但我也像你一样，在逐渐地学会如何坚强地面对生活，面对苦难。我把更多的时间留给了我的学生，和那么多可爱、聪明的本科生孩子，和他们一起度过在交大的青春时光。在这个过程中，我逐渐找到了自己的价值所在，也得到了学生、学校和家长的认可。特别值得一提的是，我与学生的书信往来已经结集出版了，书名就叫《时雨集》。主要收录了我们班级同学和我的书信交流，也有少量哲学课上与同学的交流。这本书里，涉及很多主题，理想、信念、情感、生活、坚持、身体、健康、人文、科学等等，是自己对教育的理解和总结，也是对自己勉励，更希望对学生能起到一些作用。现在还在持续积累素材，争取三年后能出版《时雨集》第二部。

工作之余，我还坚持写诗。这成了我的精神寄托。特别是心情不好的时候，我都会把它转化成诗的语言，思考、沉淀、总结。当然也得到了一些鼓励和支持。学校党委宣传部已经邀请我和另一位摄影师周思未，共同出一本《诗画交大》，一画一诗。现在已经在排版中，如果顺利，年底应该能问世。这本书既是自己的业余爱好，也同时为校园文化建设做出了很大贡献。另外，学校专门在上海交大报副刊上为我们的诗画作品开设了专栏"校园诗画"，每期都会刊载我们俩的三五幅（首）作品。上海交大报现在一餐、行政楼 B 楼、图书馆一楼等很多地方都设有报架，可以免费取阅。

很多东西我们无法改变，但我们可以改变自己，去适应环境的变化，并在这个过程中找到人生的意义。我想，我们都在努力这样做，我们一起加油！

期待能经常看到你的消息，祝你国庆节快乐！并致学祺！

杨志彪

2019 年 9 月 29 日

进一寸有一寸的欢喜

与彦晓同学的书信往来

亲爱的杨老师：

您好！其实很感谢有这样一个机会来回味自己逝去的一年，毕竟总结是对未来更好的展望，也希望留下过去那一点点宝贵的经验和教训吧。

1. 积极加入社团和工作组织

开学第一周的时候课业比较轻松，闲置的时间很多，我觉得很迷茫，找不到方向，让自己放纵地玩又不太适合。后来我积极去面试各种组织和社团，直到现在还很记得收到一条条"面试未通过"信息时的失落心情。

但是啊，前路漫漫，仍需一步步，一步一个脚印，慢慢地前行。

所幸之后成功加入了志愿服务类的晨曦志愿者服务社，加入了学生服务中心的勤工助学部，也在这里遇见了更好的自己。

现在回想起来，真的很幸运能够顺利通过晨曦的面试，它在那个懵懂的时候给了我无限的温暖，于是我开始融入大学，融入大学生活，慢慢地成长。

在勤工助学部工作伊始，我真的非常认真，都说大一新生都是有着一股热情并且细心好奇的小朋友，这在现在大二的我看来真的非常真实。到了大二，冲的劲头其实没有大一那么足了，但懂的是更多了。在勤工助学部工作了一年，从当时的小萌新过渡到面试小萌新的老部员，在这一过程中我学会了与人打交道，也认识了一群可爱的伙伴，很开心很自豪。

2. 从平时就要认真学习,学完知识点要学会总结(不要用没时间来搪塞自己)

平时不用功,考试周苦成狗。对这句话,我真的太有体会了,我大一的时候太懈怠了,像高数、线代作业我都是不自己去思考,不去总结知识点,总是听完就完了,作业匆匆忙忙地完成。我现在回想起来,对自己这种懈怠、不爱学习的这个特点特别讨厌和懊悔。其实当时也知道这不是当代好大学生应该有的学习态度,但有的时候却真的这么做了。

所以任何时候都要坚守自己的底线。作业独立自主认真地完成,课后总结知识点,课后还可以多做习题(比如大学物理这种我相对薄弱的科目)。我深深地明白一个道理,如果你自己都无法坚定信念去学好一个科目,那真的没有人能帮助你学好。

3. 自律性是可以锻炼的,也不要玩太长时间的手机

大家都知道,手机玩多了真的浪费时间。

但很多人也会说:"我就是想玩手机,我自律性太差了。"

大一的我也这样说过。

早早去图书馆,打开的并不先是书本,而是手机。拿手机聊天,刷视频,看淘宝。

唉,其实现在大二了,也不能说自己就完全能控制自己不玩手机,我还是经常玩手机的。只能说我正在努力改变吧。加油! 我会变更好的。

4. 在大一时缺乏自信,总是羡慕别人,贬低自己

周围优秀的人越多,就越觉得自己微不足道。

周围聪明的人越多,就会觉得自己有多努力也比不上别人。

大一有好些时候都很自卑:写题写不出来的时候,考试不懂的时

候,考试周复习到自闭的时候。

我是一个很容易羡慕别人的人,羡慕别人的才华,羡慕别人的生活。

但之后我慢慢懂了,我自己其实也很优秀,一个人一定要先有自信,一定要相信自己,才能够做好每一件事情。

每个人都有每个人的优点和缺点,我们都是最棒的。

我也在慢慢变优秀。

加油吧!

5. 前路很长,好好学习,才能走得更远

像是大二忽然醒悟了,我比大一更专注于学习了,希望能够获得保研资格,有更多的选择机会。

最后想说,谢谢杨老师。

希望我能坚持努力学习。

愿阅尽千帆,归来仍是少年。希望我能勇敢地找到自己喜欢的东西,勇敢地去做。

您的学生:彦晓

2019 年 10 月 3 日

彦晓同学:

国庆节期间收到你的来信,很是高兴。只因当时有些事情,没有大块儿的时间给你回信,迟至今日回复,深以为歉。

你的来信系统地回顾了自己一年来的成败得失,以及对未来的规划和展望,很详细,很具体,值得每一位同学学习。

我们经常说一个人要有目标,有想法,不然就失去了生活的意义,因此总结、反思、规划就显得十分必要。有的人忙忙碌碌,但不得法,终究会陷入迷茫。在这一点上,你目前做得很到位。一是找到了自己的兴趣点,加入了晨曦志愿者服务社。我很欣赏这个社团,给人以温暖和力量,给自己以爱和坚强。而且你在这个社团中逐步成为骨干力量,能够把这爱和智慧传递给更多的人。其实人生在世,在帮助别人的时候,也是在帮助自己,所谓渡人渡己。我一直坚信,在这个世上,一定要有那样一些人,不在乎名利,只为了内心的爱,侠骨柔肠,仗剑天涯。世界因为这些人变得温暖,变得可爱,特别是在有些比较功利的社会氛围之内,尤为难能可贵。我希望我们都是这样的人,一起加油!

你对自己的自律性进行了深刻地反思,令人钦佩。其实,这就是"慎独"。"慎独"是我国古代儒家创造出来的具有我国民族特色的自我修身方法,最先见于《礼记·中庸》:"道也者不可须臾离也,可离非道也。是故君子戒慎乎其所不睹,恐惧乎其所不闻。莫见乎隐,莫显乎微,故君子慎其独也。"通过这段话,你应该能明白,所谓慎独,从字面意思理解的话,就是审慎地处理自己独处的所有行为和思想。因为有外部规范约束的时候,我们往往都能够去遵守,不然就会受到社会的惩戒。但往往自己独处的时候,没有外部规范约束了,很多人就会自我放纵。这就是我们所说的自律性不够。君子之道,在于修身齐家治国平天下,修身乃第一要务。一屋不扫何以扫天下?这个道理很多人都懂,但就是在执行的时候打了折扣。为什么呢?总以为还有时间,总放不下眼前的欲望,就这样慢慢地、慢慢地变成了一个无所事事的人。这是对人性的考验,也是决定人是否能够成为一个完整的人的关键所在。如果你能坚持下去,势必会取得极大的成就,成为一个君子。

一旦自律性问题解决了,点滴的努力必定会获得回报,胡适说

"怕什么真理的无穷，进一寸有一寸的欢喜"，所以后面的自信、保研就是水到渠成了。我相信你经过三年的修身养性，必定能够取得满满的自信，必定能够实现自己既定的目标，我期待着那一天，金色的阳光下，你灿烂的笑脸！

顺致学安。

杨志彪

2019 年 10 月 10 日

以不变应万变

与雨逢同学的书信往来

杨老师：

您好！

很高兴能收到您充满关心的信件。

刚刚在自习室里对着大物死磕了一个小时，头晕脑胀，不禁怀疑起自己的智商来，有时候会充满无奈地问自己，到底为什么我就是学不会大物学不会高数？选理科，是我高一下学期分班时的选择，我告诉自己，我应该学理科，因为大家都说理科好就业，但其实我是因为对自己的物理充满了自信才选的理科，然而之后我的物理成绩下降了，我也就没有自信了……我曾经一度向往文科，我自觉议论文高分还是蛮多的，平时也总受语文成绩的宠爱，但是高考语文却是我考得最差的一科……理科，我已感吃力，文科，我也没有勇气去更换选择，我只能用高三数不清的卷子去补足我理综的不足。我曾经听我们高中的老师在高三的动员大会上说道，广西，是教育最落后的几个地方之一，中国的教育水平不均衡，是我们无法更改的。我那时还愤愤不平，为何顶尖大学在广西就只招这么几个人，使得广西学子非得削尖脑袋才有与外省同学一争之力？（此处想补充，我高中曾经的一位挚友，她曾在高三的月光下对我说出誓言一般的理想——读师范，然后回广西，回她的家乡搞教育。她后来的确念了师范，我十分希望她能实现理想。）

阴差阳错上了交大后，我的理科的弱点愈加突显。高数，是我的天敌。我第一次高数期中考才考了 27 分。我曾因此在包图大厅的窗帘里对着电话里的伯母痛哭失声，后来期末考虽然进步了些，但也难逃挂科厄运。伯母伯父对此都很难理解，他们有时候觉得我理科是应该很好的，明明都上了交大，为何还学不好。（此处也想补充，他们也是这样地介意我妹妹的成绩，妹妹年方十二，上小学同时有三四门兴趣班兼补习班，我有时都觉得她好忙，伯父伯母们有时候总有种自家孩子就是聪明就是有天分的错觉，但其实我和我妹都没啥数学天赋，她的数学也很烂……）

（上面是我某一个晚上心绪激动而写，然后第二天忘了续写……以至于我给您的回信迟迟未完成，实在抱歉！）

我现在在大学的主要困惑就是没有方向。先前在动物学课程中，李新红老师也跟我们说最重要的是找好自己的方向。我经常感到迷茫，不知道要往哪里去。读研，伯母嘱咐我一定要读研，我最近常常在思考读研的意义。我认为读研绝不仅仅是为了好就业，花费三年拿一个研究生文凭只是为了好就业（甚至现在都不一定好就业），那我会觉得这个研究生生涯会很空虚。研究生，按本专业来说是要搞科研做研究的，可我现在对科研也没有什么明显的兴趣，而且我对写论文实在头疼，所以我常常在想我读研要为了什么。

国庆跟朋友闲聊，朋友是复读了一年考上南京农业大学的，她跟我说有两个高中同学在大学读了一年之后又回去复读了。我有些震惊，我很惊讶他们能放下大学的一切又回去重新开始的勇气，我想我应该是没有那种勇气的。我也实在羡慕他们能有让他们不顾一切的目标去奋斗。

因为国庆的原因我一直忘了给您回信，真的十分愧疚，这封回信也有点杂乱无章。我很幸运能遇到一位如此关心我的大学老师，如果我心里还有什么想法我也会主动给您写信的。

雨逢

2019 年 10 月 10 日

雨逢：

　　你好吗？很高心收到你的来信。前两天杂事比较多，迟至今天才有时间回复，很是抱歉。

　　来信提到了自你入学以来的心路历程，没想到你经历了那么多曲折和痛苦，你能坚持下来，非常不容易。我都能想象到一个小姑娘和伯母通电话时的那种委屈。这让我想起了我读大学的时候，其实跟你有极其相似的经历。但我的本科学校还没有交大这么有名，只是地方的一个普通学校。我高一、高二的时候物理也特别好，还被物理老师选为物理竞赛的队员。可是，随着高三的到来，我的身体出现了一些问题，直接影响了所有科目的学习，我的物理成绩慢慢地下降了，等到高考的时候，勉强维持了一个及格分数。比起高一高二的成绩已经相去甚远了。和你不同的是，我的语文成绩一直保持得很不错，平常也不会专门去学习语文，只是喜欢阅读和思考而已。

　　人生就是这样吊诡，明明是自己的选择，自认为是比较优秀的某一方面，往往会给你致命的一击，让你找不到前行的方向。这个时候，人往往是最无助，最灰心的时候。迷茫，年轻的时候很少有人不迷茫。专业的选择，期待的落差，兴趣与学习的矛盾，统统都会喷涌而来。到底应该怎么做呢？

　　有一句话说得很好，以不变应万变。什么是不变？交大的培养体系是价值引领、知识探究、能力建设、人格养成。价值引领是前提，知识探究和能力建设是手段，人格养成是目标。既然不知从何下手，不知道自己的方向，不妨认真思考一下这个培养体系，哪个是能够具体的、实实在在的、马上就可以去实施的呢？显然是知识探究。所以我们的专业知识，就是那个"不变"。在当下的状态下，任何虚无缥缈的目标对你可能都过分遥远了，不真实，从而无法抓住。但是如果能全身心投入专业知识(当然有一部分基础知识是专业的前提,并不矛盾。比如外语,无论什么时候都能用到,一定要早早动手,达到一个很高水平,到时候无论做什么,都会有竞争力。咱们班很多同学都在学雅思、托福、GRE 等)的学习,学通、学会、学精、学深,再加上一定的拓展,就能体会到学习的乐趣。有了乐趣,也就有了成就感,也就有了更多的动力。在这样的动力支持下,就会发现很多有趣的问题,就想去学习、掌握、研究等等。一旦有了这样的状态,精神面貌也会发生积极的变化,开朗、自信、阳光随之而来,价值引领、人格养成也就水到渠成了,人生从此不再迷茫(那个时候,你再考虑读研、出国、工作等问题,就会有很成熟的想法了)。

很欣赏你的那个考上师范的高中同学,当下太需要这种有理想、有抱负、有想法的年轻人,未来是他们的。他们在创造历史的同时,也在实现自己的人生价值,为这些人点赞!

你迄今为止的人生经历,注定你的一生将充满曲折。其实,每个人都会经历这样那样的曲折,只是对你来说早了些。这恰恰是你的人生财富。每一次流泪都会令人骄傲,每一次痛苦都会使灵魂涅槃!你的自信和阳光已经充分说明,你能够战胜那些苦难,让自己变得更加强大!相信我,相信自己,只要你在努力,只要你在坚持,时间一定会给你最温暖的拥抱!

有什么问题,请及时来信,我会和你在一起!

志彪

2019 年 10 月 14 日

静水流深亦是一种人生境界

与唯馨同学的书信往来

杨志彪老师：

　　启信悦。这是以前一个同学给我写信时用的问候，我觉得它很好，就直接用了。

　　距离收到老师的信已经过去一个多月了，大概因为是秋天，之前三周的事情非常多，没有空闲的大段时间，就一直拖着没有给老师回信。

　　关于过去的这一年，说起来很遗憾，我的总体感受是有些碌碌无为。虽然学习了许多课程也参加了一些活动，可是到结束的时候除了身体被消耗，头发持续变少视力持续变差，好像什么变化也没有。我感到人生真的很无聊，也可能是我不适合读书学习。嗯，从很多年前开始我就是这么消极的人了，军训时候的谈话，我能感觉到是因为老师知道了些什么。猜测起来，多半是爸爸妈妈跟老师说了我的情况吧。不知道他们说了什么……他们说的大概都是真的。

　　记得是去年的9月10号，当时还没有开始上课，我去了一次铁生馆，跟当时那位老师说我觉得人生真的很没有意义并且我过得也不快乐，当时那位老师说，人应该有一些配得感，某些东西是为了自己而存在的，某些人会因为自己而开心。我觉得她说的很有道理，可是我还是没有那样的感觉。

　　我去铁生馆并不是觉得自己的情绪或者认知出了问题，而是想了解跟社会好好相处的方法，如何看待这个世界，如何过好自己的人生。想了许久，或者根本没去想，只觉得一片混乱。

上面是十月份敲下的字,现在是 2019 年的最后一天。我想再敲一遍。

过去的大一我们就当它没有发生过吧,哈哈哈。这个学期没有了数学之后负担轻了不少,也在好好地学习。需要改进的地方是偶尔晚上会玩到很晚,看电影看动画或者看小说之类的,影响了第二天的事情;仍然有拖沓和不专心的习惯,这两个缺点简直是一生之敌。刚刚考完生化,没有了上个学期的在挂科边缘挣扎,也不知道考得怎么样,后面还有比较没有把握的大物和 C^{++},要继续加油呀。目前最大的问题就是记不住啊记不住。

关于现在我弄不太懂,对未来就更加没有方向了。学业方面已经没有什么信心;这个学期在分析测试中心的 PRP 项目结题,农耀刚起步,尝试过实验室研究之后似乎也不是一个适合做实验的人。或许以兽医为目标,本科毕业之后直接工作,或许读研转医学,或许是别的。总之希望自己会是个有用的人。

情感方面因为是个很容易受其他人影响的人,所以有许多的烦恼……我不是一个太听话的孩子,初中的时候有了第一段和唯一一段恋情,持续到高中,一共三年。我跟初中班主任有过交流,老师比较通达放心,并不反对;但没有跟父母讨论过这个问题,我只知道他们知道。高中时我已经把男朋友当成家人一样理所当然的存在,分开以后用了很久才开始走出阴影,至今也还在被影响。倒不是因为失去,是因为对人的感情失去了信任:人和人是没有办法靠着爱意一年又一年地待在一起还彼此不嫌弃的吧,人和人之间的关系说到底还是在互相交换可用的东西吧? 尽管强烈地想甩开这种念头,有时候还是会被它追上。

除此之外,就像今年中秋晚会时收到的那张写着"你好可爱,可以加你微信吗?"明信片一样,一些模模糊糊的也让我不知如何是好……总之最后还是刻意避免了事情的发生。

听起来真是奇怪对不对,还是不要再说了。

这个学期国庆之后,交到了很要好的朋友,是个积极向上,能开开心心享受生活的人。我偶尔跟他说:"我总说这样消极的话会传染给你的。"他总是回答:"呵不可能,那你就试试啊。"受他的影响我也过得很开心,变得珍惜现在的生活了。嗯,唯馨说起话来没头没脑的。

新的一年也要好好努力,祝老师新年快乐。

唯馨

2019 年 12 月 31 日

唯馨如晤:

12 月 31 日收到你的来信,当时我正在病房。我父亲生了重病,我回老家陪护了几天。元旦后,我回到学校,因为今年春节早的缘故,学校的各种事情非常多,我去杭州、济南开了两个学术会,期末考试后带本科生去社会实践了两天,平时还要做实验,带研究生,再加上系里杂七杂八的事情,恨不得三头六臂! 所以一直到今天才有时间给你回信。实在抱歉!

今天已经是腊月二十五了,想想还有五天就是春节。一年就这样过去了。我看着你给我的来信,似乎也在回想自己这一年的经历。认识你是从六月份开始的吧,在第一次班会上。你的声音似乎永远都那么低,即便是在军训的时候,也总觉得应该再高一点儿,别人才能听得见。当然,这不是缺点,而是你的特点。军训期间我们也见面聊了一个多小时。我挺喜欢你的性格。自己喜欢的,就去做,不喜欢的,就没什么兴趣。也许大多数人看惯了在这样的一个秩序社会里的方方面面,习惯于普遍意义上的追求和梦想,而忽视了有很多像你一样有自己思想的人,但我却没有忽视。我觉得你是一个有灵魂的人。虽然你自己觉得说话有些"没头没脑",但我相信,在你平静的外表下面,一定暗藏汹涌的激流。就像你的第一段恋情,虽然最终没有走到一起,然而带给你的忧伤和思索,或许远远超过这段初恋本身。你会思索人与人之间的信任、理解、相处之道,你会试图去看透男女之间的感情实质,你会思考如何才能让感情长久的保鲜。为什么那些美好的感情不能一直存在? 为什么要带给我那么多伤害? 等等。这一段恋情没有结果,这其实也是一种结果。不是每一个人都那么幸运,一下子就能找到偕手白头的人。我相信,大多数人都要经历一些曲折。这些曲折,带给我们思考,让我们能够把未来的道路走得更稳、更远。

幸运的是,你现在又交到了一个很要好的朋友。人的一生就是这样奇妙。有些人就在不经意间闯进你的世界,带给你快乐,驱散你的迷惘。我一直很感谢在我生命中遇见的那些有趣的灵魂。除了自己的家人,在我的生活中经常会遇到一些人,让我的心灵更加纯净,让我的生活更加丰富,让我的意志更加坚强,让我的世界更加美好!我感谢他们,其实对于我而言,咱们班的每一位同学都在充当这样的角色。你们的性格迥异,爱好不同,来自天南海北,天赋秉性各有千秋,所以你们的言行,都会促使我思考、进步。在你们面前,我没有丝毫的优越感。相反,我经常很自卑。我甚至想,为什么你们能把那么难的工科、理科的课学好,而我自己却不能。

你能主动去铁生馆,我十分赞成。我也经常去呢。就像你说的那样,也不是心理不正常,而只是想寻找一个旁观者,给自己指点一下,哪怕只是倾诉一下,对于我们的精神健康都是有很大帮助。如果时间允许,我建议一个学期至少去1—2次,会对我们的成长很有帮助。老师比你大20多岁,也需要适当的情感疏导,才能把生活中的负面情绪尽快纾解,才能以饱满的热情投入到生活的洪流中来。

　　人生在世,不过百年,最后的结局都是一死。随着生物个体的消失,将不再会感知世间的喜怒哀乐,悲欢离合。因此,活着的目的到底是什么? 这是哲学的终极命题。人在不懂事之前,单纯地会以为吃饱、穿暖就是生活的全部,那时的幸福很简单,一件衣服,一个糖果,就足以让我们高兴好一阵子。这是什么? 这是对个人基本需求得到满足后的正常反应,是觉得自己被别人关注的反应。所以说,人的天性就是被别人关注。逐渐长大后,小学、中学、大学、毕业、出国、工作、结婚、生儿育女、赡养老人、奉献社会、单位的、家庭的……随着年龄的增加,各种各样的事情都会在你的身边发生。我们幸福的标准也在不断发生变化,每一个阶段会有每一个阶段的标准。对于你而言,你现在可能再也不会因为一件新衣服兴奋了。相反,考试不挂科、能够拿奖学金、爱心帮助别人、恋人的一句情话,等等,都会让你兴奋不已。因为,每个年龄阶段,都有每个年龄阶段的心理和生理需求,当这些需求得到满足的时候,就是我们获得承认的时刻,就会有获得感、幸福感。

　　你说你觉得人生很无聊,其实你的感觉不一定很准确。这很大程度上是因为你的性格特点给你造成的一种错觉。因为,你还在乎父母、老师和周围同学的看法,你很想有更坚强的自制力,你很希望让自己活得更加快乐,也希望获得一份纯真美好的感情。这些都是积极、阳光的年轻人的特征。我是看好你的。也许,你现在只是缺一个契机,一个让你飞跃的契机。就像禅宗提倡的"顿悟"那样。我们一起期待那个契机的到来!

　　我啰唆了许多,希望能对你有所启发。纸短话长,期待你的再次来信! 顺致冬安!

杨志彪

2020 年 1 月 19 日

如果你讀的書足夠多，總會發現，自己的心情早已被某個古人描述過了。雖然，時境變遷，我們無法穿越，但那些熠熠生輝的文字，無不閃耀着情感、智慧、人性的光芒，讓我們駐足感受。所以，多讀書就有了現實的意義。不要糾纏於一時之痛，要試着把目光放長遠一點兒，宏觀一點兒，養成正確的宇宙觀。放在歷史的漫漫長河中，一兩百年的興衰榮辱也許只是滄海一粟。所謂"牢騷太盛防腸斷，風物長宜放眼量"。

中国传统文化确实有取不尽的宝藏

与何芳云同学的书信往来

杨老师：

您好！我是何芳云，今天听了您的课很有些触动，故而发邮件给您。若有叨扰还望见谅！

因为在高中学习的是文科，自己也比较喜欢古典文学，所以读了比较多的古典文献。一直觉得中国古典文学就是诗情与哲意一体的，喜欢品悠扬字句，却觉得单独从中分离出哲学思想来讲会有些枯燥，在课前其实很好奇老师会如何切入这个主题。今天第一堂课还是给了我非常大的惊喜，刚一开始还没有全神贯注地听课（挺惭愧的），到后来却是目不转睛了。

尤其是关于教育和生命意义的思考，是我们这个年纪最关注也最困惑的东西，意气风发的年纪，总是在追寻着各种各样的东西，到最后却发现也没找到自己想要的东西，反而丢了最珍贵的东西。正像您课件中出现的那句话"是为了成为一个人，而不是成为某个特殊的人"，特殊是为执念或者说偏执，不管是哪个方向的极端，最后的结局都只有覆灭。一直很喜欢米兰·昆德拉的《不能承受的生命之轻》这本书，里面有句话，"不管是走向极端的光亮还是走向极端的黑暗，最后都会什么也看不见，都是彼岸"，想来也是这个意思吧。生命最珍贵之处就在于它无法回头，也证实死亡才给了生命一个期限，才让我们知道要珍惜，若没有珍惜，纵有无限的生命，意趣又在哪里呢？"本以为一定会有的东西到头来都没有。"这是我很喜欢的一位歌手梅艳芳在人生最后一场演唱会上最后说的一句话，灿烂一生最后丢的是最看重的人之爱,字字都是散不去的哀愁和惋惜。认识自己与生命的意义,恐怕很多时候都是息息相关,不可分离的吧?

当然,今天课堂还有一件令我非常惊喜的事情,就是老师您竟然在课前就记住了我们的名字。几乎没有老师能够记得所有人的名字,甚至不关心我们叫什么。老师您的诚意,和对个体的关注,真的令我非常惊喜和感动。名字是属于每个人的独有的印记,不是院系、班级或是其他任何符号可以替代的。谢谢您!

因为有所感触,一不留神就写了这么多,若归结为一句话可能就是谢谢您!

谨祝时祺!

何芳云

2016 年 2 月 23 日

芳云同学如晤:

很高兴收到你的来信!更令我惊喜的是,我的一些观点能够引起你的共鸣,这是对我最大的奖赏和鼓励!

中国的古典诗词的确值得经常品味和阅读,那些优美的、哀伤的、悲壮的、凄婉的、清新的句子,总会在不经意间让我们心驰神往、感同身受。如果你读的书足够多,总会发现,自己的心情早已被某个古人描述过了。虽然,时境变迁,我们无法穿越,但那些熠熠生辉的文字,无不闪耀着情感和人性的光芒,让我们驻足感受。所以,多读书就有了现实的意义。写到这里,我想起了我在去年中秋节时独步思源湖畔的感受。那晚天朗气清,月光如水,绕湖堤漫步,突然想起了张若虚的春江花月夜,发古之幽思,感今之情景。竟然随口吟出了下面的诗句:

中秋月下步湖堤，望月凭栏万古夕。

月上柳梢泼意画，波涵月影奏心笛。

虫鸣风静觉星远，灯暖光寒感夜迷。

湖畔何人邀玉兔，蟾宫世事几合离。

我无古人之才思，但我仍然有自己的思想和感悟，这是对生活的理解，也是对生命的思考。

关于生命的意义和教育的反思，如你所说，珍惜生命和当下的一切一直是我们生活的主题。可是有些人却总做不好。这有很多原因。巧得很，我在上学期的期末时曾经给我们班的所有同学及其家长写过一封公开信，附在下面（参见公开信：2015—2016学年第一学期期末致家长和同学的公开信），我想对你或许有所启发。

你或许还记得，我在课前说过，我有一点激动。不是紧张，而是面对你们这些越来越年轻的学生时，我总会莫名地激动。你们的青春、思想与我已经有了很大不同，我每次都会感觉到这种变化，也特别愿意和同学们交流。"知足知不足，有为有弗为"。正是这样的良好的交流互动，才使我不断进步，更重要的是，我从同学们身上获得的东西越来越多，我的思想和境界也在不断地升华。

最后，感谢你对我的信任，我会和你们一起努力。

顺致学安。

杨志彪

2016年2月24日

杨老师：

您好！非常抱歉拖了这么久才给您回信，之前一直在准备一场很重要的面试,后来又感冒了,以至于长久的耽搁,万望勿怪!(最近气温变化大,您也注意身体。)

上周很惊喜地收到您的回信。虽然您早在课堂上说过会给我们回信,收到这样一封情真意切的长信,仍然让我非常惊喜,谢谢您。想来您的课程愈来愈受到同学们的欢迎,与您对传统文化的真挚感悟和对学生的真切关心是分不开的。那些关于教育、关于人生、关于世界的话题,我也满怀好奇地期待着在您的课堂上与它们相遇。

中国传统文化确实有取不尽的宝藏,就如您在信件中所说的,不管是什么样的心境,都能在古人的辞赋中找到一二共鸣,然后突然就有了慰藉,原来太阳底下早有过这样的事,时变境迁,怎样的困难也终究会度过的,怎样的狂喜也都会消散,然后也就慢慢地静下来了,慢慢地找到自己的本心了。就比如我们的优秀传统文化,总有不变的哲思,贯穿千百年而弥坚,闪耀着人类智慧的曙光。尤其是其中的辩证思维,我和我的队友都非常的感兴趣。

大学中的全面发展是非常重要的,可是除了传统意义上的德智体美劳的全面发展,我认为学会与自己和谐相处也是非常重要的,这一方面是找优势找不足,更重要的是能在这个纷扰的快节奏的所有人都在急匆匆地被命运或者生活追着跑的社会中,找到一片内心的宁静。这也是我一直在寻找,一直在努力的。如果老师在这方面有什么见解,请一定不吝赐教。说实话,这学期开始面对越来越多的机会,我也多多少少有些迷失自我了。不是说忘了本心,但至少是有些只顾着往前,而忽略身边那些美好的东西了。

深夜叨扰,久断联系,学生心怀歉意,谨在此祝您诸事安好!

何芳云

2016 年 3 月 7 日

像爱惜自己的身体一样去爱这个国家

与 Ashley 同学的书信往来

杨老师您好：

我是 Ashley。之前与您交流时，您曾提及古代先贤所说的"礼崩乐坏"，那时候心中就很有感触，但是因为时间原因一直没能来得及联系您。

章炳麟在《与简竹居书》说："中唐以来，礼崩乐坏，狂狡有作，自己制则，而事不稽古。"从"狂狡有作，自己制则，而事不稽古"这些方面来看，我们国家现在是不是也有些类似的情况呢？

礼仪是不必说的，古代非常完整严格的礼仪系统早就已经不知道被抛到多么远的地方了。虽然古代礼仪里面肯定有封建专制的元素，但这套礼仪系统至少体现出中华民族的长幼有序、尊天重道的思想观念。

中国有礼仪之大，故称夏；有服章之美，谓之华。中国的汉服早就已经远离了我们的日常生活，中国的礼仪之大也变成了一个模糊的影子。然后是"乐"。我是学习古筝的，在古筝里面有很多经典的传统曲目，那这些经典曲目又还剩多少人在听呢？即使不沿袭传统，也应当寻找到一些音乐的新的优秀的发展方向。我发现中国现在的"歌坛"陷入了很奇怪的境况：他们既不发扬传统音乐，也不好好地向西方流行音乐学习。反之，每年都有大量的不知所谓的"口水歌"。

这类的例子是很多的，其实也不需要花太多时间去举例。我的问题是：礼乐出现了这些情况，国家又该如何去解决呢？

PS：因为我一直都很在意礼仪和音乐的事情，和孔老夫子观点很像，我觉得这是人类文明的一种表现。所以讲到目前的状况难免情绪激动，希望老师予以谅解。

Ashley

2014 年 4 月 18 日

杨老师：

您好，我是 Ashley。可能杨老师之前没有收到这封邮件所以我重新发送一下。另祝愿杨老师家的孩子身体健康，万事如意。

我看到过夏虫不可语冰的故事，孔子不与蚂蚱人辩解，是出于一种理解、同情的角度。朝菌不知晦朔，蟪蛄不知春秋。这些动物的生命实在太短暂，所以他们才无法"感知"到自然界的很多事情。所以孔子不与蚂蚱人辩解，是因为他认为蚂蚱人不了解冬天是正常的，没有必要非得让他知道这世上还有冬季。

但我个人的观点有一些微妙的不同。参照我们自身，我们的寿命也非常短暂，我们也有很多穷尽一生都看不到、感知不到的东西。当然我们必须要接受这个事实，我们要顺应自然的秩序。但这并不意味着我们不能去探究那些深邃复杂、远远超越我们了解范畴的自然道理。就像是对宇宙的探索，其实这些研究项目，有可能直到人类毁灭都不会对我们有太大的助益。毕竟我们太渺小了，我们了解的实在太少了。但我仍然认为我们要仰望这万丈星空，在这样短暂的人生里去思考、去追求。

夏虫不可语冰而羡之。然后才会去问，去想，去创造。1 000 年前的人绝对想不到通电的城市，100 年前的人绝对想不到互联网的时代。或许追寻到某一代，夏虫的子孙也能看到冰雪。对于这件事您怎么认为呢？

Ashley

2014 年 4 月 20 日

Ashley 同学：

很抱歉最近一直没有大块的时间给你一个好的回复，今天终于可以静心思考，两封信一并回复。

首先谈谈对礼崩乐坏的看法。我们的确丢掉了许多东西，这里面有些是糟粕，比如：三纲。而有些人丢掉的却是精粹，比如礼义廉耻。现在我们所处的时代，的确也有许多问题。但这恰好也是我们反思的理由，或者说我们进行深刻反思的目的所在。只有我们充分认识到目前的环境状态，才能通过学习、呼吁、修炼、影响等各种手段去找回失落的家园，不但要找回，还要有所发展，适应时代的发展。任何思想都绝不能躺在当年的功劳簿上睡大觉，只有与时代紧密结合起来，有创新、有发展，才是活的思想。

具体一点，当今社会的一些问题，恰恰给我们提供了一个舞台，一个反思、发展、创新的舞台。在这种情况下，我们能做的是：达则兼济天下，穷则独善其身。对于大部分人来说，不能兼济天下，但可以独善其身。甚至还可以稍微发挥一下，影响周围的人，比如亲人、朋友等。要相信坚持的力量，点滴的努力一定会换来燎原之火。我们如果能像爱惜自己的身体一样去爱这个国家、社会，那我们的社会一定会变得更好。

再有就是不要纠缠于一时之痛，要试着把目光放长远一点儿，宏观一点儿，养成正确的宇宙观。放在历史的漫漫长河中，一两百年的兴衰荣辱实在是沧海一粟。所谓"牢骚太盛防肠断，风物长宜放眼量"。这是毛泽东写给柳亚子的一首诗中的两句。当年，新中国成立初期，柳亚子受毛泽东邀请来到北京。时间久了，他觉得眼中所见、耳中所闻，与自己原先的期待颇有距离。他提出意见，还觉得不被重视，于是积累了许多的不满，写诗呈送毛泽东，表示准备回江南隐居，从此不问世事了。毛泽东写诗挽留。这两句针对柳亚子诗中流露出来的不正确的看法和牢骚情绪，提出委婉和诚挚的规劝。毛泽东以老朋友的身份，勉励柳亚子应该把眼界放开一点，向远处、大处看。这两句诗说出一条人生哲理，就是：世间万事万物，在其发展当中，充满矛盾，有一个由乱到治、由不完善到逐步完善的过程，人要以开阔的胸襟，远大的眼光来对待它。

综上所述，不论外部环境怎样，我们还是要积极地面对，只有这样才有可能变好。

关于夏虫不可以语冰，涉及我们探索未知世界的意义所在。其实我是想通过一个这样的例子，可以理解为人处事的小方法，大可不必上纲上线。科学虽然是在无限的发展，但我相信宇宙之浩渺的确非人力所及。老子说"以有涯随无涯，殆矣"。实际上如果把有限的人生替换成地球的生命，这句话还是成立的。这绝不是悲观厌世，而是对客观条件的充分认识。从客观条件来说，我们的自由只能是相对的，要想达到绝对的自由，只有一个办法，那就是修炼自己的心灵，让我们的心灵获得无限的自由。至于修炼的方法，我原来跟你说过，此处不再赘述。有一点，我需要强调的是，很多人往往认为那种无限的自由离我很遥远，没有办法达到。但我觉得，离我很近，它就在我的身边。这不是故弄玄虚，而是在经过大量的读书、思考、实践之后的结果，我希望你的那一天很快会到来，会的。

以上思考与你共勉，余言再叙，顺颂学祺。

杨志彪

2014 年 4 月 22 日

另,听了你发来的音乐,我虽然不懂,但很喜欢听,谢谢你! 其实我也很喜欢唱歌、音乐,只是不懂乐理。

附:

七律·和柳亚子先生

(毛泽东 1949 年 4 月 29 日)

饮茶粤海未能忘,索句渝州叶正黄。

三十一年还旧国,落花时节读华章。

牢骚太盛防肠断,风物长宜放眼量。

莫道昆明池水浅,观鱼胜过富春江。

以天下苍生为己任

与许璧红同学的书信往来

敬爱的杨老师：

　　您好！您是一个关心学生，认真负责的老师。在此对您表达来自学生的一声感谢！我觉得自己缺乏对自己人生深刻思考的能力，生活、人际中的许多事都让我觉得困惑，虽然我也能思考很多，但还是无法形成属于自己的坚定的一些思想，周围人的言行总会对我产生不小的影响。

　　在与您接触的过程中，我也有了更多思考，我想有些问题我也许在慢慢想明白。

　　刚进大学总觉得找不到志趣相同之人，找不到知己，现在慢慢发觉，身边的人总有不同的思想和选择，不必太过较真，人在成长，越来越多的路要自己走，自己抉择，自己坚持。老师，是否人生的路上真的是朋友易找知己难求呢？是我的期望太高还是只是机缘未到呢？

　　老师您今天说现在的人太过功利。我在想有时候"功利"和"目标明确坚定"是不是只有一线之隔，这两者的区别是什么？有些同学有信仰，有目标地坚定专一地学习，不参加活动不经常娱乐，会被别人觉得这人活得太功利，被身边的人也许不是刻意地就孤立了。老师这算是功利吗？与周围人的距离感、自身的孤独感是不是应该去勇敢克服？还有，其实我小时候每每听到大人一些功利的观念都很反感，但是当周围渐渐出现许多功利思想并且这些人也许更轻松地取得了更好成就时，我想我的确还没思考清楚我应该如何面对。老师可否指点我一下？

非常感谢！

璧红

2014 年 3 月 11 日

璧红同学：

很高兴你能给我来信。你有两个问题，一个是交朋友的问题，另一个是功利主义的问题。我试着和你交流一下。

关于交朋友，孔子有一句话：有朋自远方来，不亦乐乎？朋友为什么会从远方来呢？是因为想和你交流，交流思想、感情、生活等等。这种体验一定是一种非常愉悦的感觉。每个人都会期待这种美好的人生经验。可是，这种情况又不会天天发生，如果经常发生，就不显得可贵了。再进一步想，朋友为什么会想和你交流这些呢？大概是因为你有健康的思想、有自由的精神、你们之间很谈得来，所谓"倚天照海花无数，流水高山心自知"。这正是驱使朋友能和你交往的原动力。问题就来了，我们自身是否已经具备了这种原动力？能够让朋友不远百里、千里来和你相会。如果具备了，善莫大焉，你的人生一定是有意义的、充实的。若无，该如何去创造这种原动力呢？孔子还有一句话：吾十五而有志于学，三十而立……十五和三十都是虚数，我们可以认为一个是少年阶段、一个是成年阶段。他的意思很明确，就是要在少年时明白我们要从何处培养自己，使自己成为一个完整的人，而不是一种特殊的人（这与教育的功能一致）。不仅学习一定的技能（专业知识），还要不断提高心灵的修养。这种内心的修炼也不是一蹴而就，经过多年的努力，待到成年时，具备了自己的精神品格、内心的原则，此时自然会"有朋自远来"。说到这里，你或许会明白了吧,真正的知己的确很少,一般的朋友则可以很多。随着年龄的增大,你应该明白,真正的知己或许只有一个,或许一个也没有,因为只有你自己了解自己。这也并不会影响你的生活。因为,有特点、有原则是一方面,内心的坚持和外部的显露可以理性的分开,这样与别人的相处同样融洽。但自己一定要清楚内心的原则!所谓"内方而外圆"是也。

关于功利主义,实际上也的确存在这种现象,但我始终相信,在这个时代,仍然会有很多人,不为名利、追求理想、以天下苍生为己任、做着有意义的事。功利和目标坚定之间也许只有一线之隔,就要看你最终的目标是为了名利还是为了道义、真理。现在的大学里,有一些社会活动确实是需要选择性参加的,我希望你做那个追求真理和正义的人。虽然表面看似物质条件或许会差一些,但你的内心是自由的、是高尚的、是丰富的、是充满生命张力的。这些难道不比名利更重要吗?名利是一个貌似好看,但却是丧失灵魂和自由的毒药。我希望我们的大学生更应该担负起这个责任,从自我做起,为改变目前的这种社会环境做出应有的努力和坚持。要相信这种努力是会收到效果的,只是要假以时日。

以上这些话,我在课上亦会时常提及,也很愿意与你们共勉。

期待你的来信,顺致学安。

杨志彪
2014 年 3 月 15 日

杨老师:

非常抱歉!今日才看到您的来信。

感谢老师给我的评语!老师的课上总让学生看到您认真却又不

乏轻松诗意心态的生活态度,也许多年以后我记不起课上的每一句话,但老师的态度也许会给予我很多鼓舞。也许人生本来就不轻松,会面对的问题也有很多,但正如最后一节课的那首诗"黎明已带我上路,所有的苦难我都愿意承受"。让我们可以带着智慧和快乐去担起生命中的那些责任。

尽管此刻的我还没有拥有真正最好的心态,会害怕结果不好而在付出时有所顾忌,会看到别人的努力似乎没有自己多却优于自己而抱怨不公,但是大学这一年来以及未来的经历和老师传达给学生的思想,我会在经历每一次挫折和自己掌控不了情绪的时候去思考,去回忆。相信我会渐渐明白,不再被那些想法困扰和阻碍,能够最终做到摒弃外界的很多影响,坚持自己,专心地为自己而努力。

成长是痛苦而幸福的,谢谢老师在这过程中努力为学生点一盏明灯!(突然想说,您的女儿一定会因为拥有这样一个好爸爸而感到幸福!)

一切祝好!谢谢老师!

您的学生许璧红

2014 年 5 月 24 日

以出世的精神，做入世的事业

与汪燕芳同学的书信往来

尊敬的杨老师：

您好！许久未曾联系，提笔问好！

现在给您写信，除了向您曾经给予的指导表示感谢之外，还想向您诉说一下自己在学习和生活中遇到的问题，恳请老师能拨开我心头之迷雾。

到现在为止，进入大学已经两年了。自问自己在学习上是非常努力的，每天晚上如果没有特别的事，我一般都会待在图书馆，或是看书或是写作业。我本人比较喜欢独处，虽然有时候会感觉有些孤独，但我很享受"安静"的世界。正因为这样，我很不情愿参加什么活动（自己不是很感兴趣的活动），也不想和不熟悉的人待在一起。热闹的人和事往往会让我的内心不知所措。有时候我一个人在路上走，看到路旁的小草、天上的白云，自己会忍不住微笑。这种"独"让我痴迷而满足。有时候，我真的想过隐居：和自己的爱人在一个环境优美的乡下平静地生活；毕竟世界有很多无奈，我只想随性地生活。当然，我也会反思自己的想法。人毕竟是社会性动物，是无法脱离这个社会的；自己的想法未免有些消极。可是，我又觉得我不是消极只是喜欢安静而已；虽然我还是有着对"繁华"向往。很长时间以来，我处在矛盾中，对自己的未来感到迷茫。

如果说"出"和"入"是困扰我很久的问题，那么我现在最苦恼的就是"思想匮乏"。开头已经讲过，我比较喜欢图书馆，没事总会去瞅瞅，因此也读了很多书。有些时候，几乎每天一本书。而问题也出现在这里：我读了那么多书，却时常感到无话可说。看完一本书，很难从理论的高度去评析。比如在写读书感受的时候，有些人写出来的是鞭辟入里的文字，深刻和富有条理；而我写的似乎只是停留在表面，虽也有阐发却失力度。再比如，如果让我写一篇文章评论，我很难从理论性的角度去分析；写到最后，是一篇读后感。一段时间下来，我深深感觉自己的"肤浅"！我写的文字需要情感的触动，一旦激情过后，难以下笔。我想这无论是在现在的学习中还是在以后的生活中，都是我的一个弱点！

以上两点就是我现在想要和老师交流的问题，如果能得到老师的解答不胜感激！（由于时间关系，有些句子不甚规范，望老师谅解。）

顺颂冬安。

学生：汪燕芳

2014 年 12 月 20 日

燕芳同学如晤：

很抱歉，今晚才有大块的时间给你回信。不过，今天正好是平安夜，在这样一个平静祥和的夜晚，与学生交流，是最美的享受了。

我想起你曾经做过的演讲"春天来了"。这个演讲我印象很深刻，好像还放了一个日本空难的视频，非常震撼。现在想起来，仍然会反复出现那个无助、感人的场面。所以，从那时起，我便把每一天都当作生命中的最后一天来对待。这样对很多事情都会豁然，不会打死结。

你的来信，让我想起了我研究生毕业后刚刚参加工作的那段时间。你知道，我是北方人，初来南方，气候不适应，再加之在这个陌生的城市，举目无亲，也没有朋友，那个寒冷和漫长的冬天，真的很难熬。我也一度有过和你类似的想法——遁入空门。但是想想父母、亲人、责任，还是罢了。那段时间也许是我人生最灰暗的时期（大约有半年的时间）。后来，还是逐渐走出了泥潭，有两个契机。一个是考博士，定下了目标，并为之努力，生活变得充实，并在第二年的春天梦想成真。另一个是找到了人生的另一半，就在拿到博士录取通知书后，与我追求十年的女朋友终成眷属。

也许你会说我幸运，但机会从来都是留给有准备的人。如果不是立志考博，自然就不会读博士，也许女朋友也要费些周折。这些事情看似不相干，但却有其内在的必然的联系。

为什么我要花这么多篇幅介绍我自己的经历呢？那是想告诉你目前所经历的"出"和"入"的烦恼，恰好我也曾经历过，而且也成功地走出来了。其实你的性格真的很像我——也许正因为这一点，你才跟我诉说你的烦恼吧——你喜欢独处，我也是。我记得，我在课上说过，我上大学的时候几乎很少和别人说话，性格很内向，朋友也很少。可以说，我也是活在自己的世界里。但是，独处会带来一个副作用，那就是有些时候会略显得不那么合群、或者与周围的大多数人的生活有些不一样。这个时候，如果内心不是足够坚强，就会感到些许的失落和孤独。这些我都真真切切体会过。

独处还会让我们学会思考。我的大学同学，目前来说，大部分都比我的收入高。可是，我一点都不羡慕。我非常怀念自己走过的大学岁月。我的生活虽然没有他们丰富多彩，朋友也不多。但我把大把的时间用在自己认为正确的事情上，学会了读书、学会了思考，这就是我最大的收获。一缕微风吹过，了无痕迹，经久不息，成就石林山海，造化奇观。我为什么能够站在交大的讲台上与大家分享自己的人生经验？正是这种长达20年坚持的结果。所以，我们不能小看坚持的力量。只要我们认为正确的事情，一定要坚持下去。

你喜欢读书，我也是。但我读的书，可能没有你多，也没有你快。我与你的不同在于，我除了那段灰暗的时期之外，我是非常乐观的。我通过读书，与古今中外的人对话，与好朋友书信往来，用最乐观的心态对待最糟糕的事情。如果说，我也有人生导师的话，我的导师就是书。我现在所有的一切要拜读书所赐，教我成长、催我自新、令我自省。我从一个性格内向、甚至略有孤僻的人，变成现在的特别喜欢和学生打交道，能够面对几百个学生侃侃而谈，不读书如何能做到？即便你说，书虽然读了，但不如人家会写，理解得不够深刻。这是横向的比较，比较的本身就是自我意识的觉醒，这恰恰是多读书才能做到的。一个人不怕有缺点，怕的是认识不到这些缺陷。其实，你的文笔已经很好了（在交大最少也在前 20%），也许是你对自己要求比较高，这是好事，但不要苛责。只要认识到自己的不足，去有意识的弥补，假以时日，迟早有一天我们会达到目标。所谓：海到无边天作岸，山登绝顶我为峰。

其实在你身上遇到的问题，我们班的很多同学都遇到过，我也耐心的解答过。随信附上我在今年暑假期间写给我们班学生家长的一封信（见公开信：2013—2014 学年第二学期期末致家长和同学的公开信），相信你会通过这封信找到自己的答案。

期待着你的来信，也期待着你早日解决"矛盾"、化解心结、能够积极的、快乐的生活！如果有缘再遇，我期待着那一天，金色的阳光下，我们灿烂的笑脸！

此致平安！

杨志彪

2014 年 12 月 24 日夜于宇心斋

杨老师：

您好！未动笔之前，已愧意难当。时隔这么久才给老师回信，非常抱歉，请老师多多包涵！

收到您的来信的时候，时值暑假，我受一个朋友的邀请，回到老家所在县城的一个补习班帮忙。这算是我第一次正式以"老师"的身份上课啦！当时用手机看到您来信的时候，对老师的关心感到非常感动。本想尽快给老师回复，怎知被琐事所缠，一拖再拖！再加上，老家网络建设落后，电脑也连不上网络。直至最近回到学校，心里一直惦记着老师的信，事情弄好之后就赶紧回信了。不管有什么原因，都不能否认我自身是有些拖拉的，请老师原谅！

还记得上一次与老师交流还是在平安夜的时候，一晃已经大半年了。在过去的大半年里，如果有什么非常值得说的，那就是上学期我到台湾交流了一个学期！在去之前，对各个方面考虑得并不十分清楚，当时可能有些冲动；心想海外交流也是一次不同的人生经历，出去看看外面的世界！录取结果下来之后，在一段时间里，我有过犹豫：独自一身到海峡的对岸去，可能会面临着种种困难！自己能应付得来吗？还有，交流也意味着一笔开销，我怎忍心向父母开口呢……尽管犹豫，我心里也非常清楚，"开弓没有回头箭"只能向前走！一切事情办妥之后，农历新年初二，在一个阖家团圆的时刻离开父母、家、故乡来到上海，然后搭乘飞机去台湾。我交流的学校是高雄中山大学——在台湾之南的一所大学！刚到那里的几天确实很难过，夜深人静之时抹了不少眼泪！适应期过后，开始了全新的求学之旅！在学习上，不同的课堂氛围，别样的教师风采，给人留下深刻的印象！在生活里，夜市里的各色小吃、食堂里不是很合胃口的饭菜、超市里琳琅的商品，更是让人难忘！说到生活，不得不提台湾的风景真的很美！在空闲时间，我和一群来自不同学校的大陆同学一起看过阿里山的日出、云雾，一起拍过西子湾的浪花，一起体验过小琉球的浮潜等等，山俊水美人和气，使平淡的交流生活变得多姿多彩！现在想想，当初的决定还是不错的！每一个选择的背后都是未知的，只有经历过之后才明白其中滋味！

现在回到学校，已经是大三了！知道最近我才明白为什么以前和大三的学长学姐交流时，他们都有一种对未来的焦虑。几个月前，他们还笑对我说，"你才大二，还有时间去想呢！"当时自己也并未在意。直至今日，突然回过神来，发现自己已是大三了。对未来的迷茫伴随着焦虑，到现在为止，我还不清楚自己想要的究竟是什么！对将来的出路看不明了。当然了，尽管焦虑，我对新学期的来临，还是充满期待的！

关于近况，差不多就是这些了！最后，还要再次表达一下歉意！今日才回复邮件，请老师原谅！

敬请近安！

学生：汪燕芳
2015 年 9 月 7 日

燕芳同学：

你好！看来我也得向你说抱歉了，这个邮箱最近没怎么上，所以没有及时回复你的信。

今天看到你的来信，我非常高兴和欣慰。高兴的是，你去了交换，这是非常值得的经历，有些事情当时不觉得怎样，若干年后，你会发现你所做的每一件事，都会影响当下的生活。你的交换生的经历，写得非常精彩，让人神往。

我这两天正在抓紧时间了解同学们的思想动态和将来打算，有针对性地跟他们谈话，很多同学都有了自己明确的目标，也有的同学处于迷茫和犹豫，对于这些同学就要多花点心思，还要跟家长沟通，以便尽早摆脱这种迷茫和不知所措。

　　和同学们的交流是愉快的、开心的事情，也是我最喜欢做的事情。

　　祝你快乐！

杨志彪

2015 年 9 月 18 日

每个人都是一个世界

与语筱同学的书信往来

语筱如晤：

时间过得很快，转眼开学已经两周过去了，来交大也已经一个学期了。看着你逐渐地成长和进步，欣慰何如。凡事预则立，不预则废。值此新学期开学之初，给你写这封信，是想听听你的真实想法。包括对过去的总结（满意的、不满意的），对未来的展望，对生命的思考，对交大、农学院、班级的建议，对专业的想法，对世界和国家的关注等等。总之，只要你愿意，什么都可以说，我的目的很简单，就是想通过文字的形式和你好好交流一下，弥补当面谈话的不足。对我而言也是一种提高，对你而言或许也是一次总结吧。

期待你的回音。顺颂学安。

杨志彪

2019 年 3 月 11 日

杨老师：

您好！谢谢您的来信。现将最近所思所想回复如下：

（1）总结：学业生活还比较顺利，能够独立不移，不足的是没有找到自己的热情所在，可能是因为一直以来生活都比较规范，早期缺失了对自己的内在探索和兴趣培养。

（2）展望：短期提高成绩，中期是最好能出国深造。

（3）思考：生命的客观因素是大于主观因素的，但生命的意义要我们自己定义。每个人都是一个世界，有时候感到自己和周围人的联系都断掉了,不过这很正常,重要的不是联系,而是感受。

（4）建议：无为而治,自由民主。

（5）对专业的想法：

我还是想从事基础生命科学研究,因为高考分数,各方面综合选择,来到农院,但也没来错地方,大概率会选动科。

真正的科学家、企业家的成功也是机缘巧合,世界就是这样安排的,无所谓平凡伟大,所以我就算一无所成——我是指在科研上没有什么突破,因为就目前来看我确实是智力平平,身体素质也一般——我也没什么可后悔的。

（6）关注：其实关注得比较少,虽然信息渠道变多,但价值降低。

最后,再次感谢杨老师的关心,祝您工作顺利!

语筱

2019 年 3 月 12 日

语筱如晤：

很高兴这么快就收到你的来信。这学期我课挺多的,实在忙碌,迟复为歉! 首先谢谢你对我的信任,能够和我谈谈你的思考。

上学期以及开学初和你谈过话后,我发现你身上有一种大多数人不具备的精神气质——平淡中透着执着,无为中向往自由,"苏世独立,横而不流",仿佛是这个浮躁世界里的一股清泉,带给我们无限的惬意和美好的向往。这样的思想内质,大多数人是不具备的,也正是你存在于这个世上的价值体现。你的行为很完美地体现了你的思想,所谓"知行合一"是也。正如你自己所言,与世无争的生命体验,基于准确判断自己精神和体魄的价值追求,这让我看到一个极其冷静、理性的青年。

我们看到这个社会上，有太多的人陷入名利的污淖。大而言之，是在追求成功，然而这种成功恰恰是迷失了本心的追求，在追求名利的道路上越滑越远，最终成为名利的殉葬品，自己的精神也是痛苦不堪，特别是中年以后。哲学的终极命题是解决三个问题：从哪里来、到哪里去、干什么。我想，我们只有自己时刻牢记自己的来处，"不为浮名和末利"，按照自己的生活节奏，对生命的理解，去成长、追求，则可成大境界矣。所谓的大境界，指的是精神的高度，而非金钱和地位。老子曰"夫唯不争，而天下莫能与之争"，说的就是这个道理。你现在看似平静的内心，实际上蕴藏着无穷的能量，所谓"静水流深"。这种特质能够长久地支撑着我们在这个世界上走得更从容、更久远、更幸福。

　　所以，你的出国深造、生命科学研究的计划，看似不经意地提出来，但我相信你比那些信誓旦旦的人，更能明白这些目标所承载的分量，所要付出的艰辛和努力！你其实很像我当时读大学的时候，没有很多的朋友，不善于交际，与老师说话就会脸红（我记得几次和你说话的时候，你都脸红了）。看到你，就想起了自己的当年。我很赞成你的一个观点："每个人都是一个世界，有时候感到自己和周围人的联系都断掉了，不过这很正常，重要的不是联系，而是感受。"一花一世界，一叶一菩提。每个人都是一个独立的个体。我们其实能做的，就是努力地让自己生长、开花、结果。不是经常说，你若盛开，蝴蝶自来。朋友不是追求来的，而是吸引来的。孔子曰："有朋自远方来，不亦乐乎。"朋友来看你，你自然会很高兴，然而有没有想过，朋友为何不远千里而来，与你交流、探讨呢？我想，真正的朋友，是为你的人格魅力所吸引。随着你的人格不断完善，你的思想、你的性格，都在影响着周围的人，包括你的朋友。此时，你将会收获你的朋友和人生。

人生的魅力在于永远不会知道若干年后自己将会做什么，所以过程就显得尤为重要。很庆幸，在这个美好的季节能够有一个比我小二十多岁的同学，与我有着相似的性格和想法。我们都应该珍惜生命中的每一天，让自己快乐、幸福、充实。不负韶华，不枉此生！

　　一孔之见，谨作交流，余言再叙，顺颂学祺。

杨志彪

2019 年 3 月 15 日

语筱：

　　你好！转眼又是一个学期过去了。不知最近各方面的状态如何？念念。

　　我记得你在上一封信里说关注生命科学，最后如愿以偿，并且还被选上了马婧姣老师的 PRP，现在正式开始了动科专业的生涯。这一年里，我一直对你有一种特别的关注，你善良、朴实、真诚，你知道吗，你在今年中秋晚会上的祝福卡片，恰巧被我拿到了，看得出来你对这个班级的热爱。第一学年的成绩，你排在第一名，只是由于素拓分数略微低了点儿，所以很遗憾，不能竞争国奖。

　　马上就是国庆长假了，不知有什么打算和计划？

　　期待你的回音。

杨志彪

2019 年 9 月 22 日

杨老师：

　　收到您的来信，我十分感动。认真阅读后，我认为有两点值得我深思：第一，个人如何尽到对国家的责任。有许多人在困难面前迎难而上,尽忠职守;有一部分人做了力所能及的事情,与同胞共患难、克时艰;还有一些人,他们只是做了他们自己,一个有着一颗中国心的中国人。选择了交大,就选择了责任。疫情期间,我感到与国家有千丝万缕的联系,对同胞有不可分割的情感。我一定会承担好自己的责任,不辜负学校对每一个学子的殷切期望。第二,个人前途与国家命运的联系。这段时间,是陪伴家人,修身治学的最好时期。作为一个动物科学专业的大学生,我身边有许多人会和我讨论新冠肺炎。有时,对于一些谣言,我能说服他们,减少不必要的恐慌;对于一些防护措施,我也尽量正确地解释清楚,减少他们感染的风险。特别是习近平总书记把"生命安全"纳入国家安全体系,让我对自己当初对专业的选择更有信心。"停课不停学",我希望能学有所长,报效祖国。

语筱

2021 年 2 月 19 日

语筱:

　　你的回信很棒。说明你在认真思考和规划自己的未来。其实,疫情来袭,对每一个人都是最好的课堂,从中我们既可以看到丑恶,更能看到善良和光明。这是最好的课堂,比起一般课程的学习,更加重要。

杨志彪

2021 年 2 月 19 日

尊敬的杨老师,

　　见信安好!时间的谜语只能用当下来解答。往后看,2021 年快走过一半;往前看,大学余额只剩一年。在这段最美好的时光里,老师、同学的陪伴就像生活中一首美妙、流淌的音乐，即使记忆被头脑封存，也会是那相框上闪烁的微笑。

　　首先，感谢杨老师对我的课堂表现和作业质量的认可，我会再接再厉、精益求精，不辜负交大给我们提供的学习和成长的沃土。其次，在锻炼身体方面，我会更加自律。"身体是革命的本钱"，只有强健的体魄才能胜任繁重的学习和工作。最后，有关课余活动。大学是收获良师益友的地方，想在大学交到志同道合的好友，就要"张开嘴、迈开腿"。我会更加主动地参与到感兴趣的活动中，打破舒适圈。

　　再次感谢杨老师无微不至的关心。

　　恭候诲安！

语筱

2021 年 5 月 19 日

放下一时的得失

与吉羽同学的书信往来

亲爱的杨老师：

您好！

收到您的邮件，我又惊讶又感动。来到一个陌生的大学，纵然已过半载，却未曾有人像您一般给予我这样的关怀与交流。

感谢老师的关心。说到对上个学期的回望，其实，我是一个内心比较乐观的人。上个学期，我发现了自己身上的许多不足之处，许多对大学的不适应之处，并决定努力改正。

虽然仍然有很多小小的遗憾，但我印象都已经不再深刻，唯一耿耿于怀的仍然是 GPA 过低。上个学期的后半学期，我感觉自己的学习没有前半学期那么努力，大量新的知识概念的涌入让我有点措手不及，没能及时接受和调整，加上本身数学科目基础就比较弱，平时学习会感觉力不从心。到期末，自然也就是高等数学和线性代数两门课考的不理想。

虽然及格了，但我仍然在想未来的学期里要不要抽时间重修，可我又担心重修分数会更低，又担心不会再有时间。每次一想到上学期的学习成绩，我就会想到分专业的事情，不知道自己喜欢什么，也不知道自己的分数可以分到哪个，越想越不开心，有时索性也就不想。但我在意或者不在意，分数就在那里。我想，我还是在意的。

上学期，我也有让自己满意的地方。我感觉我比以前更加自信，也更有能力了。以前，我是一个整天泡在学校里接受应试教育的"书呆子"，经历了上学期，我学会了更好地与人交流和提升自己。杨老师,您给我们组织的几次活动,是我人生中独一无二的,也是我上大学之前没有想过的,真的非常感谢您(在这里偷偷说一句,其他班的同学都很嫉妒我们班)!

这个学期,我参加了自己喜欢的有意义的社团,认真学习自己选择的有兴趣的选修课,我努力平衡自己学习与社会活动的关系,到目前为止,尚感觉不错。

只是,我有点担心自己能否一直坚持下去,一直保持这样的热情。在开学的第一周,我每天都跟林梓大佬一起六点起床去教室,而现在我已经堕落到了七点十分起床去教室……我倒不是觉得自己一定要那么早起床,只是担心这种类似于起床时间的下滑,会不会波及我学习的其他领域。

我对自己很迷茫,到目前为止,上学期GPA过低的"隐痛"依然使我不敢松懈,甚至恐慌。这几天,我有考虑过自己未来的方向,却发现是一团迷雾。您来宿舍的那天晚上,我回宿舍之后看到了轩爱,她在讲她对未来的构想和已知的一些留学信息。我这才发觉,大家似乎都对未来有大体的规划,而我仍然不知道自己要做什么,考研或保研,我担心自己GPA不够高;出国留学,语言、学费、招生要求都令我望而却步;外出就业,我不知道自己该去哪个城市。思及此事,我又会感到很混乱,所以索性也不想。

但是不想,依然不能让这种紧张、茫然和恐慌消失。

我想努力提升自己,可我发现,我看不到具体可见的成果。我在大学之前读过很多书,熟知古诗词和文言文,写作也很好。可是半年过去,我几乎再没有读过什么书,没有再进行"文学式"写作,这让我不再进步。我甚至发现以前在脑中根深蒂固的知识甚至是气质,正在逐渐退化。我想抓住,却不知如何是好。又怕会影响新的大学生活和发展,真是纠结……

在这里我必须要表示抱歉,通读完自己刚刚啰唆的一长篇,我发现自己的眼界实在是狭窄,没有对国家和学校的想法,只有对自己过去与未来的不确定。我也不太喜欢这样的自己,可我就是被这些现实,甚至世俗掌控着。不是痛苦,只是有点沉闷忧愁。除此之外,我对自己的生活并没有什么不满意,我需要对自己负责,我越来越认识到这点,并且我也会这样做的。

最后,感谢杨老师能读完我的这一番牢骚。这些话我从未与别人说起过,感到有点丢人,又有些混乱。感谢您愿意听我说这些,我多么多么庆幸,大学里能有您这样亦师亦友、值得我尊重和敬爱的师长啊!

祝:平安健康,生活快乐!

您的学生　吉羽

2019 年 3 月 12 日

吉羽青鉴:

来信收悉,今日周末有暇,窗外阳光明媚,鸟鸣啾啾,复信与你,惬意何如。

反复阅读你的长信,自是感慨不已。谢谢你对我的信任和鼓励,这是给我最大的奖赏,能够让我无怨无悔地在这个岗位上尽己所能。你跟我说了很多自己的内心想法。总体感觉,你目前想做一些事,但是现实的各种因素制约着你,犹豫、彷徨、迟疑等等,都在影响着你的生活和判断。这也难怪。本身你们刚刚入学一学期有余,与高中的生活相比,有本质的不同,需要思考、应付、决断的事情明显要多于原来。这是独立生活的开始,追求自由的必经之路吧。

从你对学生成绩的在乎,可以看出你其实很想获得一个好的成绩,而各种各样的原因导致现在这样一种不尴不尬的局面。目前的状态远非理想之状态,因此你在努力地追赶。你也曾试图向更优秀的同学学习,改变一些生活方式,但并没有坚持很长时间。其实这正是人性的弱点,自己长期形成的惯性很难改变。坚持这个词说起来容易,如果真的能坚持下来,是需要长久的付出,耐得住寂寞才行。一旦有所松动,给自己哪怕一天的放松,所有前期的努力可能就付诸东流了。所以,你自己是否应该冷静下来,给自己制定一个长久的学习和生活计划,不在意一时的得失,持之以恒,必将收获更多的幸福和快乐。

　　不知道你参加的是什么社团。不论是什么,你能够主动参加,寻找志同道合者,这是人成长过程中必不可少的一环。小处而言,可以打发业余时间。大处而言,这是一种审美情趣的培养。审美能力的缺乏,似乎是现代人的通病。而审美能力则决定了你生活的质量和幸福指数。如果你有一些社会经历,你就会发现,很多聚会的场合,不论地位的高低,富有还是贫穷者,都在谈论一些非常物质的话题,房子、车子、票子等等,都是名利。而真正谈一谈文学、艺术等精神层面的,实为罕见。我不希望你们也成长为金钱的奴隶,也不希望你们陷入名利的污淖。我希望你们能够拥有自己的精神高度,拥有自己的道德境界。不论外界风云变化,都守住自己宁静的港湾,"闲来无事不从容,睡觉东窗日已红"!

　　你本来就有很好的文化功底,千万不要放弃。学校虽然不开语文课了,但是,阅读和吸收经典的、优秀的中西文化,应该是终身的事情。每天的学习计划,应该包括这些内容。它就像你每天要吃的饭一样,给你提供宝贵的精神食粮,你的气质、风骨、人格的养成,都需要这些食粮。所以，不要纠结，不要犹豫，赶紧找回高中的状态，阅读经典、涉猎万象、勤耕不辍，假以时日，必成奇功。

随着你年龄的增长，对文化的理解会不断加深，对生命意义的领悟也会不断超越，那时你绝不会像现在这样，犹豫不决，无所适从了，而是一个智者。孔子说："仁者不忧、知者不惑、勇者不惧"。这是我们中国人一直在追求的精神境界，你会达到的。前提是，踏踏实实地沉下心来，从小事做起，从一点一滴做起，未来的生活一定会充实而温暖。

写了很多，供你参考，不知道是否能对你起一些作用。

匆匆不另，余言再叙，顺颂春安。

杨志彪

2019 年 3 月 16 日

杨老师：

您好！

匆匆又是两周过去，很抱歉现在才得抽出空闲回信。感谢您的建议，我收益良多。现在已经开始重新读书，也在努力平衡自己的学习与生活。

课程越来越紧张，我通常每天都在写作业和复习中度过，但是我感觉充实，虽然有点变态，但是每天排满，一直不虚度的感觉让我对这一天有很强的满足感。这种满足感是我重要的快乐源泉。

与此同时，我也逐渐开始努力明确自己的未来，或者不能说明确，只算是增添信心。感谢老师，上次去参观了美敦力集团的实验室，我看到了未来可能有的更多的选择，也没有从前那么茫然了。虽然，平时也会为一些琐事烦心忧惧，但我想这应该是人人都有的感觉吧。

最近虽然忙,但是也感到充满活力。比刚开学时更累,但我并未感到颓靡。我有的时候很喜欢这样的自己,积极向上,又能干,又没有忧愁。学习或者工作,我觉得是一个解决生活中可以解决的问题的过程,而且它冲淡了生活中不可解决的问题带来的困扰。做我该做的事,本身并不吸引我(的确,每个人都应该被想要做的事吸引),但是它为我带来的情绪上的影响吸引我,所以我选择做它。某种程度上说,我觉得,我应该把必须做的事情,努力变成自己想要做的事情。

我努力尝试,我尝试同时做好数件事情,我尝试合理安排自己的时间,尝试一直坚持这样的生活,我喜欢。

现在走在校园的道路上,我通常也会想起去年的这个时候。想起微微泛青的蒙蒙柳色,想起清明时节的杏花微雨,想起小小窗口的书台高筑。时光总是匆匆流走的,人也一直在改变。不知明年的早春,我又会是何模样。

希望老师也像我一样,为这早春的美景而感动。虽是小小校园一隅,却有造化钟神秀。生活的烦恼,有时也就在一草一木之间轻易消散了。

祝老师: 生活幸福!

您的学生　吉羽
2019 年 4 月 1 日

吉羽如晤:

清明节前收到来信,因回老家扫墓,耽搁至今回复为歉。

看到你对生活的理解,对自己未来的思考,知道你是一个有思想的人,已经在正确的道路上阔步前行,欣慰万分!

清明时节，正是江南最美的季节，桃红柳绿，草长莺飞。而对于我的老家，仍然是一派肃杀景象，春天还远远没有到来。你经常为这春天的景色而感动，我又何尝不是呢？大自然的一草一木，与每一个生命个体都有密切的联系，只要你善于发现和思考，就能发现生活中的美，这种美有的是高兴的，有的则是感伤的。随信与你分享几首最近作的小诗，这组诗的题目是《三个春天之后的春天（献给女儿的组诗）》。共有十首。让我们共同感受这明媚的春光，共同思考生活的真谛、生命的意义！

顺颂安祺。

杨志彪

2019 年 4 月 8 日

窗前的玉兰花开了

在一个明媚的春日
窗前的玉兰花开了
披着白纱的小仙女
在枝头欢快地起舞
鸟儿也来凑热闹
你们叽叽喳喳地谈论着
青草蛋糕的味道

青草蛋糕是喜羊羊的最爱
也是你们的最爱

在一个明媚的早上
窗前的玉兰花盛开了
花香飘进屋里
就像你飘进妈妈的梦里

小广场

春天到了
楼下的小广场热闹起来了
打太极的老伯
跳广场舞的阿姨
踢球的男孩儿
骑童车的女孩儿

一阵风来
各种花都飘落在广场
你追逐嬉戏
白的玉兰
紫的玉兰
轻盈的李花

除了这些花
还有凋落的香樟叶
那是唯一在春天落叶的树
你经常捡起
埋在土里
给蚂蚁做一个窝

可是夜太黑了
看不见花
看不见骑童车的女孩儿
看不见烟花和流星

六个奖状

雪白的墙上
贴着六个奖状
只有六个
再也不会增加了
因为奖状的主人
乘了白马
去寻找来世的梦

黑夜或是光明
温暖或是冰冷
都是这个房间的体验

玩具,漂亮的衣服
永远的微笑
都在注视
这六个奖状

四季在变换
时光在轮回
奖状的颜色淡了
可夜深了
思念的海水深了

海底世界

海底世界就在我面前
是你画的一幅画
挂在餐厅的墙上
我吃饭时能看见
我站在厨房里也能看见
每天做饭时我都站在厨房
深情地凝望
你五岁的照片也在凝望

红黄相间的小丑鱼
粉蓝相间的神仙鱼
红色的粉色的绿色的海星
白色的气泡
在蓝色的海底相聚
那是你的世界

有时候你也和他们一起玩耍
穿着美丽的花裙子
游来游去
时隐时现
比那些小鱼还漂亮
从海面游到海底
从星空游到海底
从故乡游到海底
从安徒生的童话游到海底
从妈妈的梦里游到海底

你呼喊着我
爸爸,快来找我
我循声赶来
你却早已无影无踪

墨竹

不知你的小手

是如何用极其简洁的笔

勾勒出浓的叶，淡的叶

疏密相间

就像这生活的味道

有时浓，有时淡

绵长的日子

就在叶子之间生长

串起一个个相聚和别离

三棵秋天的树

在春天里

看你画的秋天的树

三棵

色彩斑斓

相互偎依

温暖地偎依

他们的根在土地里相连

他们的手在云朵里相牵

他们的生命长成一个个秋天

和春天

蒲公英

小河边的蒲公英
又伸出了小手
用力撑开春天的记忆
绿色的草地上
白色的梦随风摇动
你捉住飘来的蝴蝶
却捉不住春天的风

春天的风啊
吹绿了柳
吹红了桃
吹遍了原野
吹散了妈妈的梦

淡水河中的树

你用影子
送来春的讯息
平静的水面
因此有了生气
微漾的波纹
与嫩叶和春花
还有夕阳中倦鸟的鸣啭
奏出舒缓的小夜曲
亦真亦幻
似梦似歌

而你自己
藏在嫩叶里
藏在花里
藏在暖暖的春风里
藏在天空中的绯红里
藏在微漾的水纹里
藏在夕阳的梦里

芳草樱云花间路

我是一片云
喜欢在傍晚的春天
静静地等候
一树繁花
一片绿草
一丛浅绿或者鹅黄
还有那条小路

我喜欢樱花的洁白,轻盈,凄美
那短短几日的绚烂
成就谢幕时的离歌
令人长久地怀念

也喜欢草木在这个季节的荣发
绿色的音符
弹奏出灵魂的渴望
浴火后的重生

我更喜欢那条弯曲的小路
默默地承载
小鸟的鸣叫
夕阳的余晖
春天的脚步
我分明看见一个穿红衣服的小女孩
向我走来
我的梦啊
便融化在这淡淡的风中

夕阳映照中的致远游泳馆

当夕阳用尽最后一抹温柔
抚摸我冰冷的身体
我只能站成一首坚毅的歌
与怒放的海棠一起
接受水与火的洗礼

生活的马车总会不断向前

与姗惠同学的书信往来

尊敬的杨老师：

　　非常感谢杨老师的来信，老师对我们同学的关心和关注，让我们发自内心感到幸福与感激。

　　转眼就两周过去了，说实话刚从寒假回到学校的时候，内心是非常不舍与难过的，想到在家里能住温馨的大房子，能和爸爸妈妈一起说话、出去玩，而到了学校，便是孤身一人，什么事情都是要自己一个人解决，所有的选择也都要由自己来抉择。与去年刚上大学时满怀着期待不同，这次来，已经深刻地认识到了自己即将面临的东西，知道前路上的挑战与责任，我个人感觉吧，可能我的内心还是偏向于小孩子，小时候盼望着长大，认为长大是自由的象征，但当真正要踏入成年的世界中时，才逐渐发现自由意味着责任。在家里，在父母身边，总可以有一种靠山的感觉，但是，所谓天下没有不散的筵席，总有一天得独立地走出去，如此道理我也早就深知，所谓"世间所有有价值的东西，从得到的那一刻起，就注定有失去它的一天"（There is nothing we can hold onto in this world. Only by letting go can we truly possess what is real），人们不可能永远沉溺于一时的美好幻想之中，终要面对现实，去奋斗打拼，而实际上，我也确实可以感觉到，奋斗打拼才是人生的意义，纯粹为了享乐而生并不是生命存在的目的。我之前看过一句话，说的是"最好的状态就是，看过了世界的黑暗与痛苦，却依然相信它的单纯与美好。"我还不能说是看过了世界的黑暗与痛苦吧，很幸运的是，我并没有经历过什么悲痛与灾难，也衷心地希望它永远也不要发生在我和我认识关心的大家身上。我愿意相信它肯定是美好的，一时的忧伤不可能永远持续下去。就像我这次来上海上学，可以说是第一次感受到了不想离开家乡的感觉，以前学诗总是想不太通为何诗人离家时要那般感伤那般悲痛，孩童时大概总是想离家越远越好，高考填志愿的时候，也是绝对不想在附近上大学，果然凡事还是只有经历了才知道。在火车上看到同学引用的李煜的"路遥归梦难成"，第一次对古诗词有了感同身受的感觉，虽然我知道自己所经历的不过尔尔，与那个遥远年代难以回家的真正痛苦是绝不可相提并论的。不过，我也相信过几天就会好的，果真如此，开学了上课了之后，就满是课业与任务，好像据说"有功夫伤心，那就说明不够忙碌"，确实，如果能把生活安排得满当一点，完全是非常充实的。然后我就制定了计划，饭后散步拉伸，买了几本书可以在无聊又恼火于学业时读，晚上可以写读书笔记（第一个星期我完成了成年以来对我影响非常大的一部作品的笔记），说是笔记，其实就是随便写写的日记了，希望多年后还可以依稀找到当年自己的影子，还有画画，目前有空的时候画了一些小表情，感觉有所进步啦。

　　总之，与上个学期相比，已经逐渐认识到大学实际的样子。我个人主要的改变吧，应该是没有以前那样慌慌张张的，总是想一些没有必要的事情，感觉有些问题其实不用过多纠结，遵循自己的第一想法，也不用太担心结果，其实，不论结果如何，还总是有办法接受的，比起操心结果，不如多练练过程。感觉成年了就是要变得稳重了呢。

　　感觉拉拉杂杂说了好多，每次一想写字，就写个不停，真的辛苦老师耐心阅读了。对于未来，其实我是一个不相信规划的人，人生不是可以轻易规划出来的东西，最近看了一些比较科幻比较逻辑的作品，越来越觉得时间像一条衔尾之蛇。我坚信"山重水复疑无路，柳暗花明又一村"，无论做出什么样的选择，后面都一定有通往柳暗花明之径。我感觉吧，说来真有些没想到，在高考报志愿之前，准确地说是在都快截止了的时候之前，我都从没想过自己会来到这个学院这个专业。一直以来，小时候考虑过艺术、设计这类的比较遥远的专业，长大了也是想从事人工智能方面的研究，完全没想过最终填了这个。其实细细想来，我个人并没有对什么东西有极大的兴趣与热情，是个怎样都行的人，后来想学习人工智能是因为自己对于智慧、技术一直都很向往追求。说来惭愧，比起勤奋，我内心还是更向往厉害的大脑，通俗地说就是聪明，我向往严谨的推理、缜密的逻辑、强大的记忆力。但是向往归向往，我也知道自己没有过人的天赋，也没有足够的自信心。再说就是当时的成绩并不足以让我选择这方面的专业，而是出于受到我们高中生物老师的影响，我还是对生物很有兴趣（当时那位老师真的很有趣，早在《工作细胞》开播大火的两年前，我们就已经听他讲过这些拟人化的故事了），所以后来就选择了这里（前年来交大参观的时候对交大一见钟情），现在看来嘛，这个专业的基础课知识要求完全不比技术类低，虽说是冷门，但能学习到的知识，也是很不少的，所以我也觉得这个选择并不让我后悔，毕竟，无论不久之后我会不会继续研究与从事这个专业，知识的积累总是有益无害的。

有些遗憾的是，我在学校，并没有交到很多朋友。我一直以来都渴望友谊，不过之前一直觉得什么人都可以做朋友，然而慢慢地我发现，价值观、信念还是很重要的，随便什么人，是可以成为友人，但是朋友实在是挺难得到的。我感觉，大家可以聚在一起随便说说，但是有时候我会觉得这有点浪费时间，因为我不能说出我实际真正想说的话，而这些话只有与很少的人才能交流。价值观信念不同的话，你不能总是迁就着别人的思想，虽然感受差异学习不足是一种意义，但是思想信念的话，毕竟还是很难被多次改变的。所以这个学期，我愿意接受这个事实，而不是像上个学期一样总是拼命想交到朋友，为此甚至有愿意妥协自己的信念的趋势，我现在相信有缘自会相见，而且，自己的思想不应该总是为他人动摇，人更多地应该为自己的信念而活，而不是极端地非获得他人的认可不可。

"每个人都在为了知晓正确的生存方式，而不停战斗。为何而战？要如何活下去？没有人会告诉你答案。我们能有的只是迷茫。"我感觉自己之前一直都是为了取得他人的认可而活，因为渴望着让大家看到自己很厉害的样子，渴望着自己能成为一部分人的依靠而努力着，这样真的很累也很没有自我。我觉得成年了，就是要更加探索生命的意义和道理，去变得更加理性。而且我现在觉得，只有先关心自己，才有可能真正关心他人、社会、祖国，否则都是空谈。

"但不管如何，都应该享受各种各样的事情，苦恼各种各样的事情，见识各种各样的事情，因为这是我们自己的人生呀。"

感谢老师的来信，回信里我好像谈论的几乎都是自己的感受和思考了，其实对于周围，对于大家，我一直觉得很好，在老师悉心的带领下我们班级也确实成为我们学院最优秀的班级，真的感到非常幸运呢！

祝老师工作顺利，身体健康！

姗惠　敬上
2019 年 3 月 12 日

姗惠如晤：

你好！长信收悉，感动何如。被你如此信任我，和我说这么多心里话而感动；也被你对人生的求索和思考而感动！长信给我传递着一个强烈的信号，那就是自强不息，在成长的道路上不断地努力前行！

我还清楚地记得家访时到你家里，和你以及你父母谈话，还记得在九江学院门口和你的合影，一晃就是半年多了。当时你给我的印象是比较不太喜欢说话，但看得出来，你有很强的自律性和坚毅的品质。这些，在后来的接触中逐渐得到印证。你能明白自己为何而来，将为何而去。你说自由是有代价的，奋斗打拼的人生才是有意义的。这些话，很多人都会讲，但从你的口中说出，似有千钧重。这是斩钉截铁的誓言，也是你的行动纲领。你用自己的实际行动践行着诺言，不论是锻炼身体，参加篮球队，还是读书思考做笔记，还是学习上毫不放松，都是实现这一目标的手段。我也很欣赏你对生活的态度，柳暗花明又一村，不论世间的阴晴圆缺，生活的马车总会不断向前，我们既要迎接每一次日出，也要欢呼每一次日落。

我特别欣赏你对家的理解，原来一直在家里，上了大学，故乡只有冬夏了。漂泊在外，家是支撑我们前行的动力，也是我们情感力量的源泉。我们很庆幸，自己有健康的父母，与他们谈心交流聊天。他们是我们的来处。也因为如此，我们无论走到哪里，都应该时刻惦念着家和父母。孔孟学说认为人与人之间的关系不外乎五种：君臣、父子、夫妇、朋友、昆弟（姊妹）。而君臣如父子、朋友如昆弟，所以这五种关系又可以简化为三种：父子、夫妇、昆弟（姊妹）。这几种关系，其实就是家庭关系。由是观之，维系中国人的纽带，从本质上讲就是家庭关系。

我虽然和你的父辈同龄，但对家庭的理解也和你一样。不论多辛苦多累,特别是遇到一些挫折和痛苦的事情的时候,如果能回到父母身边待上两天,哪怕什么也不说,心情也会释然了。

我曾经写过一首小诗《灯火》,其实就是这种情感的流露,不妨写在这里,与你分享一下(这首诗还是第一次给别人看):

儿时的灯火

是一盏油灯

昏黄而温暖的光

映照妈妈的脸庞

在这样的灯火下

妈妈用一双巧手

为我们姐弟四个缝制单衣、棉衣、千层底布鞋

上初中以后

再不曾穿过妈妈衲的千层底了

可我仍然清楚地记得

高中时还穿过妈妈缝的一件灰色单衣

整洁利落

同桌和邻座都是女生

她们无论如何也不相信那是妈妈一针一线缝出来的

因为她们感觉不到

针脚里嵌进了妈妈的双手和

灯火的温度

初中的灯火

是教室里的烛光

乡村的学校

一到晚上常会停电

我们只有自备蜡烛

在静静的长夜

烛光映照稚嫩的脸庞

方块儿字和算式都在笔端流淌

我很后悔没有保留一页那时的作业

一窥少年的轨迹

而今只能凭一本发黄的日记

略微怀念那些难忘的夜晚

室外繁星点点

室内烛火摇曳

那是青涩少年的梦

高中的灯火

已是城市的通明

班级、宿舍都有足够的亮度

再也不必担心停电

可明亮的灯光却遮住了星空

只能在各种公式和定理之余

偶尔望一眼那颗最亮的星

那是前世的我还是来生的我

没有人告诉我

那时还不知道康德

也不知道他的那句名言：我只关心头顶的星空和内心的道德律

只知道

那些明亮的灯光

照亮我的夜空

开启我心灵之门

大学期间

看遍青城的灯火

阑珊深处

总有那个女生

让我无数次默默的等待和思念

在每一个晚自习结束后

装作偶遇

在校园的路灯下

谈一点今天的作业和校园的琐事

没有花前，只有月下

平静的话语

掩饰着汹涌的波涛

没想到这样的等待一直持续了十年

从青城到冰城

从冰城到申城

变换的是时间和空间

不变的是我内心的灯火

她始终是我心中最美的星——注定会与我同行

可我仍然经常梦见青城的灯火

青城的星

工作繁忙

经常要加班到深夜

妻每次都会点一盏灯

照亮我回家的路

那是等待的灯火

也是温情的灯火

融化着两颗炽热的心

女儿的降临

带给我们无限的惊喜和快乐

让我们见证一个生命的成长

她是我们的小星星

点燃着我们的生命之火

虽然城市的天空不再通彻

再也看不见儿时的繁星

但我仍会在每一个寂静的夜晚

在心里默数星星

哪一颗是她

哪一颗是我们

星空虽然浩瀚

我们的心却要容得下星空

因为要放那颗小星星

那颗星星

是我们的生命之火

女儿的一生

就像一颗流星

在夜空中划过一道优美而明亮的光

不期而至

又匆匆离开

……

来不及品味世间的美好

便留给我们永恒的殇

悲难禁

泪痕干

千呼万唤再也不见女儿的容颜

再也不能感知女儿的温度

只有在梦里才能有片刻的安慰

我确信

女儿已经化作了一颗星星

在茫茫天宇中

调皮的眨着眼睛

看着爸爸妈妈

咯咯地笑

那星光

便是我们的希望之光

城市的夜晚

车行路上

流动的风

流动的夜

流动的心

还有流动的灯火

每一次驾车独行

仿佛都在穿越时空

眼前总会浮现

昏黄的灯火

摇曳的灯火

通明的灯火

阑珊的灯火

等待的灯火

温情的灯火

希望的灯火

它们都是我心灵的灯火

照亮每一个暗夜

让我的星空永远充满温暖

充满希望

　　诗有点长，就像我们对亲人的眷恋，再长也总感觉在一起的时光是如此短暂。所以，珍惜与亲人的每一次相聚，每一次电话，每一封信笺，每一声问候，每一次拥抱，生命因而变得有温度和力量。

　　你的兴趣点在人工智能，这一点有些出乎我的意料。如果真是这样，这的确是一个不错的契入点。人工智能一定要跟生物结合起来，才有意义。我认识的几个交大的老师都在从事这方面的工作，比如医疗器械、电子信息、疾病诊疗等领域，都需要人工智能。日后你完全可以在扎实的生物学基础上，从事人工智能的研究和创新。只要有梦想，就要去追求，就不放弃！

你对朋友的理解似乎是有一个逐渐演变的过程。的确如此，我们不能以交朋友为目的而交朋友。朋友也不是越多越好。鲁迅说：人生得一知己足矣。一辈子有一个知心朋友就不错了。所以，更多的是一般的朋友。当下我们还是要充分提高自己的各方面的修养，比如人文精神、科学精神、专业素质等等，都是迫在眉睫。只有综合素质达到了一定程度，朋友才会愿意和你交往，朋友之间的交往才会有深度。

穷则独善其身，达则兼济天下。这里的穷不是指金钱，而是指精神的层次。当你精神足够富有时，不但有朋自远方来，而且能够兼济天下了。你说："只有先关心自己，才有可能真正关心他人、社会、祖国，否则都是空谈。"孔子说的"己欲立而立人，己欲达而达人"，就是这个道理。

细推物理须行乐，何用浮名绊此身。虽然你希望未来的世界都会一帆风顺，这是美好的祝福，也是每一个爱你的人的心愿。但事情往往会有这样那样的偏差，我们能够做的，就是能够正确的看待失败和成功，不以物喜，不以己悲，能够尽快地摆脱名利的束缚，那时候，你就能超越命运、超越梦想、超越自由！

不觉之间，说了许多，匆匆不另，顺颂学祺。

杨志彪

2019 年 3 月 16 日

从"无知"到"无知之知"

与恒昌同学的书信往来

敬爱的杨老师：

　　首先感谢老师对我们的关心，以下是我对过去的总结，现在的状态概述以及对未来的计划或希望，并叙述一下近来的问题。

　　在过去的一个学期里，我从初期的对大学生活的好奇与新鲜感转为对大学课程比较难的焦虑，再变为对大学生活真正独立的不知所措，再到真正经历一个学期后成长的些许欣喜，其间有着与同学相处的愉快，考试的紧张，学习书本知识之外的操作技能的烦恼与成就感……说实话，上个学期早八课很少，自己未能一直坚持早起，而且不少次赖床，也曾拖欠过一些知识，直到期末才把习题基本做一遍，也没有问过老师问题。在上学期我的情绪变化经常很大，有时候莫名其妙无缘无故地感到伤心或快乐，有时候心情低落，做作业效率低下，后来我发现走神的现象很频繁，感觉动力不足，总感觉自己走着走着，没有了方向。另外还有一个现象，就是在人多的地方，我总觉得不自然。

　　近来，我觉得清晨起来的时候，不但心里特别平静，而且思绪特别清晰，学习效率也特别高（因为我尝试着背单词，结果很快），但在晚上总觉得很疲劳，效率也很低。新学期都是早八课，有时候听课真是云里雾里，比如概率统计和大物讲到某些地方时，不过我还是和上学期一样，存在着信心。有时候我很奇怪，为什么自己有时候一点斗志也没有，得过且过，但有时候却感到从未有过的奇妙舒适感，那时做事情总是很轻松（我感到郁闷时，总是吃东西或者睡觉，这是一种不好的习惯吧）。老师考虑的很对很对,有些问题我确实不知道怎么说,我对老师总是有敬畏感,那种不知道原因的问题我不愿意面对面跟老师交流。下边的我随便写写,权当谈谈题外话,老师不用太在意。

有时候我想,也许以前的日子,我从来没有想过我为什么按照这条路走,小时候看别人上学,我也去了,后来一直成绩差,但是那时却一点也不担心,因为那时对未来都没什么概念,觉得小学后就不用上学了,后来毕业,才慢慢发觉学习有一种竞争性,于是初中拼搏到头,一直为了名次,后来除了名次,又是为了考县一中,考上后,原本松了一口气的我又全面紧张起来,没来得及想为了什么学就开始被老师和亲友们灌输考好大学的思想,不知道什么时候开始,好像上了高中后,家里亲戚的言语里开始反复地出现"你以后能考好、家里人享福、一年挣多少多少钱、谁谁谁考上大学在哪工作之类",高中一学期过后回家过年亲友们都说的这类话,那时我便开始隐隐觉得怀疑,我到底为了什么? 是我选择这样的路,还是他们替我选? 我发觉,不知道从什么时候开始,也不知道什么原因,上学不再是单纯的上学,到了大学,时间一宽下来,我开始从头到尾地过滤我这些年,我一直不明白也从来没想过,我这些年的学习到底是为什么,而是他们让我做,我便做了。

自从考上大学后,我心里总有那么一点说不出的感慨,不知道为什么,家里人总觉得考上大学什么都不用操心了。

后来,经过大学一学期的生活,我对时光,怎么说那个词呢,光阴? 岁月? 开始有一种不同于以前的感觉,有时候我思考一些奇怪的问题(不知道是不是正常),比如,我思考着生与死之间是什么,后来我想了很久,觉得生与死之间是活着,我记得高中看过《活着》后老师让写读后感,写到末尾我脑子里自然地闪现出"为了活着而活着",

当时我还觉得奇怪，近来我才隐约知道，这句话中的"活着"，前一个是状态，是形容词，后一个是动词；前一个活着的状态，就是动词活着的目的，后面的动词活着的行为，决定了前边的活着处于什么状态，我曾因为想通这个而高兴，到后来也觉得没有什么好高兴了，因为这并不能使我每天斗志昂扬并乐观地生活着，现在我总觉得每天生活的不太自然，也不知道是什么原因。

三月到七月之间，会分好专业，我想着这没什么好挑剔的，以后一定要考研的，而且我想着以后二专的方向和考研也有点关联吧，目前我觉得开学最近几周知识大爆炸，我必须先消化消化，而且我觉得这不是一天两天的事，我觉得学院自习室很好，就是签到时间有限制，这学期农院大一晚课很多，如果固定六点半签到，那么有晚课的人并没办法签到，所以可否实行分批签到。六点半到八点半是一个符合日常的自习时间，在六点半签到，那七点以后来的，或者晚课下来八点半来的，就不能签到了，这个可以有第二批签到，时段是八点半到十点，这样是不是会增加每天签到人数？

还是谢谢老师的关心，您能考虑得那么周全，用邮件来弥补语音式交流的不足，老师对我们的关注由此可见，如果有什么其他方面要交流的，我会非常期待与老师通信。

您的学生：恒昌

2019 年 3 月 15 日

恒昌如面：

长信收悉，肺腑之言，感为至深。

你在所有的学生中是比较特殊的一位，因为你对格律诗词的热爱，你对传统文化的理解，都显得那么卓尔不群，而这些恰恰在当代大学生中已不常见了，换句话说，你的爱好很小众。也正因为如此，党中央和习近平总书记才提出了四个自信："道路自信、理论自信、制度自信、文化自信，而文化自信是最基础、最广泛、最根本的自信。"有了这样的思想指引，再加之个体的星星之火，假以时日，我们的优秀文化必将在我们手里焕发出更加璀璨夺目的光彩，照亮世人前行的道路！

你有诗人的特质，敏感、深沉、丰富。读过阮籍的故事吧，他是竹林七贤之一，有很多怪诞行为，令人不能理解。阮籍特别喜欢到处游玩，他每天早上出门都会驾着一辆牛车，装着满满一车的酒，边行边喝。他也不在意车行到哪去了，酒喝了多少了，就任随着牛自己走。如果酒喝完了，牛也走到一个没路的地方，阮籍啥也不干就下车开始哭。这是率性和拥有剔透心灵的人才能做出的举动。其实魏晋风流人物里还有很多这样的率性之人，如王子猷雪夜访戴、嵇康锻铁、刘伶醉酒……他们既有深沉的理性，又有极其敏感的心灵，常常在我们世人浑然不觉、习以为常之处怦然心动。我虽然也是一个平常的教师，但也曾经做过类似的事情。那是在 2012 年冬天。偶然听到交大材料学院的一个年轻女教师在路上出交通事故而去世了，女儿才几岁。我当时十分难过，总在想孩子怎么办，父母如何面对？等等。有一天晚上，我在办公室加班到 11 点多。那天下着很大的雨，我开车走在路上，突然就有一种想去看看出事地点的冲动。于是开车到了事故地点，发现那里路两旁摆了许多菊花，我开了车门就在大雨中痛哭一番，任凭大雨把我淋透。过了很长时间，才上车回家了。这其实也是在追寻自己的本心，为死去的一个美丽的灵魂凭吊，安慰自己，也是安慰心灵。希望这个世界上，多一点这样的人，为逝去的美好而惋惜，而痛哭！

这其实也是对待死亡的一种态度。中国人对于死亡的认知传统是："未知生，焉知死？"这是儒家学说积极入世，更多地关注现实，关注人与人、人与社会关系的体现。但不可避免地对于死亡的认知有所欠缺，如果不能进行充分的死亡教育，实际上就不会珍惜当下的生活。人生在世，不过百年，不论王侯将相，还是平民百姓，最后的结局实际上都是一抔黄土。所以，老子曾认为生与死并无本质的不同，提出了"齐生死"的理论。而我们认识死亡，与进行苦难教育、挫折教育是一样的，目的就是要在这个世界上，充分理解人生的不确定性，从而能够深刻体会世间的美好，珍惜当下，珍惜生命，找到人生的意义！

　　庄子曾提出"无知之知"。小时候我们尚不具备自主决断的能力，学习生活，似乎都是为了父母师长，那时候是被动的，这无可厚非，此时是"无知"，是初级的自由和快乐。随着年龄的增长，我们逐渐有了自己的思想，有了自己的人格，这个时候，就开始思考人生的意义。等思想成熟了，我们才具备了真正的智慧，此时若看透了世间的生死、是非、万物，能够从世俗知识的衡量判断中超脱出来，则是经过"有知"而后达到的"无知"，也即"无知之知"，这是更高层次的自由和快乐，能够让我们无论面对多么复杂的外部环境，总能保持内心的平静港湾，让我们心无旁骛，矢志不渝！因此，理想、信念、考研、工作、情感、健康都是水到渠成的事情了。

　　你能够对我们国家的命运和前途有如此深入的思考，真是令我刮目相看。任何一个个体的幸福，都是建立在国家整体的富强和繁荣之上的。当代大学生缺少的就是这种家国情怀，缺少的就是"苟利国家生死以，岂因祸福避趋之"的铮铮铁骨，缺少的就是"亦余心之所善兮，虽九死其尤未悔"的忠肝义胆。我们交通大学的四位一体的培养体系是"价值引领、知识探究、能力建设、人格养成"。你的思考和努力，正是学校教书育人的首要目标，就是让你们找到自己的价值所在，找到奋斗的目标所在。交大每年都有很多人投笔从戎、支教支边、到西部去、到祖国最需要的地方去。你正在朝这个方向努力，你对国家命运前途的思考，必将成为你不断前行的动力，让你的生命散发出夺目的光辉！

　　你说在生活中总有些不自然的感觉，见到老师也有些不自然，这可能不是什么坏习惯吧。随着年龄地增长，有意识地克服，比如参加一些演讲协会，多参加一些公开的活动，抓住机会发表自己的观点，你就能掌握在公众场合说话的礼仪、节奏和自信，很快你就应该能落落大方了，而不是现在的这种状态。

　　书不尽意，余容再叙，匆匆顺颂春安。

杨志彪

2019 年 3 月 19 日

　　人的一生往往會遇到很多類似的問題，現在有，将来遠會有。我考慮的原則就是，追尋自己的本心。一個人真正的幸福感并不在於外在的名利，而在於内心的追求和渴望。所谓的順其自然，不代表我們可以不努力，而是在我們努力之後，要有充分的勇氣和智慧，坦然地面對一切成功和失敗。如何在這個紛繁複雜的世界中保持自己的獨立、自由和純真，是一個永不遇時的命題，需要我們用一生去探索、追求。我希望，你在大學里能領悟到這些真諦。

大学四年只是人生的一小段路

与非亦母亲的书信往来

非亦妈妈：

昨天跟非亦聊得时间最长，大约有半个小时左右。详细交流了近期的安排，将来的学习、生活、目标等情况。发现他是一个很有想法的孩子，对自己的未来有清醒的认识。这是很难能可贵的事情。上次选择做 PRP，我们班级里有六七个人报名，最终只选了两个人，他是其中一个，说明其他老师也看中了他身上的这股劲。假以时日，必定能成大器。

杨志彪

2019 年 6 月 27 日

杨老师：

首先非常感谢杨老师百忙之中抽出时间找非亦谈心。

非亦性格内秀，不喜欢张扬，心气较高，缺点是缺乏恒心毅力。在当地的一所重点中学读书，上海交大一直是他心中的梦想，然而去年的高考发挥失常对他打击很大，虽然最后进入了交大，但是专业让他很失望，入学一年，他都处于迷茫状态，生化学科本来就是他的弱科，再加上对专业的兴趣不高，所以学习的动力不强，总是以不挂科就好的心态处之。专业分流前，我们希望他学环境，但他很坚定地把动科放在第一志愿，理由是经过了解，很多学长在高中时就知道您了，您是一位有学识有才华有爱心的老师，他想跟着您学点东西，所以我们尊重他的选择。

杨老师，非亦能遇上您是他的福气，他是那种越重视他就越能发挥潜能的人。希望您不时鞭策他，鼓励他，让他在学业上有成。谢谢！

梅红

2019 年 6 月 27 日

非亦妈妈：

　　您的鼓励和信任令我感动不已，我更觉得自己所做的事情是有价值的、有意义的。谢谢您！您详细介绍了非亦的成长历程以及来交大之后的心理变化。非亦也跟我说了来交大之后的情况，与您说的基本一致，说明孩子已经在反思这一年走过的路。我昨天跟他说的最多的，也是针对他的心理波动，告诉他如何选择、如何面对以及如何确定以后的方向和目标。通过 PRP 这一件小事，就能感觉到，他已经走出了最初的迷惘，明白自己该干什么，该怎样去做了。整个交流过程还是很通畅，都能互相认可对方的想法（而旁边就有一个其他班的同学在打游戏）。

杨志彪

2019 年 6 月 28 日

杨老师：

　　您好！杨老师这次谈话很及时，对孩子帮助很大，带他走出困惑，也为他指明了未来的方向和奋斗目标，同时激发了他的学习兴趣和动力。请杨老师放心，今后我们一定会全力支持配合学校的工作，加强沟通交流，一切都是为了孩子。让您费心了，非常感谢！

　　值得庆幸的是孩子对游戏的依赖程度不高，仅限于偶尔玩玩而已。

　　杨老师，我还是想再啰唆地问一下，是不是孩子近期的表现不太好？因为这一年来，他不太愿意和我们沟通交流，甚至流露出不愿意考研的想法，让我们很担心，怕他自暴自弃。

梅红

2019 年 6 月 29 日

非亦妈妈：

　　他应该还是会考研，并且问了我一些出国的事情。近期的表现我没法评价，因为我接手的时候已经期末了，复习考试很苦，我也没打扰他们。这不刚刚结束考试我才找他们交流。仅从见面的情况看，没有自暴自弃的想法，也没有看出表现不好来。

杨志彪

2019 年 6 月 29 日

杨老师：

　　您好！非亦自从上次采纳了您的游泳建议后，到现在已经坚持了一个多月了，每周两到三次，每次游 1000 米，感觉效果很好，看到他能坚持下来，我们当家长的很欣慰，非常谢谢您！现在大三了，他觉得自己目前的成绩排名达不到保研，心理压力很大，想用大三的成绩冲一冲，又感觉差距有点大，力不从心。孩子的性格有点内向，有些话也不太愿意和我们说。杨老师，可否麻烦您抽点时间找他谈一下，给他一些鼓励，指导一下他在保研方面的策略，因为他愿意听您的建议，麻烦了！

梅红

2020 年 11 月 19 日

非亦妈妈：

　　您好！周五见了非亦。一起吃了中饭。看他挺精神的，在积极备考。因为是跨专业，难度是有。当然他也很清楚，在全力复习。希望能顺利考上。

　　11 月 28 日是他的生日。我写了一封信，同时送了他一本书。这也许是他在大学期间我给他写的最后一封信了。

杨志彪

2020 年 11 月 30 日

杨老师：

　　谢谢杨老师，前两天听孩子说您要请他吃饭，真是让您费心了，您在百忙之中给他过了一个有意义的生日，真是永生难忘！时间过得真快，转眼间就要毕业了，真是感慨万分，四年收获了很多，也有很多遗憾，最幸运的是遇上了您这样一位好老师，给了他鼓励与帮助，能平安、健康、快乐地度过大学时光。这次孩子没能如愿保研，有点遗憾，尽管这样，我觉得孩子能在这么优秀的大学里顺利毕业，已经很了不起了，不仅没挂科还修了二专。希望他这次能顺利考研成功，实现自己的目标吧！

　　我一想到还有半年就要毕业，就要离开这所学校，心里真的不舍，还是缘分不够啊，这是我自己的感慨。

梅红

2020 年 11 月 30 日

非亦妈妈：

　　人生总会有一些遗憾。但是，非亦的天资再加上勤奋和努力，一定能实现自己的目标。这样的经历,对于人生的成长尤其宝贵。

山不转水转,大学的经历是一个人的黄金时光。也许若干年后,非亦还会回到交大任教,也未可知。期待着那一天,金色的阳光下,我们灿烂的笑脸。

杨志彪

2020 年 11 月 30 日

春风化雨

与法心母亲的书信往来

杨老师：

感谢你找孩子们聊天，出门在外，我的孩子怎么样，我也不太清楚，有事他也不说，只有你们和孩子朝夕相处，比我还了解他，感谢你对他的关注。

颜雪

2019 年 6 月 1 日

法心妈妈：

法心妈妈，我刚刚接手这个班级，同学我还没见面呢。我尽快熟悉他们，您放心。

杨志彪

2019 年 6 月 1 日

杨老师：

一年的时间可快过去了，估计孩子们现在还在迷茫，他们应该非常需要你的帮助指导，专业方向、人生规划、平时的为人处世、学习、恋爱等等，你在大学里见多识广，真希望你能给孩子更多的指导。

颜雪

2019 年 6 月 27 日

法心妈妈：

　　昨天也见到了法心，我们约了这一两天见面详聊。我挺喜欢这孩子的，有活力、有思想、懂礼貌、善于沟通。您说的那些方面我都会跟他聊的，包括恋爱等。前段时间我还帮助一个男生解决了这方面的心理问题呢。

杨志彪
2019 年 6 月 27 日

法心妈妈：

　　刚刚和他聊了一个多小时，你们也不用担心了，这孩子应该说挺让人放心的。有自己的想法，自己能管住自己；有音乐特长，没事的时候也能陶冶情操；对自己的未来有很明确的考虑。学习成绩上学期不差，这学期应该能有明显提高。他自己跟我讲了自己心灵成长的过程，我觉得那些都是宝贵的经历，能够支撑我们走得更远、更稳！

杨志彪
2019 年 6 月 27 日

杨老师：

　　谢谢你，法心基本是散养长大的，我没有限制他那么多，他小学三年级就自己骑自行车上学，中间跨过四个红绿灯路口，小时候我们家的纯净水都是他骑小自行车带的。

　　我以前年轻无知，在他的小时候把他拜托给他奶奶带，我和他沟通太少，也没有怎么教他做人做事。我感觉他现在有时候就好像缺乏安全感一样，有很多小毛病，都需要你在适当的时候帮我指导他，点拨他。

不过他应急时表现还是很勇敢的，只管干，也不管干好，干赖，只管弄。有时有又很忐忑，惶惶不可终日，拿不定主意，这些都需要你多说他，以你的教育思想，教育观念，他定会受益终身的，我们做家长的对你感激不尽。

他自律性还是可以的，能管住自己，他基本也是对自己要求完美的人，这是好事，有时候也是坏事，当自己的能力达不到自己的要求时，人容易产生挫败感。所以我不止一次让他注重体育，注重锻炼，学习武术，我觉得体育能改变一个人，身体素质的提升一定会带来思想、状态、认识上的提升。这都和你的教育思想一致的。

我从你的名字——杨志彪，感觉到你不是一个柔弱的书生，你的名字的每一个字都充满了昂扬、开阔、积极进取的精神（暗示了父母从小对你的教育）。有什么样的领导定会带出什么样的队伍，你思想的光芒定会照亮每一个孩子的心胸，我相信他们都是好样的。

颜雪

2019 年 6 月 27 日

法心妈妈：

　　谢谢您的鼓励和信任！您的留言也很令我感动！我一定会尽最大努力，带好每一个学生。从您的留言得知法心的一些成长经历，对我了解他的性格并有针对性地和他交流都很有帮助。我会经常关注他的学习、生活和思想状态。您发现什么问题也请及时和我沟通，咱们共同努力，把孩子培养好。

杨志彪

2019 年 6 月 28 日

我们的孩子究竟要成为怎样的人？

与宇龙父亲的书信往来

杨老师：

读了杨老师的信，如品我们贵州茅台，芳香怡人。你从孩子们的青春特点以及国家和世界形势出发，用自己的经历，引领孩子们成长。我们所处的是一个科技信息时代，世界的变化和发展都影响着我们每一个人，每一个家庭。中美贸易战、中东局势等影响物价涨跌，从而影响你我他。上海交大的学生是中国青年的骄傲，更需世界眼光，更要有家国情怀，肩负民族和国家未来的使命，勇往直前。有文理兼备、才德兼备的杨老师带领，有同学们努力拼搏，有家长们密切配合，相信 2018 动科班这朵青春之花一定会在祖国东方明珠绚丽绽放。

海云

2019 年 8 月 5 日

宇龙爸爸：

谢谢您的鼓励和肯定！您的留言让我感动！我很庆幸在我的人生道路上能遇到这么多可爱的孩子，他们聪明、阳光、有个性，每一个孩子都是一个鲜活的个体，他们都是独一无二的，这也是我愿意和他们交流的原因。更为庆幸的是，我还遇到了这么多给我支持和鼓励的家长朋友，你们的每一个留言，都化作我前行的动力，推动着我在这条道路上义无反顾地走下去！我相信每个家长也都会反复思考，我的孩子究竟应该成长为什么样的人？这是家庭教育和学校教育共同承担的历史使命。有些东西是家庭教育的结果,有些东西是学校教育的结果,当然更多的东西是自我教育的结果,就像您说得那样,学习是终身的,更应该是自身的。每个人都应该清楚这一点。所有的外部因素都需要主体去自我消化、反思、总结、超越,从而最终成为一个完整的人。

杨志彪

2019 年 8 月 6 日

宇龙爸爸:

　　前两天宇龙生日,我给他写了一封信,同时送了一本书作为生日礼物。祝愿他能自我觉醒,自我学习,培养成完整人格。

杨志彪

2019 年 9 月 20 日

杨老师:

　　谢谢您对我们家孩子的勉励和关怀,志向很重要,没有理想,人生就没有方向,前进也就没有动力。智商、情商都很重要,为什么有的人很聪明,却一事无成?因为方向不对,学习不用心,坚持不够。家国天下,大智还要有大志,也才能功成名遂,成就未来。

　　什么是人才?能看到细微的问题,是技术人才,能分析宏观形势是管理人才,既能领悟微小,又能洞察宏观,是帅才。管理帅才的人,是统帅。

　　由于我们家所处县城的生活环境不是很文明,吸烟、酒驾、说脏话等不文明行为在我们身边发生很多,宇龙不是很理解,我是从不吸烟,也不饮酒,但要改变我们的周围生活环境很难。我教育他,我们改变不了我们的环境,但是我们可以努力学习,改变自己,从而离开我们的生活环境,到更文明的地方生活,这就需要本领。除了坚持学习,还要坚持锻炼,有了知识和好的身体,才能去践行我们的预定目标。

海云

2019 年 9 月 23 日

宇龙爸爸:

嗯,说得挺好。我完全赞成。希望宇龙能领会到这一层,未来可期也。

父母是最好的老师,言传身教都对宇龙产生了良好的影响。

杨志彪

2019 年 9 月 23 日

尊敬的杨老师:

您好!

白天忙于会议和农民撂荒土地的事,晚上回到家里听爱人提及您给我们家长及孩子们的最后一封信——《愿逐月华流照君》。出于对杨老师您的崇敬和文学的喜爱,兴致又上心头,迫不及待地打开拜读起来。您的千言万语,意味深长,让我流连其间。

光阴荏苒,日月如梭。转眼孩子们就大学毕业了,人一生的幸事,无非有三:出生有好的父母,学校得到好的老师,婚姻遇好的伴侣。考入上海交通大学,孩子们因求学之缘有机会得于您四年的教诲,是孩子们的荣幸,也是我们这些家长的荣幸。您学富五车、德如孔孟,四年以来,您用点点滴滴的实际行动给孩子们的谆谆教诲和殷切期望,让孩子们对您非常爱戴。特别是这次上海疫情,给我极大的震撼,儿行千里母担忧,何况是面对这艰难时刻,看到您与其他老师对孩子们的呵护,一颗悬着的心终得以放下。四年来,您的一言一行,您的高尚师德,不仅熏陶了孩子们,也感染着2018级动科班的我们所有家长。要想孩子成才,品行第一,为人父母,既要努力学习、勤劳持家,也要有品德,同时还要有家国情怀,用我们的言行去教育子女。我相信孩子们都会用您给他(她)们的智慧和光芒去开创属于他们自己的一片蓝天,为中华民族的伟大复兴尽献自己的绵薄之力。

极不情愿这是您给我们家长及孩子们的最后一封信,可是,正如您信中所言:"几世因缘,万般不舍"。奈何有聚必有散,正如《三国演义》主题歌词:聚散皆是缘。回想人生就是如此,不舍也得别。这届孩子们毕业离别了您,但还有更多的优秀孩子期等着与您的相聚。

祝愿您:一生平安!桃李满天下,学子遍九州!

此致

敬礼!

海云

2022 年 5 月 30 日夜

海内知己

与见姝母亲的书信往来

杨老师：

您好！见姝选动科的原因之一就是很仰慕您的带班风格和教师魅力，以后劳您费心了！

青玉

2019 年 6 月 1 日

见姝妈妈：

谢谢您的鼓励和肯定！这样一说，我的责任更加重大了！我们一起加油，一起努力，希望孩子们都能有完善的人格，健康成长！

当时家访的时候我没能去看见姝，是小凡去的，不过来了以后就认识见姝了，第一眼就很有眼缘，没想到她选了动科，我们又能有更多的机会在交大了。我还保留着这张照片呢！这是我昨晚上给二班开的最后一次班会的 PPT，里面也提到了这张照片。

杨志彪

2019 年 6 月 1 日

杨老师：

您多才多艺，有情怀，有担当，见姝在您门下受教，真的很幸运，我们家长也很放心！

青玉

2019 年 6 月 1 日

杨老师：

　　您好！很惭愧，直到今天才拜读了您发在家长群里的三封信（已收藏），很是振奋，有拨开云雾见月明之感。见姝读书15年，受我管束和影响颇多，各个阶段的成长我的介入较多。直到去年她上大学，天高地远，鞭长莫及，才常常反思自己多年教育的不足。读了杨老师的三封信，我心里释然了，有杨老师指导引路，我有豁然开朗之感，直接受您教育的孩子，当更奋发向上，明确自己的方向。多年陪伴见姝，我深知她有向善求进之心，十五年来，她一直以高标准要求自己，少有懈怠。上学期成绩一般，蛮受打击，有些自信不足。希望杨老师有机会多点拨她，打开她的视野和襟怀，让她对自我和世界有新的认识，以昂扬的姿态面对生活。拜托了，不胜感激。

青玉

2019 年 6 月 9 日

见姝妈妈：

　　您好！收到您长长的留言，我真的非常感动。感动于您对我的鼓励和信任，感动于您与我交流见姝成长过程中的一些细节。我想用一个词来形容，那就是热泪长流……我经常被家长的话感动，是你们让我认识到了这个岗位的重要性，教师的价值。因此，我也不敢有丝毫懈怠，在这个岗位尽自己的最大努力！每一个学生背后都是一个家庭，甚至三个家庭。我深知这里面的利害关系，因此也在努力学习如何和孩子们相处，如何教会孩子们正确的人生观、世界观，如何引导他们热爱自己的专业，热爱自己的生活，并且为之努力奋斗，争取自己和家庭的幸福，最终实现全社会的幸福。也就是说，要把自己的人生经历融入这个民族发展的进程中去，不论作用大小，地位高低,都是有意义、有价值的人生。

与见姝的接触不是很多,但她给我留下了非常好的印象。偶尔碰面,说一两句话。这次,我看到她来到动科班,内心由衷地高兴。特别是她在班会上介绍自己,爱好广泛,阳光热情,文体兼通,不仅给我,也给全班同学留下了深刻印象。因此以绝对高票当选团支书。这是一个良好的开始,我相信她也会认识到自己上学期的一些成败得失,及时总结,重新焕发出生命的活力,在这个新的集体,开始新的征程。相信她,相信她的自我调节能力。当然,我会尽快找时间和她交流一下,了解具体的情况,以便更有针对性。

见姝妈妈,下午找见姝聊了一个多小时,和您描述的很接近。第一学期略微放松了一些(好在没有挂科),学习效率不高,各种外界的因素经常会打断学习的节奏,因此成绩和预期有些差距。现在她自己也意识到了,有了明确的目标。我告诉她,执行力要强,学院和学校的一些活动要选择性参加,要学会时间管理,不然很快这一学期就过去了,发现自己很忙,但是最重要的事情却没做好。看得出来,她能听进去我的话,相信她能很快有一个质的飞跃,我们拭目以待!

杨志彪

2019 年 6 月 10 日

杨老师:

您好! 没想到我的感触和请求得到您这么热烈而及时的回应,真的非常感动和感激。见姝在第一时间打来电话告知您找她谈话,她很意外,也很高兴,说您的建议对她很有帮助,她会努力去做。我相信有您的指引,她会不断地完善自我,超越自我。您发的 ppt 已下载保存,以后还要多多向您请教。看了您的文章课件后,我感觉自己要加强学习了，不得不承认，高中老师跟大学老师相比，真的差距很大，您是我学习的楷模。

青玉

2019 年 6 月 10 日

见姝妈妈：

您过奖了，有什么问题咱们及时联系交流。能对她有帮助最好，我也在努力学习之中，咱们一起加油！

杨志彪

2019 年 6 月 10 日

杨老师：

杨老师，学校现在正在设立这个 PRP，有您负责的项目吗？选择 PRP 项目是不是选择与自己专业一致的更好？

青玉

2019 年 6 月 11 日

见姝妈妈：

这学期我没有申请，打算下学期申请。那天我跟见姝说过的，如何去选择。选择什么就看自己的兴趣了。这个 PRP 是全校范围的，一般选择自己专业的，也有跨专业选择的。

现在期末考试比较忙，如果一时没有合适的，不如就放在下学期初，可以去先找某个老师，先做起项目，后面可以单独为学生设立项目，也是不错的。这个我跟见姝说过的。

她如果愿意，也可以进我的实验室，后面我再单独为她立一个项目。不过,现在期末复习压力比较大,等下学期开学以后,时间比较充裕了就来实验室,先做起来,我也可以申请 IPP,比这个 PRP 还要高一个档次的。

杨志彪

2019 年 6 月 11 日

见姝妈妈:

　　这是学校的一个诗歌爱好小组采访我的报告。自己没觉得怎样,他们一整理,还觉得挺有意思。也发给语文老师(作者注:见姝妈妈是中学语文教师)指点一下!

杨志彪

2019 年 7 月 26 日

杨老师:

　　指点不敢当,但认真阅读后,觉得这个采访报告很有意义。我读到了杨老师诗歌创作成长成熟的过程,读到了诗歌鉴赏和写作的技巧方法,还读到了诗心诗意对于精神世界、人生价值自我构建的重大意义。问询循序渐进,环环相扣,一气呵成。读完之后,感觉厚重温暖,马上就转发见姝了!

青玉

2019 年 7 月 27 日

杨老师:

　　见姝成绩单和您写的信已收到。反复拜读您写的信,唯恐错过一字,再次被您的情怀和视界折服。见姝受您教育,是幸运的。我因家长之缘认识您,更为幸运。

青玉

2019 年 8 月 27 日

见姝妈妈:

　　谢谢您的鼓励和肯定。我一直在想,每个人究竟该成长为怎样的人? 人的幸福感来自何处? 物质和名利也许都只能是暂时的,获得的也许只能是一时的快感和满足。而真正能够长久支持我们精神的,现在关注的人又不多。大至国家、学校,小至家庭、自我。因此,我就想在自己力所能及的范围内,做一些事情。很有幸能得到许多家长的鼓励,也认识了一些志同道合的人,更加坚定了这方面的信心。感恩能够遇见您的孩子和您!

杨志彪

2019 年 8 月 27 日

杨老师:

　　"面朝大海,春暖花开"这八个字用来形容您的文字带给我的感动,最恰当不过。以向阳之心去做自己想做的有意义的事是幸福的,在我眼中,您是幸福的人!

青玉

2019 年 8 月 27 日

杨老师:

　　您好! 开学虽然不久,但我和见姝的爸爸明显感觉到了她的变化,她变得更自信更阳光更热情了。以前她很少主动跟我们视频,主动跟我们交流。但现在连续两周主动联系我们,谈组织活动过程存在的问题,反思自己的不足,谈选修课的感受,心里的一些情绪也会说出来,然后乐于接受我们的建议,每次视频结束都很开心。这是我一直以来很想看到的状态,有生机有活力有青春的朝气,也许过程会有瑕疵不足,但没关系,只要一直在向阳奔跑,努力成长就行。我知道这和您的引领与发自内心真诚的关心密不可分。您是一缕阳光,打开了她的视野,照亮了她的世界。真诚地感谢您,谢谢您耐心细致地付出!也拜托您有机会的时候,在学习上多点拨她,您的能量远远大于家长的唠叨。时值中秋,衷心祝福您阖家节日快乐,团圆美满,幸福安康。

青玉

2019 年 9 月 13 日

见姝妈妈:

您放心!我会尽最大努力关注。昨天的晚会见姝主持得也挺好,主持词是她和法心一起完成的,写得挺好!还有班级公众号的运营,都是她在弄。每个孩子都有不同程度的变化,我会针对他们的特点,及时和他们沟通交流。希望都能在这里成长进步!

杨志彪

2019 年 9 月 13 日

杨老师:

成绩单已收到,谢谢杨老师对见姝的教诲鼓励!

见姝在家生活还是很有规律,刚回家 8 号、9 号考了驾照科目二,后来驾校也停课了,在家打打太极拳,看看书,安排的还不错。

杨老师发群里的信已下载收藏,文中几首诗词写得很美,特别喜欢小诗《步履》，构思新颖独特，境界博大阔远，云淡风轻的文字里是历经生命风雨打磨淬炼后的宁静从容。尤其读到最后两句时候，有一种瞬间被击中的感觉，杨老师的气度、胸襟、情怀都在其中，可敬可佩可赞可叹！

青玉
2020 年 2 月 8 日

见姝妈妈：

谢谢您的鼓励！您过奖了。除了正常的工作以外，诗歌成了我生命的寄托。我在诗歌里更愿意去做一些深沉的思考：这个世界的善恶美丑、悲欢离合、喜怒哀乐。我的小诗能引起您的共鸣，由衷地感到高兴。我希望我的诗歌既能充满感情，也能引起人们的思考，让更多人的人感受诗歌的力量，这或许也是诗歌的真谛吧。

杨志彪
2020 年 2 月 8 日

杨老师：

我不会写诗，但喜欢读诗，常常能从中获得启迪或得到灵感，对于写些材料类的文字很有帮助。您的诗常常能打开我灵感之门。

青玉
2020 年 2 月 8 日

见姝妈妈：

会写诗、喜欢诗歌的人，灵魂都是高贵的、自由的。

杨志彪
2020 年 2 月 8 日

杨老师：

　　她晚上6点多的时候跟我说了，谢谢杨老师，您费心了！家里昨天给她过了农历生日，今天室友寄了生日蛋糕给她，她晚上6点的课，没去奶奶家吃饭，我6点50分带饭和蛋糕给她时候，她很开心，说今天还收到杨老师的信，老师也会送她礼物。我晚上7—9点线上上课，上完课看到您的微信，非常感动，这是她这么多年收到的最特殊最宝贵的生日礼物。有师如您，是她的幸运！

青玉
2020 年 3 月 12 日

杨老师：

　　您好！这是见姝练太极的视频，请您看看。

青玉
2020 年 7 月 17 日

　　见姝妈妈：

　　　太棒了，大赞！送见姝一首小诗：

赠见姝练太极

　　　　晨光初照白衣袍，飒爽英姿剑气豪。
　　　　抬手劈风经武略，举头望月有文韬。
　　　　动看雪浪千层玉，静听青松万古涛。
　　　　物我两忘藏宙宇，神闲意定任游遨。

杨志彪
2020 年 7 月 17 日

杨老师：

好诗，杨老师好文采，已收藏，留作纪念给见姝看了，她备受鼓舞！我到南昌高考改卷一周，她在奶奶家住，天天早上5点多去晨练。和她一起练太极的是她奶奶，从小跟她奶奶打太极，2010年的时候到北京参加全球功夫大赛，功夫扇和杨式太极拳都拿到全国一等奖，那时候真的打得好看，初一初二参加省里比赛拿到的都是一等奖，证书奖牌一大堆。后来从初三开始，学习紧张，就没打了，到现在也只是偶尔有空玩一下，基本功和神韵跟原来比相差甚远。

青玉

2020 年 7 月 18 日

见姝妈妈：

是啊，辉煌的过去。现在看，还是奶奶打得精神、稳健。见姝可不要放弃，这么好的基础，要好好坚持下去。现在疫情有时间多练练。日后到了学校也要抽出时间来，每天练上一个小时左右才行。把它当成一门必修课来对待就好了。很多时候，我们拼的不是单纯的智力，而是更多的情感控制力和自律性。管理好时间，还是可以抽出时间锻炼的。关键还是重视程度不够。其实这个真的很重要。

杨志彪

2020 年 7 月 18 日

杨老师：

成绩单早就收到了，直到现在才能静静地读着您的信和您的小诗，感觉是一种美好的享受！在匆匆行走的路上，总会容易忽略身边的风景，迷茫与倦怠常常相伴相生。让时间静止一会儿，是思考，是判断,是过滤,是沉淀,唯其如此,才能在现实生活中找到适合自己的坐标,并发自内心感到快乐幸福!您的文字,对我来说,何尝不是指点迷津,醍醐灌顶,谢谢您!新年即至,真诚祝福您阖家牛年大吉,万事胜意!

青玉

2021 年 2 月 11 日

见姝妈妈:

　　谢谢您的鼓励!过誉了!今年克服了非常大的困难,回老家过年!工作可以慢慢做,老人身体日渐不好,回家陪家人成为最大的任务。那封信也是最近一段时期真实的体会。不管遇到什么困难,所幸有这些孩子们,所幸有这么多家长的鼓励!何尝不是一种幸福!

杨志彪

2021 年 2 月 11 日

杨老师:

　　孩子们有您这样的老师才是最大的幸运和幸福。有您的陪伴和照顾,老人家身体一定会越来越好!

青玉

2021 年 2 月 11 日

杨老师:

　　谢谢您,让您费心了,您已经很照顾她了,谢谢您。去之前见姝就有些受寒感冒,没想到会引发荨麻疹,关键还是她自己平常锻炼不够,这次好了,还是要加强锻炼,增强体质。

谢谢杨老师挂念,我们上午带她去做检查,检查后再看怎么个情况,到时联系您,再来拜访您!

　　杨老师,我和见姝爸爸已坐上返程的列车,再次感谢您对见姝的关心和照顾,谢谢!

青玉

2021 年 3 月 6 日

　　见姝妈妈:

　　　你们也很辛苦,明天还要上课!见姝这边不用太惦记,告诉她有什么事,尽管和我说。我会尽力的。再加上这学期的课程比上学期略微压力小一些,见姝的体质会好起来的。

杨志彪

2021 年 3 月 6 日

　　杨老师:

　　　好的,谢谢您!从您那儿出来,她感触很大。说您是她遇到的最好的老师,没有之一。她今天跟我说,她要加强锻炼,这次真的尝到生病的苦头,自己难受不说,还要给别人添麻烦。交大的研究生都不容易考,自己要努力加油!

青玉

2021 年 3 月 6 日

　　见姝妈妈:

　　　谢谢见姝和你们的鼓励!我做得还不够,后面再加油。你们以后如果有什么问题也及时和我沟通,咱们一起加油。

身体还是最重要的，没有身体就没有了一切，不论多忙，也不能放松锻炼。

杨志彪

2021 年 3 月 6 日

见姝妈妈：

我的新书出版了。我想送您一套指正，麻烦您给我一个邮寄地址好吗？

杨志彪

2021 年 4 月 25 日

杨老师：

《交大映画》已拜读，是一部值得拥有的好书。光影与文字同温，情怀与诗意共暖，是喧嚣世俗里一轮盈盈的月，一湾潺潺的溪，一抹跃动的绿，一缕清沁的香，涤人心魂，醉人神魄，让人在市井疲惫中重拾一份笑对生活的风雅。谢谢杨老师的惠赠。

青玉

2021 年 5 月 9 日

见姝妈妈：

这是准备明天送给见姝的生日礼物，迟到的。今年太忙，今天才有安静的时间写好。

杨志彪

2021 年 5 月 13 日

杨老师：

感动！感谢！感恩！遇上您，见姝何其有幸！

青玉

2021 年 5 月 13 日

尊敬的杨老师：

参加今晚由杨老师组织的毕业总结欢送会，一起见证孩子们四年青葱岁月的成长和蜕变，很幸福，很激动，感受很多。

首先感觉很"欣慰"，为孩子们健康向上的成长而欣慰！

《愿逐月华流照君》是杨老师的倾情之作，全面细致地记录了四年里孩子们成长的点点滴滴，从思想到专业，从生活到情怀……在鲜活的记录里，我们看到孩子们不断地由脆弱变得坚强，由稚嫩变得成熟，由狭隘走向开放。沉淀的青春里有意气风发、锐意进取，更有勇敢坚毅、守望相助；有师生情、同学谊，更有家国梦、天下心，而这正是新时代新青年该有的青春模样和飞扬风采。我为之欣慰，更为孩子们骄傲！

其次，满怀感恩，感恩孩子四年里所有的遇见！

感恩孩子与上海交大相遇，这里严谨的学风，独特自由的学术环境，"饮水思源，爱国荣校"的家国情怀，"求真务实，勇攀高峰"的科学态度，让孩子自律自制，不断攀登，成为更好的自己；感恩孩子与动科班这个大家庭相遇：杨老师的言传身教，令人如沐春风，打开了孩子的视野和胸襟，以更明晰的目标和更昂扬的姿态迎接生活的挑战；魏老师和李老师温和耐心的关爱，带给孩子们另一种生命的柔软，"佳妮姐""明明姐"的称呼，传递的是孩子们发自内心的亲近和喜爱；同学之间亲密和睦、推心置腹、一起哭笑、共同奋斗的一幕一幕，汇成温暖彼此一生的深情厚谊……感恩孩子四年里所有的遇见,这些遇见是孩子们成长的肥沃土壤和丰富营养,也是孩子们继续前进的不竭动力!

最后,真诚地"祝福",祝福孩子们前程似锦,未来可期!

柳青曾说,人生的道路虽然漫长,但紧要处往往只有几步,特别是当人年轻的时候。毕业,意味着四年本科的结束,更意味着新的人生阶段的开始。孩子们,不论你们是继续深造学习,还是走向新的工作岗位,愿你们心中有信仰,肩上有担当,脚下有力量,愿你们既有"筚路蓝缕,玉汝于成"的定力,也有"木铎之心,素履以往"的恒心,乘长风破万里浪,凌青云啸九天歌,在奋进的光阴中不负此生,不负韶华。祝福你们,前程灿烂!

同时,也祝福杨老师和各位家长健康吉祥,万事胜意! 谢谢大家!

青玉

2022 年 6 月 22 日

流水高山心自知

与语筱母亲的书信往来

杨老师：

　　谢谢您找语筱谈话。正像老师了解的一样，这个小孩很单纯，课外阅读少，课外积累的人生经验也少。从小就是追随者，一直很努力，不自信，人际沟通能力弱，过去应试教育，尤其是高中阶段，每天都是紧张地做功课，也就没顾得上其他。还请老师多多指导。发您一张语筱小时候的照片看看。

玉贤

2018 年 9 月 28 日

语筱妈妈：

　　嗯，我喜欢这样的孩子，有主见。而且她自己也能够意识到这方面的不足，只要假以时日，就会收到效果的。我相信她！

　　这是几岁时候的照片，好可爱啊，红扑扑的小脸儿。

杨志彪

2018 年 9 月 28 日

杨老师：

　　这是 4 岁时的照片，小时候太乖了。感谢杨老师为孩子们付出的爱心，感谢您对语筱的帮助关照。祝愿杨老师元旦快乐，新年快乐，诸事顺心顺利！

玉贤

2019 年 1 月 1 日

语筱妈妈：

　　谢谢您的祝福！我做的很有限！更多的需要靠他们自己领悟、成长、蜕变！

杨志彪

2019 年 1 月 1 日

语筱妈妈：

　　您好！刚刚跟语筱谈了大约一个小时，跟她讲了一些个人规划、学习、生活、思想等方面，给她一些时间吧。她对科学的兴趣和热爱比一般的孩子强，富有探索精神，这比单纯的学习成绩好更重要，假以时日，她一定会享受到它们带给她的乐趣！

杨志彪

2019 年 2 月 21 日

杨老师：

　　谢谢杨老师您的帮助。昨天语筱十八岁生日，一个人拎着包就坐高铁回了上海。虽说是法律意义上的成年人了，但心智、社会交往都不成熟。我们都担心她太孤单没有朋友。虽不能当面把语筱拜托给您，但听语筱也说起您的女儿。不能尽言，感同身受。愿杨老师一切都好。

玉贤

2019 年 2 月 21 日

语筱妈妈：

　　不客气，语筱生日我疏忽了。后面会补上。我也是昨晚十一点多才刚从老家回来。本来应该早回来备课的。但我岳父年前突发脑出血,这个假期一直在陪床,现在仍在危险期。希望他能挺过这一关。谢谢您的鼓励和关心,让我感到温暖和希望。

语筱这边我会重点关注的。您放心,我觉得她有点像我读大学的时候,她需要时间来证明自己,大人也不必过分焦虑,只要她一直在努力! 终会开花结果!

杨志彪

2019 年 2 月 21 日

杨老师:

让您费心了。倒没希望她有多大成就,能健康快乐学习生活就好了,也不敢占您太多时间。

玉贤

2019 年 2 月 21 日

语筱妈妈:

今天跟她谈得最多的就是健康和快乐,当然包括心理和身体都健康。希望孩子们都能找到自己的合适的方式,纾解情绪,收获快乐!

周日的时候,给语筱补上了生日礼物,一本书、一封信(前段时间刚开学,太忙了,这学期四门课,只有周二没课,所以竟然疏忽了她的生日)。她收到信后,给我反馈的内容,我觉得也挺好。证明她也在思考。

学会正确地认识世界,认识自我,找到人生的意义,这是教育的终极目标。希望他们都能学会。

随信附上前些天给中国矿业大学中青年教师培训班作的报告,

对原来的思想和实践作了一些总结，与您分享一下，请您多批评指正。

杨志彪

2019 年 2 月 21 日

杨老师：

抱歉杨老师，这会儿才看见。感谢您对语筱的认可、鼓励、引导，这些即便是语筱父亲也都没做，太让您费心了！语筱在大学还能遇见如父般慈悲仁爱的班主任是她的福气，也让做母亲的我完全放心。谢谢！

清晨醒来就开始读杨老师的课件，太过震撼，特别是读到班主任日记，已经是泪眼婆娑。我也曾经写过育孩手记，和那些密密匝匝点点滴滴的过往收集。就算一个母亲只管一个孩子，也做不到所有时间不从指缝溜掉。

假期语筱还说到：自由而无用。我在想孩子们十八岁进大学是真正成人的开始，独立思考去追求所有人类文明的美好并践行它。

您让我想起黑泽明的电影《袅袅夕阳情》。

玉贤

2019 年 3 月 6 日

语筱妈妈：

谢谢您的鼓励！倚天照海花无数，流水高山心自知。您和其他家长以及学生对我的鼓励，是对我最大的奖赏，也是支撑着我不断前行的动力。是的，即便我只是一个教书匠，也要向内田百闲那样，为自己的梦想，为孩子们的梦想，为家长们的梦想倾尽余生。我始终坚信，在这个世界上，总会有那么一些人，不为世俗的名利，只在乎内心的安静与平和。

　　这是课件的 PDF 版,既然能引起您的共鸣,也发您惠存,这样读起来更方便一些。谢谢您!

杨志彪

2019 年 3 月 6 日

杨老师:

　　谢谢杨老师耐心细致包容地与语筱交流,给语筱难能可贵的鼓励启示。语筱看似成熟老练,实质自卑封闭。因为读书早,吃饭吃不了,读一年级老师还喂饭,好不容易精心管理才成了学习上的佼佼者。中考她拿了学校第一,全市前十。高中一、二年级也还长期年级前十。高三后成绩下滑,对她是个不小的打击。到交大后,又发现人人都优秀。有天她还说“我在交大当差生”。希望她真正调整过来,快乐地学习、生活、交友。另她还问,如果认真学呢,每科可能也能到 90 分,但有必要吗? 我说每科当然不必,但自己感兴趣的,基础的,将来考研要用的,还是认真学好些。

　　谢谢杨老师!

玉贤

2019 年 3 月 15 日

语筱妈妈:

　　是的。通过看她自己的信,我发现她和您的描述基本吻合。每个人都会遇到各种各样的问题。语筱的问题,其实更需要我们耐心、细致、慢慢地引导和交流,只要大方向不出问题,经过一年半载,她会慢慢找到自己的价值和快乐。那时就比较好办了。

她前期的辉煌和现在的落差，一定给她心理造成了一定的负面影响。这可能需要一些时间来调整，目前应该还是在调整期。需要她重新定位，重新开始，重新寻找支点，一旦找到了，就没问题了，因为她的综合素质在那里。

语筱被系里马老师选中做 PRP 了，挺不错的。当时有 6、7 个人报名呢。马老师是年轻的女老师，刚参加工作两年，是美国堪萨斯大学毕业的博士，业务水平很高，语筱应该能学到很多东西。

我昨天碰到语筱，远远地打了个招呼，她骑着自行车，看着精神状态挺饱满。

杨志彪

2019 年 6 月 11 日

杨老师：

谢谢杨老师栽培关心。我们其实还是意识到，单就智商来讲语筱也是平平，所受的教育、走过的路也是在西部地区。但语筱很勤奋，也很努力，非常珍惜在交大学习的机会。她的理想也真的简单，就是想当科学家，为解决人类的问题努力学习和工作就好。作为母亲，我对十八岁的孩子呵护疼爱，孩子十八岁后我希望朋友能够给她尊重理解关心。有时觉得遇见杨老师是我们的缘分。特别感谢，您给予语筱的更多。

玉贤

2019 年 6 月 11 日

杨老师：

每逢佳节倍思亲。又是一年月圆时，早已把杨老师当亲人当家人。祝福您,节日快乐!

玉贤

2019 年 9 月 13 日(中秋节)

语筱妈妈:

谢谢您,孩子们都很认真准备、参与,我啥都没管,就是负责出场。昨天语筱很精神,还大方献唱了一首苏轼水调歌头,同学们很喜欢!(注:班级举办了中秋晚会)

和去年刚开学时相比,都有不同程度的成长!

忍不住还是先告诉您一下,语筱的学习成绩排名是全班第一。这次奖学金评定应该很有竞争力。现在不知道综合测评的最终排名。如果还是第一的话,极有可能获得国家奖学金或者上海市奖学金。这是目前本科生里的最高奖学金。过几天就有结果了。

杨志彪

2019 年 9 月 13 日

杨老师:

谢谢杨老师关心,原本还因家里一些烦心事情绪低落,前几天语筱又说身体出了点儿问题。儿是娘心头掉下的肉,风吹草动都提心吊胆。她前几天去看校医了,校医说不用太紧张,过两天会去检查,她认为没事,我也没敢吱声。她一堂姐在上海,如果情况严重需要去检查的话,我会让她堂姐陪她,我们这一段时间确实不好请假。总之,还是担心她的。所以老师在告之成绩时,除了感谢,倒兴奋不起了。

谢谢杨老师,因亦师亦友,也就没忌讳,告诉你这些,希望见谅。

我知道您不方便关心过问。应无大碍,待国庆后,我会来上海详细过问一次。现在问多了,又担心增加孩子恐惧心理,只好装着不知。那孩子单纯,干净,善良,一心只想当科学家呢。杨老师也请放心。

玉贤

2019 年 9 月 13 日

语筱妈妈:

身体还是最重要的。她们在我眼里都是孩子,也谢谢你及时告知这些情况,也许情况没有很糟,不必过分担心。其实我也可以陪她去医院的。我看在适当的时候也可以侧面关注她的身体。我会掌握分寸。

杨志彪

2019 年 9 月 13 日

语筱妈妈:

综合测评成绩统计出来了。语筱的学习成绩是第一名,可是素拓成绩没想到拖了后腿,总成绩只排到第 7 名了。这样,就无缘国奖和上海市奖了(国奖或市奖要求都要在前 10%,具体到咱们班就是必须都得在前 2 名,然后还要和其他班级的同学去竞争。全院只给 6 个名额,共 12 个班级)。真是很遗憾!后面如果语筱愿意,可以适当参加一些有意义的活动,会增加一些素拓分数。当然,这只是评奖学金,比奖学金更重要的,还是对专业的喜欢和投入。所以大可不必为奖学金而逼迫自己参加一些无意义的活动,那就舍本逐末了。

杨志彪

2019 年 9 月 13 日

杨老师：

　　谢谢老师关心，没有关系，语筱还要继续精进学业，也应更多参加服务班级服务社会活动。其他同学也很优秀很棒。

　　另，其实就算语筱符合，如果只有一个名额，还有一大笔奖学金，依语筱的性格，她也会选择放弃。请老师放心，更愿意语筱善良，学会谦让，甚至忍让。

玉贤

2019 年 9 月 17 日

语筱妈妈：

　　喜欢语筱的这种品格！希望她能坚持下去，哪怕遇到一些挫折。这也是我最希望同学具备的品格，我们这个社会太缺少这种品格了。

杨志彪

2019 年 9 月 17 日

杨老师：

　　语筱前几日去复查，所有指标已正常，身体已恢复正常。谢谢杨老师，太不好意思了，托您的福。

玉贤

2019 年 10 月 19 日

语筱妈妈：

　　太好了！终于康复了！后面多注意规律生活，多锻炼身体！

　　刚刚跟语筱聊了一会儿，问了一些实验的事情，看气色和精神都还挺好。

杨志彪

2019 年 10 月 20 日

语筱妈妈：

今天刚好写了一首小诗，送给您分享。

冬至的小雪

窗外的天色蒙蒙

看不清世界的模样

地面上

积了一层薄薄的白雪

像父亲的白发

在我的心里生长

北方的冬至

要吃饺子

亲朋围坐在一起

图一个温馨欢喜

可那远行的游子

不知到了哪里

总是让母亲的目光

在寒风里迷离

炉中的火

燃烧着梦里的足迹

灶头的炊烟

裹住了无尽的情思

一个个饺子

排成整齐的阵列

唱着童年的谣曲

等待母亲的手

抚摸过去的日子

大锅里的水开始喧哗

祝福聚集在一起

谈论着村里的故事

祖祖辈辈的土地

杨志彪

2019 年 12 月 21 日

杨老师：

　　这是语筱写的诗。发给您看看。

　　还好有诗，否则这些可爱可怜的小灵魂，心往何处安放哟。

玉贤

2019 年 12 月 22 日

　　语筱妈妈：

　　　　语筱的诗很细腻，也反映了她的孤独和思考，以及挣扎。这个世界有很多苦难,需要有强大的灵魂支撑!

杨志彪

2019 年 12 月 22 日

杨老师:

　　谢谢您还为一个大孩子的十九岁生日写封信,您的关爱倒让做父母的都难为情了。她假期就追剧,看书,我们有时大眼瞪小眼的,当家长的都对她没耐心。也教她做做饭菜,我看她也没什么兴趣。看她给老师的回信,都觉得有点"官方"口吻,现在的神兽们对自己照顾得都不好,以自己为中心惯了,对家人的爱心都不够,对周围的社会也很冷漠。当然,道德上还是自律的。有天出门,语筱觉得感冒了,想吐痰,我让她用纸吐了扔垃圾桶。她说万一有病毒会影响路人,于是硬把痰憋回家了才吐,还是一如既往地节约环保,生怕增加碳排放的样子。这也是她选生物专业的原因。专业课学习在假期中几乎没有,是丢了一些,今早八点的网课,还是认真起来了。谢谢老师费心。

玉贤

2020 年 2 月 25 日

语筱妈妈:

　　是的,那天我跟她说的也是要多做一些家务,锻炼身体。我看她好像是不是有点胖啦。她真的特别善良,非常有自觉意识,是个很难得的孩子。追剧的事情,我倒是没谈及,下次我再和她交流的时候委婉地提醒她一下。

杨志彪

2020 年 2 月 25 日

杨老师：

不好意思，我还没收到语筱成绩单，如果方便，请空时帮我查一下。

玉贤

2020 年 8 月 20 日

语筱妈妈：

非常抱歉。我周四回老家看父母，上网不是很方便。今天才有空给您发语筱的成绩单。语筱的成绩非常好。我们班有一个同学的成绩都在 90 分以上，语筱只有一门 90 分以下。

希望语筱保持下去，届时就会水到渠成！

杨志彪

2020 年 8 月 22 日

杨老师：

谢谢杨老师，不用麻烦寄了，成绩好就是最好的事。

孩子喜欢自然科学，希望她能成为对社会对人类有贡献的人。

上年假期，语筱参加社会实践，回来还给高二学生上了物理课。

这次疫情，语筱把开车学会了。平时还炒菜、做饭、蒸馒头、发酸奶。

玉贤

2020 年 8 月 22 日

语筱妈妈：

真想品尝一下，一定别有风味！每个独处的时间都不虚度，慎独也！

杨志彪

2020 年 8 月 22 日

语筱妈妈：

今天整理信件，看到和您的书信往来。发给您看看，留个纪念。一晃快三年了。这些也不是很全。主要是平时太忙，有的没时间整理，就找不到了。

这些都有3000多字了。

杨志彪

2021年1月21日

杨老师：

再次泪目！

玉贤

2021年1月21日

杨老师：

偶然看见旧照片，今天又见老师发的照片，见语筱笑得灿烂，忍不住发几张语筱小时候的照片与老师分享。

玉贤

2021年3月12日

语筱妈妈：

这个短发比现在更精神，有特点。

今天课上奖励了语筱一本书。我的新书出版了，一本诗集，是学校宣传部组织出版的，作为交大125周年献礼的。我昨天才拿到的，语筱这本是我送出去的第一本。我觉得语筱很喜欢诗，应该会喜欢的。

里面的摄影是另一位老师创作的，我负责诗。

党委书记杨振斌亲自作了序。

杨志彪

2021 年 3 月 18 日

杨老师：

大恩不言谢，一时语塞……

回头我让语筱带回家，我也静心静气地学习。

玉贤

2021 年 3 月 18 日

语筱妈妈：

这是准备明天送给语筱的。这学期太忙，一直到现在才有安静的时间给语筱写信，送生日祝福（一本书）。

杨志彪

2021 年 5 月 13 日

杨老师：

看着手机屏幕，感动得竟说不出话……做父母尚且难以如此细致入微，也谈不上精神上与自己的孩子沟通。

玉贤

2021 年 5 月 13 日

杨老师：

报告一下，语筱得到北大生命科学院夏令营的邀请信，为明年研究生做一些准备。

估计语筱还没来得及告诉您。我们也因七一大量活动，还没有与您沟通。又想到，只是夏令营，还远。晚安！

玉贤

2021 年 6 月 21 日

杨老师：

孩子舅舅读了杨老师的信，感慨不矣，以为交大老师能文能武，除了科研，诗词情怀也是一等一。我还给他讲，人家交大一个奥运奖牌总数都超几个大国！

玉贤

2021 年 8 月 18 日

语筱妈妈：

舅舅过奖了！谢谢您的鼓励！

语筱决定去哪个学校了吗？念念！

杨志彪

2021 年 8 月 18 日

杨老师：

语筱估计选清华。放弃北大，像失恋一样。其实她也还喜欢北大，她觉得北大更有人文情怀，问的问题有趣味，但担心直博，如太难，毕业成问题。她说清华有点像交大，务实、管用、自在。我也不懂，一点帮不上忙。她自己又面浅，应该向杨老师请教，给些指点。

另，杨老师放假没有？我的工作有调整，要轻松些，随时等杨老师带家人朋友来遵，我陪你考察考察。

我回市委统战部了，任副部长、市台办主任，但这段时间在县里开展换届考察，月底就空下来。

语筱回来也宅家中，看书，写诗，画画。我也管不了她，吃饭上也是饱一顿，饿一顿。她自己也懒，生活自理能力不行。

她的诗我是真心看不懂，打击她两句，她还反讽我。

玉贤

2021 年 8 月 18 日

语筱妈妈：

哦，是这样。甜蜜的烦恼。都挺好的，没必要"失恋"。

语筱的诗很抽象，像她画的画。也许她在思索命运，反思这个世界的丑恶、痛苦。诗人的想法只有自己能说清楚，别人都是瞎猜。诗人把自己对生命、现实、世界的理解和思考融入日常生活中常见的具象，再打破常规的感知顺序和习惯，构筑起诗歌大厦。其实写诗都是在和自己对话，只不过有些诗写得很直白，有些诗很隐晦，别人也不太好理解。

祝贺工作调整！轻松一些就好，可以有多一点儿自己的时间。您的家乡是个好地方，谢谢您的邀请！有时间一定去叨扰。

杨志彪

2021 年 8 月 18 日

枝叶关情

与宏梓母亲的书信往来

杨老师：

　　您好！您的大作今天已经收到了，非常感谢，一定认真拜读！真的感觉到名大学的班主任真的是很棒，为儿子能有您这样优秀的班主任感到荣幸！

眉箸

2018 年 8 月 30 日

　　宏梓妈妈：

　　　　您竟然买了！非常感谢！写得有些仓促，请多批评指正！如果能对孩子有一点点帮助，那就是我最大的欣慰！

杨志彪

2018 年 8 月 30 日

杨老师：

　　谢谢您在生日的今天给宏梓书写的一封信，信中充满了温情与期望！感谢您对他的关注！我也是在今天给他发了一封信，希望他能在大学里给自己每一个阶段都定下奋斗的目标，目光要更长远一些。很幸运，能一进大学就遇到了您这位好老师！

眉箸

2018 年 9 月 19 日

宏梓妈妈：

　　谢谢鼓励！由于开学时那天咱们一起说了很多，今天生日就没多说，写一封信或许会更好些。目前看起来，他还是很努力的，也能安排自己，暂时放心了。就是视野、境界、情怀需要持续提高，后面我再跟进。咱们合力加油！

　　还有那本书，主要是培养他的科学精神！

杨志彪

2018 年 9 月 19 日

杨老师：

　　是的，他的视野还是窄了些，所以我给他写信的目的也是提醒和鼓励他要往更高层次去发展，包括目前能努力争取进创新荣誉班学习。所以，也烦请老师有时间多鞭策他，谢谢了！

眉箸

2018 年 9 月 19 日

杨老师：

　　宏梓的成绩已经出完了，您帮看看他的成绩在班上和院里的情况怎么样呢？

眉箸

2019 年 7 月 7 日

宏梓妈妈：

　　不错不错，很好的成绩了。后面肯定会越来越好。宏梓已经很成熟了，他离开之前主动约我，我非常欣慰。希望他以后主动多和老师、同学交流,再加上自己的思索和进步,很快就会上一个台阶了。

不过,我还没有拿到全班的成绩,要到小学期结束后才会有。

杨志彪

2019 年 7 月 7 日

杨老师:

宏梓发了您的信给我看,很感动。这是我给他的回复:"杨老师完全抓住了你的问题,说得很对,这也是妈妈对你的期许。所以,儿子,妈妈相信你有自我反思的能力,不断修正自己前进的方向,大胆地表现自己,更自信一些,相信你会发展得更好,而且要记住,既然都要付出,那就用愉悦的心态去做,尽量做到最好,这样才会收获成功的喜悦哦!"

眉箸

2019 年 9 月 19 日

宏梓妈妈:

昨天有些忙,没有及时回复。谢谢您的鼓励和肯定。宏梓确实进步很明显,这是毋庸置疑的。您给宏梓的回复也很到位,咱们配合好,合力去做,再加上宏梓的自我觉醒和努力,未来一定会让我们刮目相看。

杨志彪

2019 年 9 月 20 日

杨老师:

感谢您让宏梓参加项目,有了参与实验的机会,让他能有一定的实践和思考。没想到还得了一个奖,还有科研经费的奖励,真的非常感谢! 宏梓说奖状要交给您,奖状上没有名字,不知道能否请您给他写上名字再让他拍照发给我留存? 谢谢您!

眉箸

2019 年 12 月 6 日

宏梓妈妈:

祝贺他! 也是他们努力的结果,慢慢积累,就会有收获。嗯,待他拿给我写上名字,发您保存!

杨志彪

2019 年 12 月 6 日

杨老师:

感谢您一年来对宏梓的关心、支持,他能够快速地适应并取得一定的成绩跟您的耐心引导和帮助是分不开的! 祝您在新的一年里健康、平安、顺意! 宏梓今后还需要您多加引导哦! 再次感谢!

眉箸

2020 年 1 月 1 日

宏梓妈妈:

不客气的。这是宏梓自己努力的结果,后面咱们一起加油! 也祝您及家人喜乐平安,新的一年心想事成!

杨志彪

2020 年 1 月 2 日

杨老师：

　　谢谢您今天的视频家访！感谢您耐心细致的解释。宏梓看其他书籍还是少了些，也麻烦您多引导他了！再次感谢！

眉箸
2020 年 2 月 25 日

宏梓妈妈：

　　不客气哦。我刚刚跟他也说了。希望后面会更好！总的说来，他算是很不错的了，我已经视频家访了 10 个左右的同学，宏梓是到目前为止居家生活安排得最好的一个了，虽然还有改进的空间。

杨志彪
2020 年 2 月 25 日

杨老师：

　　信件已收到。从信中感受到了您坚定的教育追求，非常值得我学习。感谢您！每次都非常庆幸宏梓能遇到如此优秀的班主任，您是他这个时段非常重要的人生导师。

眉箸
2020 年 8 月 7 日

宏梓妈妈：

　　谢谢您的鼓励和肯定。您过奖了，实不敢当。我还没倒出时间和宏梓交流呢。最近系里要报硕士点，整材料呢。我尽快和孩子们联系交流。

杨志彪
2020 年 8 月 7 日

宏梓妈妈：

　　昨天中午和宏梓一起吃午饭，聊了目前的学习和今后的打算。他目标还是很清楚的，不用过分担心。只是我们的保研名额比原来减少了（25%），原来是30%。所以保研资格更加不容易拿到了，需要更加努力了。这些我都跟他讲了。

　　二年级宏梓排第四，但一年级略低。三年级争取再往前提一点儿，应该差不多。

杨志彪
2020 年 9 月 24 日

杨老师：

　　您好，让您费心了。保研是按照班级人数的比例吧？

　　现在宏梓的排名情况这两年累计下来好像是第 5 名吧，如果按比例是有 6 名保研资格吧。那就麻烦您多督促他了，这个孩子还是比较自觉的，只要目标明确，有您这样负责任的导师引领，我想他应该能实现目标的。辛苦您了！

眉箸
2020 年 9 月 24 日

宏梓妈妈：

　　发您几张照片。

　　第一张照片是九月份开学的时候，培训学校的新任班主任现场照片。

　　后面一封是前几天写给宏梓的。

宏梓的状态很好，已经在神经所实习，开始毕业设计了。

杨志彪

2021 年 10 月 29 日

杨老师：

谢谢您哦！宏梓已经跟我汇报了，并发了您的信件扫描件给我看了。真的感动您对学生的爱那么深沉，让不管是孩子和家长读了信后都深受鼓舞和启发。谢谢您这么一位良师益友能陪伴宏梓的成长！

也谢谢您对他实习工作的大力支持！

眉箸

2021 年 10 月 29 日

凡者情怀

与颜君孟老师的书信往来

杨老师：

您好！自您送书之日起，已历时半月之久，现在才向您致谢送书之意，实属不敬之举！还望您大人大量，不加责怪哟。

拜读了您的大作，为交大的学生有您这样的老师而庆幸：您的真诚、您的博学、您的情怀、您的价值引领，好似一把闪光的金钥匙，为孩子们开启了通往快乐、自由、幸福的彼岸！更为交大拥有您这样无私奉献、博爱真诚的老师而自豪！您不计名利，不关岁月，将自己最真挚、最火热的一腔热血给了孩子们，给了自己深爱的事业！相信孩子们不会忘记您！交大也不会忘记您！而本人更不会忘记您，是您的书引领着我对自身价值的认识提高到另一高度：为内心真实的自己而生活！

再次致谢！

颜君孟

2019 年 11 月 22 日

颜老师：

真是很抱歉，昨天忙碌到很晚，一直没有安静的时间回复您。今天终于得空，赶紧回复。生活真是很奇妙，也很美妙，咱们机缘巧合，就这样自然地相遇、相识。感谢您认真阅读我的那些不成熟的思想。您给我的评价太高了，实在不敢当。我只是觉得，应该尽自己最大的努力去做一些力所能及的事。特别是在高校里，教书育人是基本的功能，更是每个教师的天职，理应把这些作为最重要的事情来做。至于那些荣誉是过去的事情，也是身外之物，我并不在乎。我在乎的是学生、学生家长以及像您这样有情怀的人的认可和鼓励。这些鼓励，就像一团火，燃烧着我——即便是在阴影里，我也要迎着炽热的阳光，燃烧、歌唱。感恩学校，给我这样好的平台；感恩生活，能够遇到欣赏我的朋友。这一切都给我无限的温暖和力量，让我坚定地走下去，拥抱每一次日出，欢呼每一个日落。

杨志彪

2019 年 11 月 23 日

杨老师：

您太有心了，实际都不用回复的，估计这是您良好习惯的使然吧。

是的，这是场妙不可言的邂逅，平时我不太参加协会的活动，大多时候都以单位、家庭为生活的半径，过着日出而作、日落而息的半原始生活，有点喜欢有深度的文学作品，但也仅限于碎片式的阅读。但您的作品给了我一个全新的视角：没有用大话、套话去说教，而是站在孩子们的角度，用朋友的身份去释疑、启迪、引领，让孩子们在金钱与名利盛行的当下，不急功近利，本着爱好与兴趣的本心，昂首阔步地走好他们选择的人生！

杨老师，普通老百姓并不在乎什么名利，只在乎能在光明的世界里踏踏实实地工作、本本分分地做人，到月底拿份能养家糊口的工钱也就够了。所以我与学生交流时，多是流露出以平常心来对待每个日落与日出，但要坚定地走好人生中每一个平凡的脚步！

颜君孟

2019 年 11 月 23 日

颜老师：

再次迟复为歉。一个人生存的意义究竟是什么？这是哲学的终极命题，多少人试图去解释和回答。仁者见仁，智者见智。我觉得庙堂之高和江湖之远，天上的鸟和水里的鱼，人和万物，本质上并无不同。因此，我从不羡慕所谓的成功人士，反而更喜欢平凡的生活，如您和我一样。这也不是苟且，也不是逃离，而是充分理解了生命的本质之后的理性选择。其实，每个人心目中多少都会有些情怀、理想，只是被现实的名利裹挟后，会逐渐迷失方向，从而坠入痛苦的深渊。我希望我的学生，我身边的朋友，都能跳出这个怪圈，去拥抱真实的生命。即便是每天像西西弗斯那样，也能找到生活的乐趣和意义。在这个过程中，就得学会取舍，学会感恩，学会理解，学会包容，学会调整。做到了这些，我们就能理解所有的苦难和光荣，成功和失败，从而得到终极的自由和快乐。

为我们的遇见写了一首小诗，请您指正：

最美的遇见（致颜君孟老师）

从没有想过

在这里遇见你

你炽热的火

燃烧生命的枷锁

你温暖的目光

融化岁月的霜

往事如歌

流淌记忆的河

真情似水

蜿蜒前行的辙

你的眼泪

滴落千年的琥珀

你的内心

容纳万古的苦厄

走出昨日的迷惑

追寻明朝的思索

得意，失落

刚强，懦弱

何处闻玉笛笙歌

哪里有山河气魄

缘起

是穿越时空的遇见

缘灭

是了无痕迹的思念

路过冬天

春天在远处等我

路过世界

你在这里等我

等我

慢慢走进岁月的心窝

杨志彪

2019 年 11 月 26 日

杨老师：

您真是太有才了，我都不知怎样回复您才算妥当？想了几日，还是勉为其难地赋您一首打油小诗来表达我真挚的谢意吧！不妥之处望您海涵哟。

最美的遇见（答谢杨志彪老师）

初冬时节

荷跌落了擎天的华盖

杏叶却张开了金色的翅膀

翩跹而至

沸腾的致远湖畔

侃侃而谈的您

正在致远的沙龙里

激情播洒抒情诗的火苗

关于理想、信念与执着

关于韵律、沉淀与真情

不似伟岸的身躯瞬间升华

带我走进文字的遍地繁花

愿从此

能捡拾儿时的梦想

梦里有诗歌

陪我走进艺术的殿堂

颜君孟

2019 年 11 月 27 日

颜老师：

　　谢谢您特意为我写的诗。我反复阅读，感动何如！我给很多人写过诗，但却是第一次读到别人为我写的诗。生活就在不知不觉中，演绎者感动和遇见！

杨志彪

2019 年 12 月 1 日

杨老师：

　　让杨老师见笑了，实在是勉为其难，但也却为本人的真情实感！希望以后的路里有诗与远方相随！

颜君孟

2019 年 12 月 1 日

后 记

当这本凝结了十年光阴和心血的书信集即将付梓之际,感慨良多。

这是一部用十年写出的情怀之作。从 2013 年开始,我连续担任了两届本科生班主任。十年来,在常规的教学科研工作之外,每学期的期末或开学初我都会给学生及其家长写一封公开信,累计共 20 封,10 万字;经常与学生有私信交流(包括毛笔书信),累计共 300 多封,50 万字;也长年与学生家长有私信交流,累计共 100 多封,10 万字。信件内容涉及理想信念、家国情怀、学习生活、情感交友、心理健康、选择坚持、体育美育等。一笔一画之间,传递的是情感,温暖的是人心;一来一往之间,坚定的是理想,塑造的是人格。通过这些信件的交流,感觉到学生点滴成长。十年来,送走两届毕业生,与四十七个学生及其家长结下了不解之缘,与他们共同成长,共同面对生活的苦乐。是这些可爱、优秀、极富个性的孩子推动着我不断学习,教会了我与各种学生打交道,教会了我提炼自己的思想,促使我不断在这个岗位上真情付出。从这个意义上来说,这部书的作者是所有的学生及其家长。

这是一个践行十年的教育理念。教育的本质一是教人认识自己,认识自己能力上的不足;二是要敢于质疑、敢于破除已有的成见。通俗一点说,就是培养人识别真伪、区分善恶、分辨利害的能力,并且具备科学精神。从接手班主任工作的那天起,我就一直在思考,"怎样培养人? 培养什么人? 为谁培养人?"这个重大命题。学生从全国各地来到交大,怀揣着梦想和希望。作为班主任,该发挥怎样的作用,该怎样带领他们实现自己的梦想,才能不辜负家长、学校和时代的期望呢? 我做了许多尝试:从"科学精神进课堂"到"人文精神进课堂",从"问道1+1"系列讲坛到行业情怀教育,从中秋晚会到新年聚餐,从参观实践到家访交流,从班级团建到团日活动,从个别谈话到书信交流……一次次精心组织,一次次积极参与,一次次团结拼搏,一封封书信往来,一次次精神洗礼——所有教育理念的实现,都离不开日常的这些个体、集体的互动。值得庆幸的是,十年来,我遇到了最好的学生,他们愿意和我共同去认识教育的本质,塑造科学精神,滋养人文情怀,追求诗意生活,找到人生意义,为师者如此,夫复何求?! 教育的理想状态,就是教学相长,让教育活动回归本源,体现出师者应有之义,引导学生完成人格蜕变。在快节奏的当下,做到这一点,尤为艰难。平凡如我,长年坚持教书育人,不为浮名和末利,但求至理与高贤——"路漫漫其修远兮,吾将上下而求索"。

这是一首用十年谱写的生命长歌。这本书呈现在读者面前的,是一封封书信,而书信背后的生命故事,其实更值得铭记。"俯仰人间时空转,追寻梦里地天藏。弦歌一路听谁唱,总是长风度九苍。"十年来,我见证了许多同学的成长和蜕变,学生的坚强、勇敢、自信、乐观、挣扎、渴望、期盼、无奈、不安、彷徨,时常让我想起自己年轻的时候经历的那些不眠之夜,那些刻骨铭心的往事,因而能够陪学生高兴、陪学生落泪,更让我思考教育的意义、生命的真谛。十年来,我与孩子们共同面对成功和喜悦,疾病和忧伤……因而,我能够成为学生的知心朋友和"全能家长"。毕业之际,很多学生和家长的留言表达了对我的感谢之情。不妨摘录几篇——

有同学写道:"杨老师很认真负责地关心每一位班级同学,无论是生活学习还是工作,都非常细致。杨老师尽可能地了解每一位同学的性格、特长、爱好和习惯,为不同的同学打造不同的沟通交流模式,也主动积极为同学排忧解难,无论是什么方面的问题,向杨老师求助总是不会有错的。如此优秀的班级,离不开杨老师待同学如子女如朋友般的耐心和热心。寝室实地走访,食堂约饭,每学期不固定地聚餐,课后的闲聊,学校偶遇的长谈都让班级每个同学感到安全感、信任感和幸福感。杨老师辛苦啦!您真的是整个班级的父亲和母亲,您是我从小到大见过的最好最好的班主任,我相信我以后再也遇不到像您这样热心热情负责踏实的班主任了!非常感激!"

还有同学写道:"杨老师总是很关心每一个学生,生日会亲自写信、送书,学生生病了杨老师会去探望、会打电话关心,出成绩了杨老师也会鼓励我们继续努力,同时给予我们肯定。杨老师能够很细心地察觉到班上同学情绪的变化,努力去帮助每一个同学变得更好。虽然是从 2017 级休复学到杨老师的班级上,但我还是感受到了班集体的温暖,我非常感谢班上每一个同学,更加感谢班主任杨老师,是杨老师的耐心与细心让我对 2018 级动科班有了归属感,是每一个同学的真诚与善意让我觉得自己真真正正融入到了这个'新'班级中。最后,我想对杨老师说:虽不敢自称桃李,但确受您的春晖,谢意无以言表,唯愿您平安喜乐、万事顺意。也希望自己能更加努力,不辜负您的每一份付出。"

有家长写道:"看看您给孩子们,家长们做的毕业纪念册,四年的点点滴滴,每次致家长一封信,太用心了。孩子们收到您不少的礼物(每次孩子一收到,晚上都要视频,激动地告诉我们情况),请孩子们用餐,聚会,花时间筹备,您不少破费,这样的用心有几位教师能够做到?难怪夏夏说您是他遇到的最好的班主任,用夏夏的原话就是:妈妈,我们班主任真的好,您要向杨老师学习,以后您的学生毕业才会记得您一辈子。"

还有家长写道:"200 多页的毕业纪念册记录了孩子们成长的点点滴滴,也记载了老师对孩子们的关心、爱护与付出,感谢老师!感恩老师!且不论四年来给家长的公开信、给孩子们的手写书信、节日时对孩子们的物资关怀、疫情期间的无私奉献、开展特色学术交流班会活动等等,仅就老师从认识孩子们起,四年期间坚持收集资料,到毕业时的归类、整理、排版、作序,都倾注了老师对孩子们的心血,承载了老师对孩子们父母般的关怀与呵护,更是体现了老师的人格魅力与高尚品格。孩子们发自内心喜欢您、爱戴您,孩子们成长过程遇到您,真是三生有幸! 替孩子谢谢您! 杨老师,感谢您的话想说的太多太多,但觉得用啥词都不能表达出我的感激之情……还是郑重地道一声:谢谢!"

更多的学生和家长的留言,限于篇幅,不能一一展示。每每看到这些留言,心底总会涌起一股暖流,也禁不住常常热泪长流……其实我仅仅是做了一个老师该做的事情,学生和家长都会铭记在心,感激不尽,让我受之有愧。但这些肯定和鼓励的话语,却给了我无穷的力量,让我不断思考教育的意义,明确前行的方向,能够以更加饱满的热情投入到教书育人工作中去! 十年的时间不算短,是我人生中的一段宝贵记忆,更是学校、学生、家长和我共同谱写的生命长歌,时而欢快,时而沉郁,时而平静,时而坚定,时而激情,时而雄浑,时而隽永,时而飘逸,时而绵长……

感谢十年来及本书出版过程中给我鼓励和支持的原校党委书记姜斯宪、现任校党委书记杨振斌、原教师工作部部长梁齐、现任教工部常务副部长陈贤峰;原农生学院党委书记齐红、副书记龚强、副书记谢立平、辅导员李明,现任农生学院党委书记侯士兵、副书记郑浩、副院长李新红,原学生工作指导委员会秘书长林立涛、副秘书长蒋立峰、陈垚等老师。

特别感谢学生工作指导委员会资助了出版经费,以及学生工作指导委员会秘书长方曦、梁茂宗、陆小凡等老师的指导、支持和鼓励!

本书的出版还要感谢上海交通大学出版社的编辑易文娟、姜艳冰,她们对书稿内容、版式的设计等,提出许多中肯的建议,几易其稿,精益求精,使我体会到优秀编辑应有的职业素养和人文情怀。

最后请允许我向十年来所有的学生及其家长表示由衷的谢意,感谢他们授权同意将我与他们交流的私信收入本书(为了保护个人隐私,信中涉及人名均使用了化名），感谢他们对我的理解、包容、支持和鼓励，没有他们，就不会有这些书信，当然也不会有这本书信集问世。

"传道在鸿庠，物理艰深细思量。赤子为谁酬壮志，家邦。万古黉宫育栋梁。"交通大学历来重视立德树人、教书育人，交大历史上那些熠熠生辉的教育者，永远激励着我不断前行，吾不能至，心向往之。值此新时代，新征程，这部拙著的出版也算是为学校的教书育人事业做一点微薄的贡献。

诚然，由于自己的能力所限，疏漏之处在所难免，望阅者不吝斧正。您的批评和建议是对我最大的爱护和鼓励，将激励我在日后的工作中把更多的精力投入育人工作中去——

赤色的峰

从亿万年前开始生长
终于，用自己的血
把身体染成了红色
赤子的心
滚烫如火

燃烧的信念
迸发出熔岩，涕泪滂沱
在深沉的灰烬里
孕育文明的花朵

风雨的洗礼
谱写生命的长歌

从此投入大地的怀抱

不再漂泊

开始仰视思想的巍峨

用多情的目光熔断枷锁

即便是在梦里

也要做一个虔诚的攀登者

杨志彪

2022 年 7 月于思源湖畔

教育部高校思想政治工作创新发展中心

（上海交通大学）系列专著·简介

为不断提高大学生思想政治教育工作的针对性和实效性，落实立德树人根本任务，鼓励思政工作者聚焦工作中的难点和前沿问题开展研究工作，总结新时代思想政治工作和大学生成长规律，特推出教育部高校思想政治工作创新发展中心（上海交通大学）系列专著。

专著通过对理论创新、工作案例、特色经验等方面的成果梳理，凝练大学生思想政治教育工作中的经验和体会，促进理论和实践成果的转化应用，切实提升大学生思政工作科学化水平。

2013—2022

一笔一画之间，传递的是情感，温暖的是人心

一来一往之间，坚定的是理想，塑造的是人格